▪闯荡社会的第一本领，受用一生的说话技巧▪

成就人生好口才

王远畅◎编著

中国纺织出版社

内 容 提 要

语言是人与人交流时最常用的沟通方式，对于每个人来说，都想通过说话深受他人的欢迎。拥有人见人爱的好口才，不仅需要天分，更重要的是通过后天的练习。只要能掌握一定的说话技巧，在不同的场合运用不同的说话方式，就能成为人人羡慕的说话高手。

本书从现实出发，从留给别人的第一印象开始，分别对赞美、拒绝、说服、幽默、倾听等不同的说话方式进行分析，让读者在求职、职场、交友、感情、求助于人等方面有恰当的表达方式。诸多的生活案例，令你在不同场合都有出色的表现。本书帮你提升说话能力与技巧，从人群中脱颖而出。

图书在版编目(CIP)数据

成就人生好口才/ 王远畅编著. —北京：中国纺织出版社，2013.7 （2024.4重印）

ISBN 978-7-5064-9781-7

Ⅰ. ①成… Ⅱ. ①王… Ⅲ. ①口才学—通俗读物

Ⅳ. ①H019－49

中国版本图书馆 CIP 数据核字(2013)第 105082 号

策划编辑：闫　星　　责任编辑：曲小月　　责任印制：储志伟

中国纺织出版社出版发行

地址：北京市朝阳区百子湾东里 A407 号楼　邮政编码：100124

邮购电话：010—67004461　传真：010—87155801

http://www.c-textilep.com

E-mail:faxing@c-textilep.com

北京兰星球彩色印刷有限公司印刷　各地新华书店经销

2013 年 7 月第 1 版　2024 年 4 月第 2 次印刷

开本：710×1000　1/16　印张：19

字数：232 千字　定价：82.00 元

凡购本书，如有缺页、倒页、脱页，由本社图书营销中心调换

前言

朱自清先生说过:“人生不外言、动,除了动就只有言,所谓人情世故,一半是在说话里。”一个懂得讲究说话艺术的人,一定是一个懂得如何做人、做事的人。假如总统没有那么激动人心的演讲能力,假如领导在职工大会上面红耳赤地说不出话来,假如你应聘时说话结结巴巴,可能就是另一番结局了。

口才,简单地说就是说话的能力,是一个人素养、能力和智慧综合全面的反映。人之所以被称为万物之灵,是因为人能说话,并能以语言符号来交流思想、感情,这是人与其他动物一个最特殊最明显的区别。交往中,人们对一个人的了解最主要是通过被了解者的言语,高超的讲话水平能体现一个人的知识水平、阅历经验等综合素质,一个沉默寡言的人,别人不会在意,而且也没有兴趣去了解他。

美国著名教育专家卡耐基说过:“假如你有好的口才……可以结交好的朋友,可以使人家喜欢你,使你获得满意的结果,可以开辟前程。假如你是一名教师,你的口才可以增加学生学习的热情;假如你是一个店主,你的口才可以帮助你吸引顾客。假如你是一个律师,你的口才可以吸引诉讼的当事人。”“有许多人,因为他们善于辞令而擢升了职位;获得了荣誉,获得了厚利。你的一生,有一大半的影响,是由于说话艺术。”由此可见,良好的口才对我们的生活有多么重要的作用。

古人常借“九鼎之宝”“百万之师”来比喻口才的力量,充分揭示了良好口才的社会作用。“三寸之舌,强于百万之师”“一言可以使邦衰竭,一言也可以让邦兴旺”“一言之辩,重于九鼎之宝”等古语,把国家的兴亡与舌辩的力量紧密地联系在了一起。可见,好的口才的作用非同一般。我们应清醒地认识到口才的重要性,进而更好地掌握口才这种携带方便、行之有效、战无不胜、攻无不克的神奇武器。

美国人类行为科学研究者汤姆士指出:“说话能使人显赫,鹤立鸡群。能使一个人的才学充分拓展,熠熠生辉,事半功倍,业绩卓著。能言善辩的人,往往使人尊敬,受人拥护。”他甚至断言:“发生在成功人物身上的奇迹,一半是由口才创造的。”

本书是一部实用的口才学应用读本,帮助你看清人际交往背后的心理动机,学会洞察他人的心思,用最恰当的语言,最妥帖的方式,表达你的想法,迅速赢得他人的好感,在人际交往中建立威信、施与影响,让你成为社交大赢家。

你可以通过书中详细的阐述,了解说话表达的重要性,通过对人际交往中人们的心理拿捏,掌握一些基本的沟通技巧,学会如何用你的语言表达你的情感,如何用你的口才赢得别人的欣赏和认可。另外,你还可以学习如何与领导、同事、下属、客户、朋友、同学、亲人、陌生人等相处和沟通,学会交流,和他们建立信任,从而营造和谐的人际关系。

编著者

2013 年 4 月

目录
CONTENTS

第1章

能言善辩：好口才让你人见人爱

在人际交往中，会说话，拥有好口才的人往往能得到别人的欣赏和喜欢。因为他们总能把话说得恰到好处，让别人觉得舒服。比如他们说话前总能三思而后说，每一句话的表达都拿捏得很到位等等。当然，好口才并不是一个人与生俱来的。只要你掌握了一定的说话技巧和方法，你也能拥有不错的口才，从而赢得大家的喜欢。

说错话就会祸从口出

“说错话就会祸从口出”是说在与人沟通的时候，要少说话，以免出现口误，伤害到别人的感情，给自己带来不必要的麻烦。

“祸从口出”，也就是说话说得不合适，会给自己带来很多不必要的麻烦，甚至会影响自己的生活，甚至事业的发展。或许你表达的只是一种情感，或许你提出的只是一种建议，但是说者无心，听者有意。

因此，我们在说话的时候一定要三思而言，说话前要多想想，什么话说出来合适，什么话说出来不合适。话说的多了，更容易招惹是非。平时说话的时候要反复思考，千万不要为了逞一时口舌之快，口无遮拦，因为一句失误的话而毁了自己。

和同寝室的姐妹们相比，阿雪算是比较幸运的。因为大学毕业之后没多久，她就如愿以偿地找到了自己喜欢的工作。但是时间不长，阿雪便垂头丧气地离开了公司。不是她的能力不强，而是因为她在背后说了一些对公司不利的话，传到了老总的耳朵里。

原来这天下班后，同事小刘叫住了阿雪，说是要请她吃饭。由于小刘平日里对她很照顾，也算聊得来，所以阿雪没有拒绝。原来这天，小刘挨了经理的批评，心里难受，想找阿雪倾诉。得知这个情况后，阿雪心里非常高兴，她觉得小刘把自己当成了朋友。

小刘情绪非常不好，说了很多抱怨领导的话，阿雪一边安慰她，一边为她喊冤，期间也说了一些抱怨的话，听到阿雪也有过类似遭遇，小刘的内心多少得到了平衡。渐渐地，情绪稳定了下来。

可是第二天一大早，阿雪就被领导叫进了办公室，领导不问青红皂白，劈头盖脸把她臭骂一顿，在领导的咆哮中，她这才明白，她抱怨领导的话传到了领导的耳朵里。原来，一大早，小刘溜进了总经理的办公室，将阿雪对工作、对经理的抱怨，一五一十地告诉了经理。

刚进公司不久，就有这么多抱怨和不满，领导觉得阿雪不适合再留在公司里了。于是将阿雪辞退了。阿雪做梦也想不到，和她关系一向不错的小刘竟然会出卖她。但是，此时留给她的只能是伤心和悔恨了。

故事中的阿雪为了安慰朋友小刘，而说了一些抱怨领导的话，尽管她只是为了安慰别人，让对方找到心理平衡，但最终却因为这些话，使自己丢掉了工作。由此可见，平日里说话的时候，一定要多加思考，不要口无遮拦，你的一个大意，会给你带来意想不到的麻烦。到那时候后悔已经晚了。那么，在生活中如何才能做到三思而后言呢？

1. 三缄其口，尽量少说话

如果你话说多了，难免会语多必失。你说的话越多，犯错误的机会就越多。尽管你觉得没有什么，可是别人却从你的话中对你有了成见和想法，而且你的无知也会因为你的滔滔不绝而暴露无遗。这在一定程度上严重地损害了你的个人形象。因此，在人际交往中，不妨三缄其口，尽量少说话，减少犯错误的机会。

2. 说话之前要拿捏准确

有的人说话不经过大脑，心里想什么嘴上就说什么。殊不知，你的话在不经意间伤害了别人的情感。从而遭人嫉恨，伺机打击和报复你，给你的生活带来不必要的麻烦。因此，说话之前一定要拿捏准确。想清楚，你的每一句话说出来会产生什么样的效果。周围人听了会有什么样的感受。这样，你说话的时候就会变得谨慎了，避免因为话说不得当而得罪人。

3. 不要随便去评价身边人

很多人都有评价别人的习惯。总是以自己的标准去看别人。说这个不是，说那个错误。可能你觉得只是随口说说，对方也不会听见。但是只要从你的嘴里说出来了，迟早会传到对方的耳朵里。试想，你说别人的坏话，对方能不找你的麻烦吗？所以，在平日里不要随便评价别人，即使有人在你面前随便评价他周围的人，你也就听听罢了，不要随便发表意见。

4. 一定顾虑到别人的忌讳

每个人都有自己的忌讳，都不愿意被别人提及。或许你说话的时候并没有故意讽刺和笑话他的意思。但是,说者无心,听者有意。别人会觉得你是在故意针对他,揭他的伤疤。你想,别人能不记恨你吗?所以,平日里说话的时候,一定要顾虑到别人的忌讳。

会说话就能福从口入

"会说话就能福从口入"是说在人际沟通和交往当中,多注意揣摩别人的心思,拿捏对方的心理,把话说得既滴水不漏,又能取悦人心,从而为别人留下良好的印象,为你的发展带来机遇。

有的人说话,特别不入耳。他们要么说话太直,让别人接受不了,要么说话的时候云里雾里,没有所指,让人不知所云。这样,就会给别人留下极其不好的印象。相反,有的人说话特别中听,他们总是能把话说到别人的心坎上,让人愉悦,或者把意思表达得恰到好处,让别人心领神会。如果你的话让别人欣赏和喜欢,那么,在交往当中就会为自己赢得发展的机遇,赢得他人的帮助。从这个意义上可以说,会说话就能福从口入。

大学毕业后,小马应聘到一家大公司做管理工作。刚进入公司时,小马一个人要管理100多人,可想而知压力有多大。

由于刚从学校毕业,小马工作经验严重不足,面对这么复杂的管理工作,她慌了手脚。她每天都尽力做到最好,可是结果却不尽如人意,无奈之下,小马想从公司找个帮手,可是自己刚来公司就成了公司的管理人员,很多同事都不服,即使公司的清洁工阿姨也总是对自己爱理不理的,更不用说别人了。

小马忙得焦头烂额,每天回到家倒头大睡。姐妹们看到小马如此劳累都很心疼,于是就劝她找人帮忙,小马说:"我也想呀,可是公司人都看不起我,谁又会帮我呀?"这时候一个姐妹说:"上学的时候你是最会'奉承'人的,现在到了工作岗位,你就什么都不会了?"这句话一下子提醒了小马。

一天,小马假装若无其事地来到前台,对小青说:"小青,你看我们两个年龄差不多，可你看起来比我年轻多了，你是怎么保养的呀，教教我呗！”听完小马的话，小青不好意思地说：“哪里，马姐过奖了。”

小马又说：“你每天面对那么多人都能应对自如，你真有能力。还有这些资料，经你整理之后从来没有出过错，我太佩服你啦！”这时候小青笑得更开心了。

小马乘机说：“哎，我和你真没法比呀，你整理这么多东西，都可以做到井井有条，可是我连拆分信件都做不好，每次总是张冠李戴。”小青听到这话，笑着说：“要不我来帮你弄吧，反正每天的信件都要先送到我这里。”一听这话，小马的“高帽子”奏效了，于是就赶紧对小青说：“那好呀，那就谢谢你了。”

就这样，小马成功地拉到了前台接待小青来帮助自己。而后小马又用了同样的方法，成功地争取到几个普通职员的帮助。虽然小马让他们做的都只是一些简单的工作，但是在一定程度上却大大节约了自己的时间。

其实小马很需要别人的帮助，但是由于公司同事对自己的不服气，这让她不好意思直接向对方提出寻求帮助的意愿。后来，她用赞美和恭维，最终赢得了人心，进而达到获得帮助的目的。生活中，要学会说话，为自己尽可能多地赢得人脉和机遇。那么，究竟怎样说话才能让福从口入呢？

1. 多说赞美和恭维的话

世界上没有人不喜欢听别人的赞美和恭维。因为受到别人的赞美和恭维，意味着自己受到了肯定和认可。被人喜欢和欣赏自然是一件大快人心的事情。因此，当你赞美和恭维别人的时候，你的“福”也就降临了。因此，我们在人际交往当中，要想让自己口吐莲花，就要学会经常去赞美和恭维别人。这样才能赢得别人的喜欢和青睐。

2. 把话说得委婉一些

有些话，如果说得太直接了，往往会伤害别人的感情，引起他人的厌恶。如果你能把话说得委婉一些，照顾别人的情绪，为他人留面子。那么别人会感觉你尊重他人，进而欣赏你。否则，你便是人人唾弃的恶人。因此，要想福从口入，就要学会说话的时候委婉一些，含蓄一些。

3. 把话说到别人心坎上

如果别人渴望被认可和肯定,而你却在那里不停地挑刺,想想别人怎会对你产生好感?同样,如果你在说话的时候,能把话说到对方的心坎上,那么,对方自然认为你懂事,会说话,对你产生好感也就是自然而然的事情。所以,要想通过说话为自己赢得福分,就要学会洞察人心,把话说到别人的心坎上。

4. 千万不要把话说破了

有些话,点到为止,大家心领神会就可以了,千万不要说破了。尽管事实是那样的,但是你表达的时候,如果能换个方式,让别人明白,对方自然会记着你的好,对你感恩有加。相反,如果你把话说破了,让别人没有面子,那么,对方会记恨你并伺机报复你。所以,在说话的时候一定要注意,不要把话说破了,嘴上多积德,为你积累福气。

摆正说话态度才能与人更亲近

"摆正说话态度才能与人更亲近"是说与人交流的时候,要从说话的语气、语调以及肢体语言上表达出你的认真,让别人感受到你的尊重,继而喜欢你,欣赏你,为进一步的接触埋下伏笔。

很多时候,我们看一个人对待你是否真诚,往往从他的说话态度上来判断。如果对方对你足够的尊敬,那么,说话的时候,言语中便带着恭维和赞赏。相反,如果一个人对你不屑一顾,那么,言语中便会有无所谓和讽刺的意味。因此,我们在与人交往的时候,摆正说话态度,才能赢得别人对自己的尊重,这样才能迅速地拉近人与人之间的心理距离。

小王是个很有想法的年轻人,高中毕业之后,他没有像其他同学那样去考大学,而是选择了外出打工,他有自己的想法,认为打几年工可以找到自己事业发展的方向。而上几年学,不但要花大笔的钱,也许还会很难就业。

于是他来到了省城,在一家超市内找到了一份当服务员的工作。很多人觉得这样的工作很没有前途。但是他从来不觉得。于是定下心来，一干就是三年。当别的同学大学毕业面临就业的时候，他已经开了一家超市。

但是他却不擅长管理账目，经营了大半年，挣了很多钱，但是在账面上就是显示不出来。这下可愁坏了小王。他明白管理账目是做生意的关键之所在。但是一时之间又找不到合适的人选。招聘人总觉得不保险。这时候他想起了自己的好朋友小双。小双在大学学习的就是财会管理。

于是他拨通了小双的电话，此时的小双正在四处找工作。当小双听说给超市当会计，多少有点不愿意。

小王说："我的超市是不比大企业的规模，但是也是正常运营，而且账目是整个超市的命脉，别人我信不过，我只相信你。你在我这里不是给我打工，而是我的同学和朋友。薪水不但比你在大企业的要高，而且年底还有分红。"

听小王这么一说，小双似乎有点动心了。但是他并没有立即答应小王。

过了两天，一直没有小双的消息，小王又拨通了他的电话，小双还在犹豫之中。这时候，小王说："这样吧，咱们今晚见个面吧。等见面了再商谈。"

晚上，小王在酒店预订了一桌，专门来款待小双，席间，小王说："你有什么要求，都可以提出来，咱们可以再商量。"

小双犹豫了几分钟，说："在你这里做，什么保险都没有……"

小王笑着说："这倒是事实，不过现在的企业几乎很少给员工买保险的，基本上都是以奖金的方式发放了。我这里是真的需要你。事实上我也可以随便招一个，实话实说我真的不放心，因为账目关系着整个超市的正常运营。"

小双想了想，说："那行吧，我去帮你。"

……

故事中的小王在和小双的谈话中，态度非常诚恳，不但一再强调没有他不行，对他大肆恭维和赞美，同时也将自己的现实情况一五一十地告诉了小双，表达了自己内心的那份真诚。从而拉近了和小双之间的心理距离，得到了小双的帮助。可见，在与人交往当中，摆正你的说话态度更加能够赢得别

人的尊重，能让别人感受到你对他的信任，继而和你拉近心理距离。那么，究竟如何才能摆正说话态度呢？

1. 言辞要恳切

很多时候，你说话的态度是否真诚，往往表现在你的言辞是否恳切。言辞恳切，这样才能让对方感受到你的真诚，感受到你所说的是事实。因为既然对方那么重要，那么就要对他尊重有加。事实上，言辞恳切就是对对方的尊重。如果你总是一副无所谓的样子，那么对方就会怀疑你说的话的真实性。自然也感觉不到自己对你来说很重要。

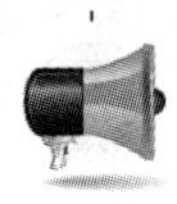

2. 用眼睛盯着对方看

眼睛是心灵的窗户，当一个人盯着你看的时候，预示着对方将心门完全地打开。这时候你所说的每一句话都是发自肺腑，他的态度也是真诚的。所以，在求助于人的时候，要用你的眼睛来表达真诚。这时候就要适当用一些语言修饰，把你希望别人帮助你的渴望心情表达出来，要事先把你的感谢表达出来。

3. 时不时地点头暗示

在表达真诚的时候，要时不时地点头表示暗示，告诉对方你所说的是实话，是心里话。别人听到你诚恳的语言，再加上你不断地点头暗示，内心会对你所说的话确信无疑。与此同时，在你表达渴望心情和对别人的感激之情的时候，你的不断点头也能告诉对方：确实是这样的。这样一来，使你所说的话更加真诚，更加愉悦人心。

4. 适当表达你的歉意

用真诚的心来寻求别人的帮助，要适当地将你的歉意表达出来，事实上，这也是表达诚恳的一种方式，一个内心没有诚意的人在求人的时候是绝对感觉不到有歉意的。同时，也会让你说出来的话更加为他人欣赏。因此，要学会适当地表达你的歉意，在你的歉意中，尽显你的诚恳，让他人舒服，从而帮助你。

有时沉默可以征服一切

“有时沉默可以征服一切”是说当别人意见不一致时，要保持沉默，抬高自己的姿态，让别人去不断地征求你的意见，最终让别人向你靠拢，以达到征服人心的目的。

在人际交往当中，如果你保持沉默寡言，则会让别人觉得你社交能力欠缺，但是，如果你喋喋不休，则更危险，说不准你的哪一句话说得不到位，或者是不合适，让人产生反感。言多必有失，在关键时候，要紧闭你的嘴巴，让别人自娱自乐，以静制动。

事实上，在双方交谈之中，如果你保持安静，无疑，在姿态上保持了高调，尤其是双方在表达不同意见的时候，谁主动，谁将失去优势。在人际交往中，千万不要抢着多说话，适当的时候要保持沉默。

王先生是一家广告公司的经理。由于经常在外东奔西跑，所以，他给自己买了一份人身保险。天有不测风云，这天，在他外出洽谈业务回来的路上，遭遇严重的车祸，命虽然保住了，但不幸的是失去了一条腿。王先生的不幸遭遇，给家里带来了沉痛的悲伤。

保险公司得知这个消息之后，迅速进行了取证调查。因为王先生巨额的医疗费用需要保险公司来支付。

很快，保险公司派出代表和王太太来商谈索赔了事。

起初王先生在投保时，并没有说具体怎么赔偿，只是约定如果发生意外，看造成的伤害程度再决定索赔金额。

当保险公司的代表找到王太太，和她谈判的时候，王太太没有任何表情，只是冷冰冰地坐在一边，沉默不语。

保险公司的代表说：“王太太，根据我们的调查，王先生身受重伤，也失去了一条腿，由于之前王先生买过人身保险，所以，我代表保险公司，来跟您商谈具体的赔偿事宜。”

王太太表情冷漠,依旧没有说话。

公司代表问:"王太太,根据王先生的受伤害的程度,我们作了一个评估。公司一致决定赔偿王先生10万元。你觉得怎么样啊?"

王太太转过头,看着窗外模糊的建筑,什么也没说。

保险公司的代表见王太太没有表态,觉得可能是不满意公司开出的条件,只好改口说:"你要是不满意的话,我们再加10万元,20万元你觉得怎么样呢?"

王太太还是没有一点儿反应,依然冷冰冰地望着窗外,沉默着。

保险公司的代表急了,继续加价,30万元,40万元……

王太太始终没有说话,最后保险公司的代表将赔偿的价格提高到了100万元。

这时候,王太太依然没有说话,只是拿起笔签了字。

事实上,故事中的王太太对保险公司提出的最初的赔付并没有不满意。只是她依旧沉陷在悲痛之中,思想有些走神,再加上不愿意说话,无意中让自己站在了高姿态的位置上。致使保险公司的代表为了让她满意,一再加价。当最后一次加到之前的10倍时,刚好王太太回过神来。由此可见,言多必失,在关键时候要学会用沉默及时地处于高姿态的位置上,不管对方表什么样的态,也不管对方做什么,切记用沉默来应对万变。那么,作为女性,用沉默应万变的时候要注意哪些方面呢?

1. 言语沉默的时候,表情表达也要到位

很多人虽然嘴上不说,但是眼神和表情已经将他的心思暴露了。嘴角的微笑以及眼神的暗示等,都能代替言语。如果对方从你的表情中掌控了你的心思,那么,你的沉默也就失去了意义。所以,在沉默的时候,表情要严肃一些,不要随便对对方微笑。这样,对方得不到任何的消息,在你严肃的面孔下,就会为你的高姿态所折服。女性情绪丰富一些,这时候更要学会在表情上掩饰自己。

2. 沉默时做好准备,应对可能出现的情况

在用沉默来应对万变的时候,一定要做好充分的心理准备。随时准备

应对各种各样的状况。说白了，这时候，是双方之间心理的较量。稍微一不留神，就有满盘皆输的可能。嘴上虽然不说，但心里要做好决策。如果你没有想法和打算，很容易顺着对方的意思走。这时候你的沉默就成了顺从和肯定了。那么，掌握整个谈话进程的便是别人了。对于女性来说，更要做到未雨绸缪，细心认真一些。

3. 掌握好沉默的度，避免对方撂挑子

在你保持沉默的时候，要掌握好沉默的度。到什么程度才可以说话，到什么程度不能随便表态。否则，表态早了，让对方看透你的心思，那么你就会处于被动。表态晚了，对方就可能撂挑子。因此，作为女人来说，一定要细心感觉，找到对方内心深处的底线，进而审时度势，让沉默的效果发挥到最佳状态。

妙语连珠，体现你的内涵

“妙语连珠，体现你的内涵”是说在与人沟通中，在语言上做点文章，多说些语出惊人的话，让别人从你的话里感觉到你的涵养和修为，继而欣赏你、认可你。

两个人在交谈中，如果一方在说话的时候，时不时地妙语连珠，则会让别人觉得你有内涵，有文化，有修养，进而对你另眼相看。相反，如果你说话平淡乏味，别人在内心深处就会瞧不起你，失去和你交谈的兴趣。因此，在人际社交中，更要学会妙语连珠以增加你言语的魅力。

华华的哥哥恋爱了，据说偷偷谈了好几年了。这天华华说：“哥，你也不邀请我未来的嫂子来咱们家做客啊。让爸妈和我也见一下嘛！”

哥哥憨厚地笑了笑说：“她不好意思来啊。我之前就叫她好多次了。”

“丑媳妇总要见公婆的。你带回来，我们也看看你们合适不合适。”这时候，妈妈在一边接过了话题。

华华趁机说：“哥，你就带她来做客嘛，我也想知道我未来的嫂子长什么模样。”

哥哥说：“好吧，我下午带她来我们家。”

傍晚，哥哥带着女朋友玲前来做客。爸爸妈妈表现得非常热情，不断地嘘寒问暖。华华开玩笑说：“嫂子，你这是犹抱琵琶半遮面啊！”

因为华华叫她嫂子，这让玲感觉到非常不好意思。毕竟她只是他哥的女朋友。但是她的注意力并没有被一声“嫂子”所吸引，而是在华华形容她的那句诗上，“究竟是什么意思呢？”她想，是不是华华在讥笑她，或者有什么暗示。

于是她下意识地去看华华的哥哥，她想从他的眼睛里找到答案。哥哥看到玲的眼神后，笑着说：“我弟弟的意思是在抱怨你为什么现在才来我们家？”

华华笑着说：“还是我哥懂我，呵呵呵……”

之后，玲对华华说：“你真有学问，用诗句来表达情感，不像我，悟性这么差，你说了半天，我还没有明白过来。还以为你在笑话我呢。”

华华说：“哪有啊，我只是把后半句给忘了嘛。”

玲说：“你忘的也真是时候啊，害得我半天没明白过来，你要是把后半句说出来，我当时就明白是啥意思了。”

华华说：“我亲爱的好嫂子，你就饶了我吧。”

说完，两人闹开了。

故事中的华华在说话的时候，用了一句“犹抱琵琶半遮面”，抱怨未来的嫂子的姗姗来迟，从而让玲对华华产生了很有学问的心理感受。可见，在人际沟通当中，时不时地妙语连珠，能增加你在别人心目中的分量，留下良好的印象。那么，如何让自己妙语连珠，提升内涵呢？

1. 增加你的文化储备

要想让自己妙语连珠，那么就要增加自己的文化储备。这样，在说话的时候才有话可说，说出的话才有一定的内涵。如果你肚子里没有墨水，即使你再会说话，说出的话也是缺乏品位，为说话而说话，没有多少实际的意义和价值。因此，要想让自己妙语连珠，增加你的内涵，不妨多读点书，多学习，增加你的文化储备。

2. 说话时要注重情景

话说得是否合适，关键在于是否适合当时的情景。同样一句话，在不同的时候说出来会有不同的效果。如果你所说的话，适合当时的情景，那么会增加别人对你的良好印象，觉得你是个很有内涵的人，相反，如果你所说的话，不符合当时的情景，会让别人觉得你胸无点墨，草包一个。所以，要想提升自己的内涵，在说话的时候就要注意具体的情景。

3. 切勿过分表现自己

我们强调说话的时候妙语连珠，以此来提升你的内涵。但是也要注意，不要为了表现自己有学问，会说话，而到处卖弄。这样不但不会让别人觉得你有内涵，反而会让人觉得你很浮躁，是个文痞。所以，在说话的时候，妙语连珠也要适当，该表现的时候表现，不该表现的时候千万不要随意表现。

4. 语言表达丰富多彩

有些人在表达同一个意思的时候，总是用一个词，给别人以词穷之感，进而觉得他没有多少真才实学。实际上，语言文化丰富多彩，即使一个意思也有很多种表达，千万不要老拿一个词，一句话说事。因此，要让你的语言表达尽量丰富一些，让别人感受到你深厚的文化储备，以此对你产生好印象。

话前请三思，做好准备再说话

“话前请三思，做好准备再说话”是说在你表达之前，要在脑子里理清思路，拿捏好每一句话，每一个词，避免说错话或者废话连篇，给别人留下极其不好的印象，影响你们进一步的接触和交谈。

生活中，我们发现很多人总是滔滔不绝。然而，话说多了，很容易犯错误，暴露出你的不足和缺点，导致你的形象大打折扣。在人际交往中，这是大忌。别人对你的印象不好，自然不会多跟你接触和交往。很大程度上影

响了你的发展。很多聪明的人往往把说话的权利让给别人,从而避免自己犯错误。

大学毕业之际,尚云和其他同学一样,为找工作四处奔波。每次投出去的简历都犹如石沉大海,没有任何的音讯。这天,他参加了一个招聘会,看到一家广告公司在招聘文案策划,她觉得自己能够胜任,因此投了一份简历。

第二天,尚云意外地接到了公司的面试通知。于是,尚云拿着自己曾经发表过的作品,来到广告公司参加面试。面试的人非常多,尚云耐心地等待着,十几分钟后,轮到了她。尚云信心满满地走了进去。

在和面试官交谈了几分钟之后,面试官对她的表现非常的满意。最后,面试官问:"你处理问题的能力怎么样啊?"

尚云说:"说实话,不算强,但是也不会弱的,一定会按时完成领导交给的任务。"

面试官笑了笑说:"我的意思是,要是工作中和别人产生矛盾,你是否能够处理好呢?"

尚云想了想说:"没问题的,我能处理好的。"

面试官没有说话,微笑看着她,示意她继续说下去。

尚云说:"有一次,我在无意中发现我放在床头小柜子里的500块钱不见了,那可是我一个月的生活费。于是我怀疑是我上铺的女孩拿走了。因为我在放钱的时候只有她看到了。于是我找她谈话,可是她却死活不承认。"

"后来,同宿舍的一个姐妹告诉我,她亲眼看到睡在我上铺的女孩把我的钱拿走了。当时我非常气愤,把这件事情告诉了一个班的同学们,还反映到了辅导员那里。迫于各方面压力,那个女孩最后把钱还给了我。从那以后,我再也没有和她说过话,她在班里也威信扫地,同学们都不愿意搭理她。"

面试官的脸色开始变得阴沉了。她低头想了几秒钟,然后对尚云说:"我知道了,你回去等通知吧。如果觉得合适的话,我会第一时间通知你的。"

可是,尚云并没有接到公司的录取通知,她非常纳闷,自己表现得很优秀,为什么就失败了呢?

故事里的尚云在面试的时候，说了很多不该说的话，结果给面试官留下了非常不好的印象，最终让她失去了这份工作。可见，平日里，我们在说话的时候，一定要三思而后说，以免语多犯错误，给自己带来不必要的麻烦。那么，与人交往当中，如何做好说话的准备，三思而后说呢？

1. 说话前多想想

在你准备开口说话的时候，要多想一想，说出来，别人会有什么反应，会有什么感受？你说这话是想表达怎样的情感？或者是想达到什么效果？如果你说出来的话会伤害别人，会让别人心里难受，那么最好别说。如果你说出来的话不能达到你期望的效果，那么根本没有必要说。说话不经过大脑，你觉得自己舒服了，可是别人却难受了。尽管你不是存心的，但是对于别人来说这已经不重要了，重要的是你伤害了他。

2. 把话说得委婉些

如果有些话必须要说，那么完全可以把话说得委婉一些。这样别人接受起来也不会有太大的心理差距。如果你把话说得足够含蓄，不但伤害不了他人，还能表达清楚你的意思。比如说用暗示的方法等。别人既明白了你的意思，又找不到打击和报复你的理由。如果你把话说得太直，让对方下不了台，给别人的心理造成巨大的伤害。那么，这种伤害迟早会返还到你的身上。

3. 除非有必要再说

人都有很强的表达欲，总想在别人面前多表现，以此来显示自己有多么重要。可是在你说话的时候，难免有说得不当的地方，或许你并非故意的，但是对于别人来说，你就是存心伤害他。所以，平日里，如果没有必要，最好三缄其口，不要因为你的无意的一句玩笑话殃及自身。尤其是女人，总是喜欢用言语来表达，再加上结交的大多数也是女人，容易记仇，却又不肯轻易原谅。这就大大地增加了祸从口出的概率。

第 2 章

初次交流：一开口就给人留下深刻印象

往往很多时候，别人对你的第一印象如何，是从你开口说第一句话的时候形成的。因为在和陌生人接触的时候，你一张嘴就如同你递给了对方一张你的名片。从你说话时的表情，动作以及你寒暄时的称呼等，别人都会对你留下的第一印象打分。可见，开口说第一句话对我们的人际社交有着极其重要的影响。那么，如何才能一张嘴就能给别人留下好印象呢？在这一章里我们将为读者进行详细的讲解，如果你存在疑惑，那么不妨认真学习和借鉴。相信会对你的社交大有裨益。

初次见面说话要注意分寸

“初次见面说话要注意分寸”是说当你和初次见面的人交流的时候，在语言表达的方式和尺度上要多加注意，要相敬如宾，不可随便大意，避免因为你的言语和动作尺度过大，让对方产生恐惧和躲避。

我们不得不承认，有些人的人缘特别好，总是能和陌生人迅速地成为朋友，而有的人的社交能力就相对弱很多，在和陌生人交往的时候往往很被动。事实上，彼此陌生的时候，心理戒备都很强。由于不熟，所以很在意你说的每一句话，这时候，说话就要特别注意分寸。

因为你的每一句话都直接影响对方对你的感觉。如果别人对你感觉好，那么就会和你有进一步的接触，相反，如果对你的印象不好，则会加强心理戒备。这样，就给彼此之间的沟通带来了障碍。

王逸是彭军大学时的同学，这次，他到彭军所在城市来旅游。这天，彭军叫了自己的铁哥们小海和他一起去给王逸接风洗尘。由于彭军和小海的关系非常密切，所以两个人习惯了互相调侃。

小海以为王逸也是那种爱玩爱闹的人，所以，刚坐下不久，他看着王逸肉肉的身体，就笑着对他说：“哥们，少吃点啊，你看看你现在，整个一个功夫熊猫啊，再不注意可就要破相了！”要是，他这么说彭军，彭军肯定不会生气，而且还觉得彼此的感情深。

可是王逸偏偏又是那种非常较真的人，再加上他和小海不熟，经小海这么一调侃，顿时脸色阴沉了下来。

谁也没有想到王逸会生气。小海尴尬了半天不知道说什么好。彭军连忙打圆场说：“怎么了？同学，哪来那么大的火气啊。我这兄弟在跟你开玩笑呢？”

王逸气呼呼地说：“谁跟他是兄弟啊！兄弟有这么说别人的吗？”

见王逸真的生气了，彭军赶紧给小海使了个眼色。

小海也感觉到自己说的话有些不合适，于是他端起酒说："对不起了，王哥，你大人不记小人过，别跟我一般见识。我这人口无遮拦习惯了，冲撞了王哥，实在不好意思。"

见小海自己道歉了，王逸端起酒杯喝了酒，之后说："也看在你是彭军的朋友的面子上，我不跟你计较了。"

彭军端起酒杯说："行了，同学，人家都给你道歉了，你给个面子吧？人家来给你接风洗尘，是一番好意。"

王逸看了彭军一眼，见他的表情很严肃，便不再说什么，一口气把酒喝光了。但是后来小海和王逸再也没有说过话。

故事里的小海在和王逸初次见面的时候，说话不注意分寸，和王逸开起了玩笑，结果引起了王逸的不满和愤怒，最终两人为此变得很僵，给彼此的交流设置了障碍。可见，在初次见面的时候，说话一定要注意分寸，在没有拉近彼此之间心理距离的时候，不要随便开始笑。那么，初次见面的时候究竟要注意哪些方面呢？

1. 别把自己的烦恼带给别人

由于彼此并不熟悉，所以在第一次见面的时候，千万不要把你的烦恼带给别人。尽管你是想通过说出自己的秘密拉近和对方之间的心理距离，可是当你把烦恼倾诉出来的时候，无疑给对方增加了痛苦。你给别人留下的印象便是极其差的。试想谁又愿意跟一个印象极差的人交往呢？所以，初次和陌生人打交道一定要注意这一点。

2. 不要和别人进行无谓的争辩

由于你和对方并不熟悉，所以，当你不同意别人的想法或意见的时候，不要和别人发生争辩。因为你的争辩，无疑是强迫别人去接纳你。事实上，你和对方并不熟悉，你根本没有这个权利要求对方。相反，你和别人争辩，只能让你们之间的情绪对立起来。这对于你的社交来说并不是一件好事情。

3. 不可没完没了地自我吹捧

人都喜欢别人关注自己，不喜欢别人抢自己的风头。如果你在和陌生

人接触的时候,总是没完没了地自我吹捧,那么很容易招致别人的厌烦。这样一来,你们之间的情绪便会对立起来。因此,初次见面的时候一定要低调一些,谦虚一些,千万不要没完没了地自我吹捧,以免引起别人的不满。

4. 开玩笑一定要拿捏好分寸

很多时候,我们喜欢和熟人开玩笑,缓解紧张的气氛。说话的时候自然没有太多顾及。但是和陌生人在一起的时候,由于彼此之间不熟悉,开玩笑的时候就要拿捏好分寸。不要随便去调侃对方,更不宜开一些有伤大雅的玩笑。这样会让别人认为你的人品有问题,不懂得尊重别人。切记这一点。

怎样称呼对方才恰当

“怎样称呼对方才恰当”是说在初次见面之时,要根据对方的身份、年龄以及官职等对别人进行称呼,从而满足对方的虚荣感,以达到给别人留下好印象的目的。

在与人交往的过程中,称呼往往能打开彼此交流的阀门。如果称呼恰当,则能让对方感受到愉悦,这就为彼此谈话定好了基调。相反,如果称呼不恰当,让别人心里不舒服,那么对方就会抵制与你交流的情绪。即使和你说话,也表现得非常冷淡。可见,在与人交往的过程中,一定要有一个正确的称呼,这是交流的前提。

明丽和邓海交往已经有整整一年了,近日,在父母的要求下,明丽带着邓海前来家里做客。进门之后,明丽笑着对爸爸妈妈说:“爸,妈,这就是我常跟你们说的邓海。”

明丽爸爸微笑着说:“你好,邓海,请坐。”

邓海没有问候明丽的父母,只是点了点头,便坐到了沙发上。这让明丽的父母心里非常的不舒服,他们觉得邓海不懂礼貌。

为了照顾女儿的情绪,他们并没有计较,而是依旧笑脸相迎。明丽的妈妈走过来递给邓海一个苹果,邓海说了声“谢谢”就开始吃了起来。明丽的

妈妈期待他能够叫一声“阿姨”，可是邓海却没有开口，只说了一声谢谢，这让明丽的妈妈心里更加的不舒服。

明丽的爸爸说：“听明丽说，你是一个非常优秀的司机。我也是老司机了，开了整整40年的车了。”

邓海说：“那你开车一定是很拿手了，有时间我们较量一番。”

听了这话，明丽的爸爸脸色阴了下来。他借口说身体不舒服，回到自己的书房，看起书来。明丽的妈妈也没再搭理邓海，独自看起电视来。明丽做好了饭去叫爸爸吃饭。

明丽爸爸说：“我肚子不舒服，今天不想吃了，你好好招待客人啊。”

明丽知道爸爸一定在找理由，于是她悄悄地来到爸爸的身边说：“爸，你这是怎么了啊？是不是对邓海不满意啊？”

明丽爸爸说：“这孩子连最起码的礼貌都不懂，到我们家来了，也不知道向我和你妈问好。更糟糕的是，我们和他聊天，他都不知道称呼我们，可见，在他的心里，根本没有我们，更别说有你了。你啊，要想清楚了。”

明丽想了想，什么也没有说。

这天，邓海走后，明丽就提出了和他分手的要求。原因很简单，邓海不尊重自己的父母。

故事里的邓海在拜访明丽父母的时候，作为晚辈，没有对长辈进行恰当的称呼和问候，从而引起了明丽爸爸妈妈的不满，结果给他们留下了非常糟糕的印象，随即邓海和明丽的恋情也宣告结束。可见，在与人交往的过程中称呼是多么的重要，称呼不恰当或者是不称呼都会引起别人的不满。那么，究竟该怎样称呼对方才算恰当呢？

1. 遇到长辈时的称呼

一般情况下，我们在遇到长辈的时候，都要称呼叔叔和阿姨。这是对他们的尊敬。如果你和对方有血缘关系，那么称呼就要更为密切。当然这也要看长辈的年龄而定，如果和你相差二三十岁，那么叫叔叔阿姨合适，如果相差再大，那么就要叫大爷大妈。如果拿捏不准，叫错了就会引起对方的不悦，所以一定要注意。

2. 遇到文化人的称呼

生活中，很多时候，我们需要向身边的人学习。如果你遇到的是文化人，那么一定要称呼他为老师，不管对方够不够这个资格。作为你，要向他学习，就要这样尊称他。对方听了心情会愉悦。自然对你也就很满意。和你交谈以及帮助你都会很积极。如果你称呼错了，势必会引起他们的反感。

3. 遇到不同职位上的人时的称呼

称呼当官的时候更要注意，在他们的姓之后，一定要加上他们的官职。比如李局长、王处长等。当然，前提是你要知道对方的职位，如果你不知道，那么千万不要乱叫。否则，必会引起对方的反感。那么，在不知道的时候，你不妨称呼他为领导，这样既尊敬了对方，又不至于引起对方的不悦。

4. 不知对方身份时的称呼

在生活中，如果你不知道对方的身份，那么就要以年龄来称呼了。遇到和你年龄相仿的人，不管比你大还是比你小，你都要称呼他为大哥或大姐。遇到年长的，都要称呼叔叔阿姨，大叔大妈。遇到年龄小的，不妨称呼他们为学生，或者是朋友。这样，当别人受到了足够的尊重，对你自然就会产生好感了。

拉近距离寒暄必不可少

“拉近距离寒暄必不可少”是说在与陌生人的接触中，适当地寒暄，则能缓和彼此之间因为不熟悉而产生的心理抗拒，最终拉近彼此之间的心理距离，从而赢得好感，留下好印象。

人与人之间的交谈需要有一个良好的氛围。有了这个良好的氛围，彼此才能敞开心扉，增进情感。否则，如果交谈的氛围不好，即使你再努力，双方都无办法畅所欲言，反而会感觉到很别扭，很不舒服。那么，这个良好的氛围就需要在说开场白的时候，制造温暖的寒暄，以此来奠定基础。

阿勇今年 29 岁了。他在老家已经算是大龄青年了。阿勇没有女朋友，所以就成为亲戚朋友们特殊关照的对象。

这天，在舅妈的积极撮合之下，阿勇又去相亲了。临去之前，舅妈一再叮嘱，小伙子一定要机灵一些，千万不要让女孩感觉你很木讷。为此，阿勇在去相亲的路上，不停地调整自己的情绪，在到达见面地点的时候，他将自己调整到了最佳状态。可是在见到女孩之后，他却像个木头桩子一样杵在那里，说不出一句话来。

事实上，阿勇并不是个呆若木鸡的人，相反，平日里，他总是油腔滑调，和朋友们在一起是个话唠。只是今天突然出现的很多人，比如媒人，女孩的爸爸妈妈等，让他顿时张不开嘴。

几分钟之后，阿勇调整了过来。他笑了笑说："今天来的人还真多，把我都整闷了，这样吧，我先介绍一下我自己，我叫阿勇，今年29岁，未婚。"

阿勇的话一出口，顿时引起了一阵大笑。因为他的一句"未婚"让原来尴尬的气氛荡然无存。现场的气氛顿时变得轻松了很多。

那次，阿勇和女孩聊得非常投机。没过多长时间，两人正式建立了恋爱关系。如果那天不是阿勇的临场应变，谈话的气氛将非常尴尬。试想，谁愿意找一个呆若木鸡的男朋友呢？

故事中阿勇在相亲的现场，陷入了冷场，他及时地制造了暖人的寒暄，为进一步的交谈奠定了和谐的基础。由此可见，在相互并不熟悉的情况下，很容易冷场，陷入尴尬的气氛，这时候，如果你能机灵一些，制造一些暖人的寒暄，则能在很大程度上迅速地缓解尴尬，为进一步的交流奠定基础，否则，就会为彼此之间的交流埋下隐患。那么，如何才能制造暖人的寒暄呢？

1. 适度地恭维对方必不可少

当一个人听到别人在恭维自己，赞美自己，在心里会产生一种愉悦的情绪。对方的心情好了，便会有交流的欲望，这样只有尴尬自然就打破了。如果对方小心谨慎，不愿意多说话，只有你一个人在那里表扬，对方的反应平平，那么势必会陷入冷场，交流也便会受阻。因此，要想使交谈有个融洽的氛围，就要适度地恭维他人，让对方高兴。

2. 不妨开个无伤大雅的玩笑

如果双方陷入了交谈的尴尬，不及时处理，那么显而易见，交流和沟通势必会陷入绝境。这时候，如果你能及时地开一个无伤大雅的玩笑，把大家逗乐，那么尴尬的气氛顿时会缓解很多。这样，大家没有了压力，才能打开心扉，畅所欲言。当然，玩笑一定要无伤大雅，否则会使气氛更加尴尬。

3. 关键时候学会调侃自己

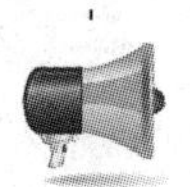

谁都不希望被别人指责自己的缺点和不足，但是如果你说自己的缺点和不足，那么就是在调侃自己。大家哈哈一笑，现场的尴尬便会一扫而空。同时，别人也会因为你的不拘一格而格外放松。没有了思想包袱，交谈起来便顺畅很多。这样交流才能更加轻松自如。

4. 表达对对方的关怀和祝愿

寒暄的时候，还要注意一点，话题要围绕对方，表达出对对方的关怀和祝愿。这样，别人会觉得你很关心他而倍感温暖，继而表达出对你的关怀。这样一来，双方心里的戒备便会减弱很多，说起话来才不会遮遮掩掩。当双方笼罩在彼此的关心和温暖之下，说出来的话便多是考虑他人的感受。如此，交流的气氛自然就会轻松很多。

5. 寒暄时要注意对方的忌讳

如果对方的妻子刚刚过世，而你在寒暄的时候如果这样说："怎么样，最近嫂子还好吗?"试想，对方听了会是什么样的感受？所以，在寒暄的时候，一定要注意对方的忌讳，千万不要哪壶不开提哪壶。否则，不但不能使交流的气氛轻松自如，还会因此而雪上加霜，别人会觉得你是在故意讽刺他，后果可想而知。

见面第一句话说什么，怎么说

"见面第一句话说什么，怎么说"是说与陌生人交谈的时候，要根据现场的情景和对方的状态，选择合适的第一句话，给别人留下好印象，避免引起对方的不悦，对你产生偏见和误会。

通常我们与人初次见面时，多少都会产生防备的心理，想要消除这种紧张的关系，最好的方法便是敞开胸怀，主动地同他人打招呼，否则双方一直保持沉默，就永远只能是陌生人了。因此，第一句打招呼的话就显得尤为重要，如果说得不合适，就会引起对方的不悦，那么，势必给进一步的交流设置障碍，相反，如果说得合适、妥帖，则能迅速拉近彼此之间的心理距离。

张怀和李岚是非常要好的朋友，且两个人又是同桌，平日里形影不离，同学们有时候都会将他们的名字弄混淆。可是，这样好的一对朋友，最近却发生了矛盾，两人谁也不理谁，这究竟是怎么一回事呢？

原来，这天张怀由于生病请了假，可是当天的数学作业必须完成并且要交给老师。没办法，李岚便替张怀做作业，交了上去。谁知，做作业的时候，由于粗心大意，做错了一道题。第二天，张怀被老师狠狠地批评了一顿。

张怀拿着作业本，狠狠地摔在了课桌上，这时候，同桌李岚翻开了作业本，发现自己把题做错了，于是赶紧道歉说："对不起啊，由于我的粗心，让你被老师批评了。"

张怀狠狠地将作业撕毁掉，将本子扔在了地上。赌气坐在一边。李岚把张怀的作业本捡起来递给了他，张怀再次把作业本扔在地上，赌气跑出去了。李岚很生气，他本来不想再管了，但是又担心张怀找不到作业本没办法写作业。于是他把张怀的作业本装进了自己的书包，打算下次当面交给张怀。

正巧这时候，张怀走了进来，他见李岚把作业本装进了自己的书包，于是没好气地说："没见过作业本吗？你要是缺，我给你去买，没见过你这样的。"

张怀的话彻底激怒了李岚，李岚掏出作业本，狠狠地砸在了地上，愤愤地离开了座位。

从那以后，两个人整整一个星期没有说过话。后来张怀觉得自己确实做错了，于是想和李岚和好。但是李岚似乎每天都很忙。于是，这天，张怀等在校门口，想请李岚吃饭赔礼道歉。可是等了半个多小时，仍不见李岚的

身影。就在他打算回家的时候,见李岚从不远处的小餐馆里走了出来。

于是张怀满脸堆笑地迎上去说:“你吃饭了没有,我请你去吃饭吧。”

李岚瞪了一眼张怀,没好气地说道:“你瞧我刚从饭馆走出来,竟然还问我吃饭没,你这不是白问吗?”说完就离开了。

张怀站在厚地分外尴尬。从那之后,两个人的关系降到了冰点。

故事里的张怀在想和李岚打招呼,来化解他们之间的矛盾的时候,明明见到李岚吃完饭出来,却又邀请对方吃饭,结果被李岚顶了回去。这样和解的路就被堵上了。两个曾经关系非常要好的朋友就这么变成了陌路。可见,在打招呼的时候,如果说得不合适,势必会引起对方的不悦,为彼此的接触和交流设置了障碍。那么,我们在人际交往当中,究竟如何同对方打招呼呢?

1. 从最近的天气谈起

由于彼此之间并不熟悉,所以很容易陷入无话可说的尴尬境地。这时候,不妨从最近的天气入手。由于是自然现象,每个人的感受都差不多,往往你说出的话也是对方的感受,这样无形中你和对方就取得了共识。这样,会让彼此之间的心理防备大大降低,为进一步的交流和接触打开了良好的局面。

2. 从对方的近况谈起

如果没有其他话题可说,那么不妨从对方的近况谈起。比如说:“最近在忙什么呢?”“快考试毕业了吧?”“你看起来神清气爽,是不是有喜事呢?”由于你问询的是对方的事情,所以表达了你的友善。同时,对方也有话说。这样,在对方表达的时候,双方心理的距离就慢慢地拉近了很多。当对方回答了你的问题,相应地也会问询你,这样你也能很好地和对方进行交流。

3. 从对方的行动谈起

当然,很多时候,对于并不熟悉的人觉得没话可说,是因为你对他不了解,冒昧地询问势必让对方内心的防备不断加强。如果不说话,你们则会更加陌生。这时候不妨从对方的行动说起。比如看到对方下班了,可以说一句“下班啦”,看到对方出去,则说一句“要出去啊”。这样,不但向对方表达了你在关注他,而且也传递了你的友善。

4. 从对方的兴趣谈起

人往往对自己比较感兴趣的话题滔滔不绝。那么，在你打招呼的时候，不妨从对方的兴趣入手。比如你看到别人抱着篮球去玩，你可以说："篮球打得很不错吧？"或者是"你很喜欢打篮球啊？"这样，由于提及到了自己的兴趣爱好，一般人都会说上几句。彼此之间的陌生感便打破了。

话要说得不温不火

"话要说得不温不火"是说与人接触的时候，要注意说话的语气、说话的语调以及神情，切忌在言语中附带情绪，继而让别人对你肃然起敬，用你的言语给别人留下好印象。

言谈举止往往从侧面反映出我们的性格、气质和涵养。通常情况下，性格急躁的人，说话的语速一般都很快，话常常不经过思考就脱口而出，因此容易给人留下头脑简单，办事不牢靠的印象。而性格沉稳的人，无论身处什么场合，他们跟人说话都不温不火，进退有度，让人既不感觉他们非常严厉而不想接近，但也绝不会对他们产生狎昵之心。相反，别人还会被他们与生俱来的威严和气度所折服，觉得他们成熟稳重，可以信赖。

马震下午刚上班，就接了一个理赔投诉电话，对方在电话里先是骂公司的保险代理人不负责任，是骗子，接着又骂理赔部的人不熟悉业务，素质低下，最后竟然在电话里骂起了马震，说他只会说"是的，是吗"，什么态度？这样的客户马震每天都能碰到好几个，所以并不没有把他放在心上。

就在马震跟理赔部的经理就客户理赔的事协调沟通的时候，只见一个身材矮胖的中年客户气势汹汹地冲进马震的办公室，指着他的鼻子破口大骂："你们这是什么破公司，老子的保费年年没给你们交还是怎么的，现在老子出了事，要你们保险公司赔，你们一个个给老子踢皮球，装孙子。好，不赔是吧，那我就天天来你们公司闹，反正老子有的是时间，看你们这生意还做不做！"

说完，那位客户一屁股坐在办公室的沙发上一动也不动。理赔部的经理见这阵势，不知道该怎么办，马震用眼神示意他先去给客户倒茶。这时候，只听马震不慌不忙地站起来笑着说："这位老兄，何必发那么大的火呢？我们又没说过不赔，只是赔也要有个过程。你说是不是？"

那位客户一听火了："过程？那你告诉我多长时间，半年还是一年？我都等了这么长时间了，还跟老子说这种话。"

正在这时，理赔部的经理端着茶进来了，对那位中年人微笑着说："您请用茶！"那位中年人鼻子里哼了一声，看也没看理赔部的经理一眼。

理赔部的经理出去后，马震接着不温不火地说："赔我们肯定是要赔的，但你这次的事故牵扯的头绪太多，我们要经过调查取证确定责任方，还要鉴定事故的严重程度，完事才能对你进行理赔。而这每一项程序都要花费不少时间，我们也急。情况就是这样，你看你能否耐心地再等两天？不过，要是因为你扰乱公司的工作秩序，那么恐怕你等的时间会更长，到那时候，我也无能为力了。"

那位客户听完马震的话，马上像泄了气的皮球，再也不敢多说一句话，灰溜溜地走了。

故事中的马震在遇到客户来投诉闹事的时候，不慌不忙，沉着应对，尽管客户一次次出言不逊，但他始终不温不火，既没有向客户不停赔不是，又没有跟客户发生冲突，只是把事情的利害关系讲给客户听，让客户知难而退。由此可见，在我们处理有些事的时候，说话一定要委婉一些，要不软不硬，以理服人。那么，我们该怎么说，才能让对方既明白我们的立场，又不至于当场翻脸呢？

1. 把话说的委婉一些

有时候，就算别人态度再不好，说话再难听，我们其实已经非常生气，忍无可忍了，但还是要谨记一点：当你向别人解释或者跟对方讲道理的时候，说话一定要委婉一些，不能想到什么就说什么，不顾对方的反应。同样的意思，如果我们换个对方容易接受的方式来说，效果肯定是大不一样的。

2. 给对方留足面子

我们之所以没有当场发火，揭穿对方，让对方难堪，其实很多时候是为了照顾对方的面子。人都是爱面子的，就算这个人再不讲理，但他也绝对不喜欢被别人指着鼻子骂自己蛮不讲理。给别人留面子，说穿了，也是让我们对事情有一个回旋的余地，不至于因为和别人彻底撕破脸，而让我们遭受到损失。

3. 态度一定要严肃些

因为我们说出的话本来就让对方感觉在气势上弱了他许多，如果我们再不注意，嘻嘻哈哈，态度不严肃，对方很可能会误以为我们是在向他示弱，而更加气焰嚣张，变本加厉，这样反而影响了我们说话的效果，不能达到我们预期的目的。一定要让人感觉我们不是在开玩笑，如果对方任意妄为的话，我们也不会无动于衷。

4. 要拿捏好用词用语

中国的语言非常微妙，同样的意思有好多种表达方式。而且，有些时候，虽然意思完全一样，但我们用这个词或者再换个词，别人听到后的反应就会不尽相同。发生争执的时候，本来我们已经很冲动了，如果在说话时再不注意用词用语，让对方产生了误解，那么，即使我们说话的语气再不温不火，对方也一定很难接受。

先给对方好评，回馈的绝不会是差评

“先给对方好评，回馈的绝不会是差评”是说在与人交谈中，多去赞美和欣赏别人，给对方留下美好的第一印象，从而换来别人的友善、欣赏和赞美。为彼此的相处营造良好的交谈氛围。

日常生活中，我们在评价别人的时候，一定要注意：除了要重视客观事实，还要全盘考虑替别人着想，在不违反原则的情况下，尽量给别人一个好评。这样做，既能显示出我们的宽容大度，同时，也可以给别人一个认识错误、改正错误的机会。只要我们一直坚持在背后给别人好评，别人也就不好

意思再让我们难堪。

李默不知道自己什么时候得罪了主管，这两天，他一刻也闲不下来，常常是早上主管刚安排的事情还没有做完，中午主管又安排了新的任务让他尽快完成。导致李默不知所措。

仅仅这样也就算了。有一天早上做晨操的时候，没有佩戴工牌的人有很多，但主管偏偏在公司所有的同事面前只点了李默的名，大声质问他为什么不戴工牌，让李默很难堪。

还有，在星期一早上例行的公司员工大会上，主管在公布上一周各办公室卫生情况的时候，说经过评比大家都认为业务办公室卫生最差，尤其是电脑，上面一层灰。虽然主管没有指名道姓，但全公司上下都知道，业务办公室虽然有四五个人，但只有李默可以用电脑。李默想，这不是在变相地批评自己吗？

李默愤怒了。以后主管再给他安排工作，他再也不像以前那样加班加点地做了，在8小时的工作时间内，尽力做完，做不完第二天再说。而且，除了必要的工作接触，从那以后李默再也没有主动跟主管说一句话。

但这样下去，李默觉得终究不是办法，主管毕竟是自己的直接领导，得罪了他，谁知道他以后还会怎么折磨自己呢？看来还得另想个好办法。

一般的人都吃软不吃硬，硬的代价太大，看来自己只能来软的了。这样想过之后，李默对主管的态度来了个180度的大转变，以后见到主管不但主动问好，而且经常在同事面前说如果不是因为主管对自己要求严格，自己肯定成长不了这么快，自己今天所取得的成绩，其实都是主管的功劳。

刚开始李默这样说的时候，大家都持怀疑态度。后来，见李默态度诚恳，大家才相信他说的是心里话，于是，也纷纷转变了对主管的看法。

再后来，主管辞职离开公司的时候，总经理要他推荐一个新主管，主管毫不犹豫地向总经理推荐了李默。坐在主管办公室的那天，李默真的很庆幸自己当初的决定，看来老话说得是对的，种下什么就会收获什么。

故事中的李默在一开始受到主管刁难的时候，采取了硬碰硬的态度，后来他觉得这不是长久之计，开始转变了思路，在同事们面前把主管对自己的责难说成是对自己有意的栽培，坚持在背后给主管好评，最后在主管的推荐下他顺利地当上了新主管。在工作和生活中，我们常常会遇到这种情况，一定要学会冷静处理。那么，我们应该怎么做才能在给对方好评的同时，也让对方回馈我们一个好评呢？

1. 与人相处时，怀着一颗感恩之心

在生活中，如果怀着一颗感恩的心与人交往，那么，即使对方再三地跟我们过不去，我们也不会放在心上。相反，当我们有一天成功了，我们反而还会感谢对方，因为正是对方的冷嘲热讽和一次次的发难伤害了我们的自尊心，激起了我们的斗志，鞭策我们不断地进步，从而取得成功。所以，正因为我们有一颗感恩的心，我们才不会对别人吝惜我们的好评。

2. 对伤害过自己的人和事，宽容不计较

遇到别人出言不逊或是故意为难我们时，我们一定要用宽容的心去对待对方，不要跟对方针锋相对，争个你死我活。因为，这样做不但改变不了什么，而且处理不好，还可能会给自己带来更大的麻烦。只有我们不去计较曾经伤害过自己的人，给对方一个正面的评价，让对方明白我们的态度和立场，我们的路才会越走越宽。

3. 坚持自己的原则不受外界因素影响

有时候，当我们被别人欺负时，身边的亲人和朋友可能因为为你打抱不平，对别人恶语相向，但我们不能因为受身边的亲人和朋友的影响，就妄自对别人下结论，给差评。任何时候，都要坚持自己的原则，宁可放过一千，也不要冤枉一个。给别人差评，不但会给对方带来不好的影响，还会让对方对我们成见更深，从而不利于彼此之间的交往。

4. 坚持给别人好评，别人迟早会知道

做好事也要注意坚持，坚持给别人好评，别人知道的可能性才会越大。如果我们刚刚开了个头，就不再往下做了，那么，别人有可能一直都不会听到我们的心声，而继续跟我们形同陌路或是水火不容。要说就要让对方听见、知道我们的心意，不要为了走过场，自欺欺人，相信只要我们坚持给别人好评，别人总有一天会知道。

从细节处展开话题

“从细节处展开话题”是说与陌生人交谈的时候，要从身边的一些细节之处展开话题，让别人感受到你的细心和热情，从而对你产生良好的第一印象。

大而无当的话题往往使我们在跟人交流的时候，不能很快地进入正题，而且太大的话题还容易让别人捉摸不透我们真正的意思，进而丧失跟我们持续交谈的兴趣。而发现别人身上鲜明的特点，先从别人身上无关紧要的一些细节说起，不但可以让别人通过和我们交谈，增加对我们的信任，解除对我们的防备之心，而且因为有了前面的铺垫，时机差不多的时候，我们再说出我们的真实目的，别人就不会感到突然，因而比较容易接受。

方雨是销售保健产品的。虽然说之前也听过很多讲座，但当真正跟顾客交谈时，她还是不知道该如何开口。直接说吧，怕顾客一下子就拒绝了，以后再接触就难了；不直说吧，又不知道该跟顾客聊什么。

说穿了，做她们这一行的，千说万说目的其实只有一个，那就是让顾客买她们的产品。

那天，方雨约了一位女性顾客。见面的时候，只见这位女顾客拎着一个包，款式很别致，而且，一看就是名牌货。方雨以前是卖包的，对各类包非常了解。于是，她决定跟顾客先从包聊起。

待这位顾客坐下后，方雨装作不经意地说：“你这个包是××牌子的吧，真漂亮。”

顾客惊喜地说：“你怎么知道？”

方雨笑笑说：“我以前是卖包的，所以对各种品牌的包大概了解一些。这可是名牌啊！”

顾客接着又说：“原来是这样啊！”

接下来，方雨又给这位顾客讲了一些真皮包日常保养的注意事项，只见顾客听得非常认真，不断地点头。方雨感觉一下子恢复了自信心。

接着她又发现这位顾客的皮肤不是太好，毛孔很粗大，于是紧接着问顾客用的是什么化妆品，从而顺理成章地引出今天真正的话题。

讲起产品来，方雨显得更加自信，她一边给顾客做实验，一边让顾客试用，自己感觉。有了之前方雨对包专业的讲解，很快，在方雨的建议下，顾客没怎么考虑就拿了一套适合她的化妆品。

故事里的方雨一开始在做产品销售时，因为缺少实战经验，不知道该跟客户怎么聊，聊些什么。后来，她利用自己以前卖过包的优势，跟客户从包包聊起，慢慢地切入正题，最后顺利卖出产品。这个故事启发我们，在寻找别人的特点时，如果能把这些细节跟我们熟悉的领域结合起来，一下子就会让别人感觉我们很专业，从而愿意跟我们进行更多的交流，这样，我们再提出要求别人就不会轻易拒绝。既然如此，我们该怎样抓住细节并以此展开话题呢？

1. 要学会察言观色

俗话说："锣鼓听音，说话听声。"在社交中，我们一定要学会察言观色，这是因为一方面对方虽然嘴上说如何如何，但是心里未必那么想，如果我们相信他说的话就被骗了，但通过仔细观察，我们就能判断出他是否在撒谎，从而提前做好心理准备；另一方面通过观察别人可以帮助我们及时调整话题，迅速找出别人的话题切入点，使我们和别人的交流不但能够顺利进行下去，达到我们预期的目的，而且还容易让别人很快记住我们。

2. 做个好的倾听者

多听别人怎么说。别人说得越多，我们就越容易发现别人不为人所注意的细节，同时获取的信息也就越多，也就越容易和别人围绕他们感兴趣的事情而展开话题。还有，当我们说出别人细节的时候，大多数人都会觉得很惊讶，不知不觉间就对我们解除了心理防线，这时候，如果我们再对别人进行一番适当的恭维，别人很快就会对我们产生好感，改变看法。所以，当我们从别人的话语中找细节的时候，做一个好的倾听者尤为重要。

3. 要学会筛选细节

通过前面的察言观色和倾听，这时，我们已经掌握了对方很多的细节，这个时候，到底哪些能作为进一步的话题的引子，而哪些细节则提都不能提呢？一般来说，正面的，能显示对方良好精神风貌和对方引以自豪的可以拿来当作话题，相反，说出来会让对方感觉不自在的，影响对方形象的，则绝对不能说。看似都是细节，但我们也要学会选择，不能什么都拿出来说，要找出对方最恰当的细节来展开话题，让对方不由自主地顺着我们的思路走。

肢体语言也为表达加减分

“肢体语言也为表达加减分”是说在与人交流的时候，适当地用手、脚和头等肢体来表达你的情绪和心情，从而使你的表达更加充分，交流更加顺畅，以达到给对方留下良好的第一印象的目的。

在我们与人交往的过程中，一定要注意正确运用肢体语言。恰当的肢体语言能迅速拉近我们和他人的心理距离，使对方在短时间内对我们建立起最初的信任感，而愿意与我们进行下一步的交流。不当的肢体语言则很容易引起别人的误解，即使别人嘴上承认我们说得是对的，但由于心里已经对我们产生了抵触情绪，即使我们说得再好，别人也很难再完全相信。

每天开完早会，郝天宇和同事们一样要外出寻找目标客户。做保险太难了，好多次郝天宇都想放弃了，可每次一想到带他进公司的那位老师失望的眼神，他就不由得退缩了。

刚开始做保险的时候，为了能很快地抓住客户，每次郝天宇跟客户推销保险的时候，都表现得慷慨激昂，口沫横飞。有些时候，为了让自己的表达更富有感染力，更能打动客户，郝天宇还有意或无意地运用一些夸张的手势和动作，逗得客户哈哈大笑，可奇怪的是，每次笑过之后就没下文了。别说找他买保险，就连电话也打不通了。

郝天宇想不明白，这是怎么回事，难道自己不够卖力吗？可客户明明笑了呀！他百思不得其解，然后去找那位老师求教。

郝天宇拜见老师的时候，老师正在跟一个客户像朋友一样聊天，一会儿聊孩子的教育问题，一会儿又聊高房价高物价，听了半天，就是不见他切入正题。郝天宇在一旁干着急，真不知道他们会天南地北地聊到什么时候，好不容易那位客户临时接了个电话起身道别，这才打住。

客户刚走，郝天宇就一个劲儿地埋怨老师，说他怎么不跟客户谈保险，浪费时间聊什么天。老师笑着说："这你就不懂了吧，我并不是跟他单纯的聊天，而是为了一方面从侧面了解他家里的基本情况，初步判断他需要什么样的保障，为下一次约谈打好基础；另一方面也是让客户通过我们的言谈举止了解我们，认可我们，这样我们以后再跟他谈保险，他就不会轻易地拒绝我们，因为他觉得我们为人还不错，卖的东西肯定也有保证。"

郝天宇这下明白了，怪不得自己老是抓不住客户，原来都怪自己太急功近利，目的性太强了，加上表达的时候，表情和动作可能又有些夸张，使客户对自己产生了不信任的感觉，从而把客户吓跑了呀。看来做什么都得讲究方式方法，要不然真是事倍功半，吃力不讨好。

从那以后，郝天宇在跟客户推销保险的时候，都特别注意自己的肢体语言。时间长了，他发现在表达的时候辅以恰当的肢体语言，不仅不会引起客户的反感，而且能增强表达的效果，提高客户对自己的认可度、签单率。由于改变了工作思路和方法，加上比以前更加努力，不到两年，郝天宇就从一个小业务员做到了销售经理。

故事里的郝天宇刚开始做保险的时候，由于太想出业绩，每次跟客户谈判都像在演讲，客户每每听得非常陶醉，但就是不跟他签单。后来在老师的启发下，他改变了工作思路和方法，业绩一路飙升，两年之内从业务员升到了销售经理。可见，在与人交流的时候，恰当地运用肢体语言是多么重要，那么，如何运用肢体语言为我们的表达加分呢？

1. 运用肢体语言一定要注意适可而止

凡事过犹不及，运用肢体语言也一样。如果我们在表达的过程当中，频繁地打手势或者一直盯着对方看，就会让对方感觉很不自在，又会使对方认

为我们不够成熟稳重，从而使我们的表达在可信度上大打折扣。所以，在跟别人交流的时候，我们一定要注意，肢体语言只是交流的一种辅助手段，不能过于依赖。

2. 运用肢体语言表达时要做到真实不做作

肢体语言除了运用时要注意适度，表达时还必须做到让对方感觉不做作。因为，言语沟通交流才是我们真正的目的。肢体语言应该像绿叶配红花一样，跟我们的语言相辅相成，相得益彰，让对方感觉很自然很协调，而不是觉得我们的动作很唐突，表情过于丰富，从而对我们的为人产生怀疑，不愿意跟我们有过多的交流。

3. 明白一些最常见的肢体语言的意思

在人际交往当中，为了不让肢体语言对我们的表达产生负面效应，从而影响我们的人际关系。我们一定要明白一些最常见的肢体语言的意思，以便在和人交往时做到有的放矢。知道在什么样的场合下，说什么样的话，用什么样的表情和动作，收到的表达效果最好或者对方最容易产生误解。只有这样，我们在和人交谈时才能掌握主动权，让别人顺着我们的思路走。

4. 刻意训练自己运用肢体语言的能力

当我们不知道如何正确地运用肢体语言的时候，一定要刻意训练自己这方面的能力。不能因为害怕自己做错，就干脆只是说话，一点表情都没有，这样别人同样无法接受。如果实在感觉跟陌生人用肢体语言交流有困难，不妨先让身边的朋友当我们的陪练，加强自己这方面的锻炼，有意识地提高自己，使我们最终成为人见人夸的交际能手。

自我介绍有技巧

“自我介绍有技巧”是说在与陌生人接触的时候，要通过适当的技巧和方法来介绍自己。从而达到在短时间之内给对方留下深刻和良好的第一印象的目的。

同样是自我介绍，有些人的介绍平淡无奇，自然难以给别人留下深刻的印象，但有些人短短几句话，却能一下子抓住别人的目光瞬间成为众人瞩目的焦点。可见，就算是自我介绍这样不为人注意的小事，也是有技巧的。介绍的好，我们就能迅速打开人际交往的局面，让别人在最短的时间内对我们产生好感，而愿意跟我们进行更多更深层次的交流。

星期一在公司的晨会上，新员工轮流做着自我介绍。按照主管的要求，每个人除了要说明自己基本的情况外，还必须对以后的工作和业绩作出保证。

新同事一个接一个地做着自我介绍，会议室里不时响起热烈的掌声。轮到吴建文时，只见他先不慌不忙地站起来，然后声音洪亮地说："大家好，我叫吴建文，口天吴，建国立业的建，文韬武略的文。"话音刚落，会议室里一下子响起了此起彼伏的掌声。

同事们都觉得这个小伙子虽然看起来普普通通，但介绍自己的名字时却非常有特点，蛮会推销自己的，给人一种做事情干练而且很自信的感觉。想到这儿，大家忍不住又多看了他几眼，就连总经理也不由自主地抬起头望了吴建文一眼。

接下来，在说到以后的工作和业绩目标时，只听吴建文斩钉截铁地说了一句："业绩不是说出来的，是做出来的。"大家一开始都愣住了，定定地看着他，这个年轻人也太狂妄了，怎么能这么说呢？但仔细一琢磨，都禁不住为他的勇气和犀利的目光拍手叫好。这正是一直以来大家想说而不敢说的话，而他一个新员工今天竟然当着总经理的面说出来了，雷鸣般的掌声久久不息，会议室的气氛一下子活跃了许多。

有些细心的同事还发现，听了吴建文的话，主管的脸"唰"地一下红了，低下头半天不说话！

那一刻，大家都用亲切的目光注视着吴建文，已经把他当成了好同事，当成了自己人。见员工反应这么强烈，总经理对吴建文赞赏有加。他的那句"业绩不是说出来的，是做出来的"成了公司里最流行的至理名言，所有人由此一下子记住了他，吴建文成了公司名副其实的"名人"。

故事中的吴建文在做自我介绍时，先是在介绍自己的名字时别出心裁，让同事们对他另眼相看，然后又在说业绩目标时，抛弃惯性思维，一语中的，一下子让所有的人都记住了他。的确，我们刚开始跟别人接触时，如果自我介绍不落俗套，别人就会对我们另眼相看，而一下子记住我们。那么，到底自我介绍有哪些技巧，我们该怎么做呢？

1. 别出心裁，不走寻常路

初次见面，我们跟别人做自我介绍时，可以适当地对自己的说辞进行加工润色，让别人对自己的自我介绍感觉很有新意，从而使我们的到来让别人感觉眼前一亮，进而改变对我们最初的看法，给别人留下深刻的印象。这样一来，我们就能很顺利地打开人际交往的大门，加快跟别人交往的步伐，建立起良好的人际关系，从而加速获取成功。

2. 实事求是，不添油加醋

在介绍自己的时候，一定要注意我们给别人介绍的"自己"和真实的"自己"必须是一致的。不能为了让别人觉得我们了不起，让别人很快地记住自己，而故意夸大某些事实，借以抬高自己，有意或无意误导他人。要明白，世界上没有不透风的墙，即使别人当时相信了，但总有一天会知道，你在骗他，继而怀疑你的人品，从心里瞧不起你，从此不愿意再和你来往。

3. 神态自若，不畏畏缩缩

初次见面时，还要注意克服羞怯心理。因为在做自我介绍时，我们面对的往往都是陌生人，很多人因此而害怕，不敢开口说话，或者在说话时由于紧张而结结巴巴，再或者表情不自然，动作僵硬，说出的话干巴巴，给人一种不自信的感觉，而不愿和我们有过多交谈。所以，在跟别人做自我介绍的时候，一定要表现得不卑不亢，神情自若，不让别人看轻我们。

4. 看人下菜，不生搬硬套

除了以上几点外，在和别人交往的过程中，还要学会看人说话，见什么人说什么话。这并不是让我们自欺欺人，而是因为人和人由于性格、生活背景、教育层次的不同，关注和接受的东西也不同。向一般人介绍时我们可以自由发挥，稍微抬高一下自己也无妨，但和有身份、学问高的人说话时，切记，态度一定要谦虚，不能让别人觉得我们眼高于顶。

恭维他人自有小妙招

“恭维他人自有小妙招”是说在恭维他人的时候，要拿捏和把握好别人的心理诉求，把你的恭维之词巧妙地说到对方的心里，以取悦人心，最终赢得别人的好感。

很多人一听到恭维别人，就觉得是要拍别人的马屁，于是心里很不是滋味。可是，仔细想想，哪个人不喜欢听好话，只是有些人嘴上不肯承认罢了。其实，善意地恭维别人，不仅可以让别人心情愉悦，而且能让别人产生一种相见恨晚的感觉，从而把我们当做知己，以后更加喜欢跟我们交往，而且适当地恭维别人还能增强别人的自信心，何乐而不为呢？

明敏第一次跟刘扬去见他父母的时候，一路上心里直打鼓，不知道刘扬父母是什么样的人，要是他们不喜欢自己、对自己不理不睬该自己办？可丑媳妇总要见公婆，躲也躲不了。

想着想着，刘扬家到了。明敏赶紧打起精神。还没等明敏调整好呼吸，门就开了，只见刘扬妈妈先是目不转睛地看了明敏几秒钟，然后突然大声地喊刘扬爸爸：“老头子，快来看我们未来的儿媳妇，长得就跟电视里的明星似的！”

明敏听了刘扬妈妈的话，脸一下子红了，但心里却美滋滋的，虽说刘扬妈妈的表情有点夸张，但看得出她还是挺喜欢自己的。于是，也连忙甜甜地对刘扬妈妈说：“阿姨好！”这下，刘扬妈妈更是笑得合不拢嘴了，一个劲儿地在刘扬爸爸面前夸明敏懂事。

看来刘扬妈妈喜欢自己是勿庸置疑了，但刘扬爸爸……接下来该怎么样取悦他呢？明敏突然想起，刘扬说过他爸爸酷爱书法，毛笔字写得很不错，而且他家客厅墙上就挂着一幅字。对了，自己就在这毛笔字身上做文章！

想到这儿，明敏故作惊讶地问：“叔叔，墙上那幅字是出自您之手吧？”

刘扬爸爸说：“不错，是我闲来无事写的。”

明敏接着说:“以前老听刘扬说您写了一手好字,今天一见,果然不同凡响,依我看,这些字比那些报纸上所谓的名家写得都好!”

刘扬爸爸不好意思地笑着说:“哪里,哪里,让你见笑了!”

明敏故作佩服地说:“叔叔,您真是太谦虚了。我想请您写一幅字,我爸爸也很喜欢书法,我想把它送给我爸爸。”

刘扬爸爸一听说要把他的字当做礼物,兴高采烈地去书房写字了。直到这时,明敏才真正松了口气。要不是自己灵机一动,拍他爸的马屁,结果不知道会怎么样呢!

故事里的明敏在第一次见未来公婆的时候,心里非常紧张,幸亏婆婆很喜欢她,公公的态度明敏则不是很清楚,为了让公婆都能认可自己,喜欢自己,她抓住公公喜欢书法这个特点,进行了一番恭维,最后皆大欢喜。有时候,适当地恭维别人,确实能让我们得到别人的认可,但是恭维别人也要讲究方式方法,否则会适得其反。那么,恭维别人到底要掌握哪些小技巧呢?

1. 找别人与众不同的优点夸

每个人都有与众不同的优点,而有些优点是大多数人都有的,这种时候,你就不能大而无当地乱用夸辞。想要让你的恭维赢得别人的好感,就要把话说到人家心坎儿里去,一定要记得找出别人具体的优点来夸,比如夸他写得一笔好字,穿衣服很有品味等,总之,要让别人听了你的恭维觉得你说得就是他,而不是其他人,这样你的目的就达到了。

2. 要切合实际,切忌为夸而夸

别人明明长得很丑,你却夸她长得很漂亮,你这不是成心找骂吗?所以,夸奖别人的时候,一定要记住一点:你所说的优点要符合别人的实际情况,最起码也要差不多,不能太离谱,否则,别人不但不会对我们产生好感,还会适得其反,让别人觉得我们在故意嘲笑他们,让他们难堪,而对我们心生厌恶,从而影响我们的人际关系。

3. 不同的场合夸法也不一样

夸奖别人,也要分清楚场合,虽然说的是同一句话,意思也一样,但在不同的场合对不同的人来说,效果绝对不一样。夸奖小孩子,我们可以说他聪明可爱，但对大人就绝对不能这么说，不然，别人会觉得我们在笑他很幼稚。另外，比如夸领导，我们就不能没大没小地说领导是个模范丈夫，这样领导会觉得很不自在，会觉得你这个人亲疏不分而对你有成见。

4. 要心存善念勿害人害己

我们之所以恭维别人，说别人的好话，只不过是为了和别人拉近关系，增加和别人之间的互动，让双方的交往更加愉快，更有效率。千万不能为了一己私念，表面上是在恭维别人，为别人着想，暗地里却把别人推向罪恶的深渊。一定要让我们的恭维造福他人，为别人和自己带来幸福，而不能利用恭维达到不可告人的目的，害了别人的同时也害了自己。

共同的朋友是更多话题的出发点

“共同的朋友是更多话题的出发点”是说在与人沟通和交流的过程中，可以通过谈及共同的朋友，从而引起双方的共鸣，以达到互相欣赏和认可，给彼此留下良好的第一印象。

当我们和别人初次见面的时候，发现我们和对方竟然有一些共同的朋友，那么，接下来我们和对方之间的交往就顺利多了。围绕着这些共同朋友，我们和对方的话题会源源不断。虽然谈论的是别人的事情，但很多时候，因为我们和对方对这些共同朋友看法一致，越交谈越会觉得原来我们和对方之间也有着那么多的共同点。可能就因为这一点，所以才会有共同的朋友，也正是因为有共同的朋友，我们和对方之间才有那么多的共同话题。

年底，在公司举行的联谊酒会上，高阳被安排和智诚公司的一名主管坐在了一起。酒会开始前总经理特别交代，要高阳今天晚上无论如何必须陪好这位主管，因为智诚公司是高阳所在公司——新特公司最大的客户，而和他坐一起的那位主管则是具体的负责人，只要陪好他，以后智诚公司的业务就是新特的了。

事关重大，高阳想该如何跟这位主管套近乎呢？既能让他明白自己的意思,又让他对这件事情无法拒绝。一时间,高阳竟紧张得不知所措。幸亏那位主管没有注意到高阳的窘态,主动微笑着同他打招呼。于是,高阳放松地和他聊了起来。

一会儿服务生来倒水,只听那位主管对服务生客气地说:“麻烦你为我沏一杯拿铁咖啡,不加糖。”听到这话,高阳似乎抓到了一个机会。今天晚上,所有的人基本上都喝酒,只有这位主管特别要求喝咖啡,而且还是拿铁咖啡。这个城市最好的咖啡厅的老板是自己的大学同学兼好哥们,并且他店里的拿铁咖啡最正宗。这位主管这么喜欢喝拿铁咖啡,我想说不定认识自己的同学。

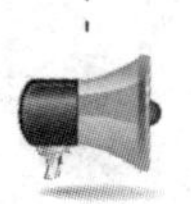

想到这儿,高阳主动说起那家咖啡厅,没想到那位主管果然知道,而且他还告诉高阳,他是那家咖啡厅的老顾客,跟他们的老板是多年的老朋友。高阳一听高兴极了,于是和那位主管说起他同学的好多事情,围绕着这个共同的朋友,两个人越聊越投机,颇有点相见恨晚的感觉。

在酒会快结束的时候,高阳刚提了一下他们公司的业务情况,那位主管就满口应承下来,说都是好朋友,互相帮忙是应该的,反正公司的业务总要找人来做,找朋友总比找陌生人强吧。高阳没想到自己担心的问题因为一杯拿铁咖啡就顺利得到了解决,心里不由得感慨万分,这个世界真小啊,说不定哪天就会因为某些共同认识的朋友而又结识更多的新朋友,从而让自己走出困境,走向成功。

故事中的高阳,从一开始因为责任重大而不知道该如何跟大客户沟通,到后来发现客户喜欢喝拿铁咖啡,然后,经过询问得知,最好的咖啡厅的老板竟然是他们共同的朋友。围绕这个共同的朋友,高阳和那位主管聊得非常投机,最后高阳不但圆满完成了总经理交代的任务,而且还和那位主管成了好朋友。生活中,我们如何才能发现我们和别人有共同的朋友,从而让共同的朋友成为我们和别人话题的出发点呢?

1. 善于发现别人与众不同的特点

在我们和别人交往时,要有一双善于发现的眼睛,随时留意对方一些不为人注意的特点,因为这很可能就是我们接下来话题的切入点。因为这些特点一般不为人所注意，我们注意了就表明我们非常在意、关心对方，对方会产生一种被人重视的感觉，从而对我们另眼相看，心生好感。而且因为这些特点，我们很可能会发现某人是我们和对方共同的朋友。

2. 尽可能地想别人可能认识的人

当我们对对方有了初步了解时，要在脑子里快速地整理出一份对方可能会交往的人的名单。同时，把这些名字跟自己认识的人作比较，锁定几个重复的可能性最大的，有意地引导话题的走向，摸清对方的虚实，尽快地找出我们和对方共同的朋友，让这个共同的朋友作为我们和对方交谈的话题，从而使我们和对方之间的交往更加顺利。

3. 找出共同朋友后记得附和对方

有时候，即使知道了我们和对方有共同的朋友，但因为关注的地方不一样，或者看问题的角度不同，也或者这个共同的朋友还没有引起我们和对方足够的共鸣，使我们和对方在围绕这个共同的朋友交谈时产生了分歧，这个时候，一定要记得，顺着对方的意思说，只有我们先认可对方了，对方才有可能反过来认可我们。

4. 和对方交朋友才是我们的目的

无论是发现对方的特点，还是找出双方共同的朋友，还是在找出共同的朋友后附和对方，目的都是以这位共同的朋友为桥梁，架起我们和对方的友谊之桥。所以，在交谈时我们一定要利用好共同朋友这个关系，尽快通过共同朋友让对方对我们建立起信任感，加深对方对我们的了解，从而最终成为朋友。

第 3 章

善用赞美:让他人迅速喜欢上你

从社会心理学的角度来说,真诚的赞美能够迅速地拉近人与人之间的心理距离。但是,在我们的生活之中,大多数的人都不善于赞美别人。可是,恰恰相反,没有人不喜欢听到别人对自己的赞美。因为得到别人的赞美,无异于获得了别人的肯定和认可。因此,我们要想让别人迅速地喜欢上自己,那么就要多赞美身边的人,慢慢地你会发现,你的朋友会多起来。当然,赞美别人也有一定的学问,在这一章,我们将为你详细地讲解。

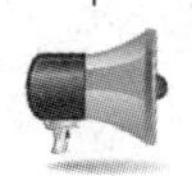

赞美他人要分人说

“赞美他人要分人说”是说通过了解对方的性格、喜好以及心理倾向，拿捏好对方的内心情感，根据不同人的心理需求，把你的赞美之词用合适的言语表达出来，让对方的虚荣心得到满足，达到你预想的效果。

很多年轻人在表达对别人的赞美之情的时候，总是按着自己的意愿，确定表达的尺度。有位哲学家说过：“世界上没有两片相同的树叶”。每个人的性格脾气不一样，即使面对同一句赞美，也会有不同的心理反映。这就需要我们表达赞美之时要分人。根据人的不同心理需求，把赞美的话说得妥当贴切。只有这样，你的一番赞美才能让别人产生愉悦之感，否则，你的“热脸”势必要贴在别人的“冷屁股”之上了。究竟如何分人说赞美的话呢？

1. 赞美别人要考虑性格

每个人都有不同的性格倾向，有的人开朗，情感热烈，而有的人则相对内向一些，情感平和。性格开朗的人往往喜欢表达，因而也喜欢直接、热烈的赞美，而性格内向的人则不善于表达，自然喜欢含蓄委婉的赞美。所以，在表达赞美的时候要把握好分寸。

比如赞美一个性格外向、开朗活泼的女孩子时，不妨说：“你太漂亮了”“你非常有魅力”等，她听后往往会很开心；而赞美一个性格内向的女孩时，则要说：“你的到来，犹如一道亮丽的风景线。”对方自然会感受到你的赞美。

2. 赞美别人要注意喜好

同样，有的人比较喜欢爱慕虚荣，听到别人的赞美便会心花怒放，你表达得越热烈，对方越高兴。而有的人则喜欢低调，比较自我。对于爱慕虚荣的人，在表达赞美的时候，不妨直接一些，热烈一些，这样会极大地满足他们的虚荣心，他们自然会喜欢你。而对于比较自我的人来说，表达赞美就要含蓄一些，适可而止。否则，会让对方觉得你在说客套话，并不是真心实意地赞美他，不但不接受你的赞美，还会因此而对你产生反感。

3. 赞美别人考试对方的接受程度

有的人做事情的时候比较张扬，他们内心深处更加渴望得到别人的认可和肯定。对于这种人，在表达赞美的时候，不妨直接一些，热烈一些，适当地带一些夸张，往往会让他们的心迅速地自我膨胀。比如赞美一个比较张扬的人有才华，不妨说："你真是太有才了。"或者说"学富五车，才高八斗"等，他们听后往往心花怒放。

相反，有些人则比较内敛，觉得过分的表现就是骄傲，对于别人赞美的接受程度也不会太大，在赞美他们的时候不要有太多的修饰词，你只要表达出自己的真情实感就可以了。比如赞美一个低调的人有才华，你可以说："你挺有才华的""很不错，我很喜欢"就可以了。当然，如果你说一句"真人不露相"他们会更开心。

很多年轻人在表达赞美的时候，不去了解和把握对方的脾气个性，总是按着自己的喜好胡乱表达。总觉得自己是喜欢和欣赏别人，别人没有理由不喜欢自己。如果你这么想那就大错特错了。每个人都有自己的性格脾气，都有不同的心理需求，他们接受别人的赞美，也是按照自己喜欢的方式来作出判断。如果你的赞美不能满足他们的内心需求，或者与他们的内心需求相左，那么，显而易见，他们是不会喜欢你的。

要赞美不要奉承

"要赞美不要奉承"是说通过表情、动作和适当的言语，表达自己内心中的真实感受，向对方传递你的欣赏和仰慕，而不是点头哈腰、溜须拍马，刻意地说违心话讨好别人，这样，别人因感受到你的真诚而喜欢你，达到赞美所诉求的效果。

很多年轻人往往将赞美和奉承混为一谈，觉得赞美别人就是要说让对方高兴的话。事实上这种认识是片面的。尽管都是在说对方的好，目的都是让别人内心愉悦,从而喜欢你,可是两者之间还是有本质的区别的。赞美是不违背自己的意愿,真情实意地表达,传达的是真诚和尊重。而奉承则带有很强的目的性,只是为了取悦人心。从一定程度上说,是违心的,是对别人的侮辱。这就需要我们在赞美别人的时候,不要带有很强的目的性,不要刻意地委屈自己而讨好别人。这样,你的真诚才会赢得别人的喜欢。怎样表达才算赞美而不是奉承呢?

1. 要表达自己的真情实意

赞美别人的前提,是因为别人突出的优点和卓越的表现赢得了你的认可,征服了你的心,是真情实意的流露和表达。在表达赞美的时候,眼神、表情以及动作都表现出来对别人的渴慕。这时候,你的关注点在于自己的情感流露。相反,在奉承别人的时候,你的着眼点在于取悦人心,在表情和动作上会刻意地迎合别人。

比如,你在赞美一个人演讲很精彩的时候,你会说:"你的演讲真是太棒了!"同时,你可能会望着对方,微笑着鼓掌或者竖起大拇指。而你在奉承别人的时候,则会说:"你的演讲很精彩,让人听了如醍醐灌顶,精彩绝伦,我们听得如痴如醉。"同时,也会伴随着弯腰点头,不断地去迎合对方的情绪。当然,谁都喜欢接受别人真诚的赞美,而不喜欢接受别人违心的奉承。

2. 不要有过于强的目的性

一个真诚的赞美,在很大程度上会获得别人的认可和喜欢。相反,违心的奉承则往往让人觉得过于客套而有所顾忌。但是,如果你在赞美别人的时候有过于强烈的目的性,那么,你的赞美在不经意间就会变成阿谀奉承,使你的真情表达变了味道。因为你的着眼点变了,你说话的重点也就随之转移。比如,你赞美一个女孩的裙子很漂亮,如果你是表达感情,你可能会说:"你的裙子很漂亮,很适合你。"但是如果你有了过于强的目的性,你就会在后面加上很多迎合对方的话。这样,你的赞美也就变成了奉承。你传达的情感不一样了,对方的感受也会发生变化。

3. 千万不要委曲求全

赞美和奉承一个最大的区别就是,赞美是表达对别人的欣赏,是真诚的情感流露，不存在委屈自己一说。但是奉承则是为了取悦别人，刻意地迎合别人，有时候会违背自己的意愿，出现委曲求全的现象。

比如，你赞美一个人的舞蹈跳得好，但你又发现存在不少的问题。这时候，你会真诚地指出来，因为你坚持了自己的感受。而你在奉承别人的时候，明知道有问题，也会尽量去掩饰，说尽好话，你生怕说出不足会引起对方的不悦，你的好话就是违心的。在这个世界上，大多数人还是喜欢真诚的赞美，而不喜欢违心的奉承。

很多年轻人在表达赞美的时候，往往拿捏不好这个度，让自己的真情流露戴上了功利的帽子，而受到别人的质疑和冷遇，这给很多年轻人带来了迷惑。事实上，你只要坚持自己，真情流露即可，不要为了赢得别人的好感而刻意地去迎合。别人需要的是你的肯定、认可和欣赏，需要的是你真诚的赞美，而不是委曲求全的迎合。

巧用别人的话赞美对方

"巧用别人的话赞美对方"是说通过借助第三者的赞美之词，把你对对方的欣赏和喜欢表达出来，从而赢得他人对你的好感。

很多年轻人不善于表达，总是觉得把自己内心的喜欢和欣赏传递给对方是一件非常难为情的事情。即使在表达的时候，也不知道说什么好，勉强说出来也是平平淡淡，并不能抒发自己的真情实感。这时候，不妨巧妙地借助别人的话来抒发你的情感，把你对对方的肯定和认可传达出去。这样，既克服了因为自己词穷而无法实现达意的尴尬，又不会因为流露感情而不好意思，同时，还能赢得他人的好感，何乐而不为呢？那么，如何才能巧用别人的话赞美对方呢？

1. 多用些名人的经典话

通常，一些名人说过的经典话往往成为真理。不管是语言还是词义的表达都很丰富。借助名人说过的经典话来赞美别人，更能使你的真情实意

得以很好的表达。尤其对于一些拙口笨舌，不善表达的人来说非常有效。因为在说这些话的时候，并没有流露你自己的情感，可是却让对方感受到了你的真诚。

比如赞美一个人刻苦用功，你可以引用一句名言"一分耕耘，一分收获"或者说"头悬梁、锥刺股"和"闻鸡起舞"，用典故的含义表达你的赞美之情。用这些经典的名言和典故远比你说"你真是太用功了"效果好得多。

2. 引用别人的话要表达准确

通过在借助别人的话表达你的赞美之情的时候，要表达准确，否则会让表达的赞美之情大打折扣，甚至适得其反。

比如，张三曾经在你的面前夸奖过李四，说他非常仗义，对待朋友真诚。那么，你在见李四，表达很欣赏他的义气的时候，不妨说："张三曾经多次说你这人很仗义，他就喜欢你的这一点。"通过张三的话，表达了对李四的赞美和肯定。如果你将张三的话表达错误，那么传达出的意义便大相径庭。这时候，对方不会和张三计较，却因此而迁怒于你。

3. 引用别人的话要合适

如果一个人在赞美别人刻苦用功的时候，却说"勤以修身，俭以养德"。那么别人会觉得你不是在赞美他，而是在笑话他修为低，品德差，因为你说的话不但没有把你的真情实意表达出来，反而对对方提出了要求。这样的赞美往往会引起对方的不满。在借助他人的话赞美别人的时候，话要选择合适，才能把情表达得真诚。这一点，年轻人一定切记，不要以为是好话就可以随便说。如果你说得驴唇不对马嘴，那么就失去了赞美的意义。

很多年轻人在通过借助别人的话来表达自己的一番赞美之意的时候，往往不知道如何借助才能达到预期的效果？事实上，大可不必为此而烦恼。你只要运用好你肚子里的墨水，只要在恰当的时候把最恰当的话说出来，你的真情实意自然就被表达了出来，传递到了对方的心里。对方收到了你恰如其分的赞美，自然会对你产生好感。

真诚的赞美谁都愿意听

“真诚的赞美谁都愿意听”是说通过眼神、表情、动作以及恳切的言辞，将内心里真实的情感表达出来，让对方感受到你发自肺腑的欣赏和仰慕，最终赢得好感。

很多年轻人在表达赞美的时候认为，觉得只要自己的心是坦诚的，别人一定能感受到。可是结果往往事与愿违。很多赞美不但没有让别人喜欢你，反而引起了他们的反感。不可否认，真诚的赞美谁都愿意听，可是尽管你的心一片赤诚，但在表达的时候，却没有表达出来。要想让别人感受到你的真诚，就要学会表达，学会在言辞、表情上向别人传达你的真诚。人内心的真实情感往往在这些方面有所流露。如何让你的赞美更加的真诚呢？

1. 适当和对方进行眼神交流

俗话说：眼睛是心灵的窗户。一个人内心的真诚往往会通过眼神流露出来。同样，别人在跟你进行交流的时候，也会通过你的眼神来甄别你所说的话的真伪。当然这并不是说要你直勾勾地盯着别人看，而是要你不要逃避和他人眼神的碰触，不要四处游走，更不要望着天花板和地，人在说谎的时候，眼神都有这些反应。

在这个过程中还要注意一点，眼神要多往右上角凝聚，因为人在表达真诚的时候往往眼神会往右上角转移。当你和对方进行眼神交流的时候，你们的心理距离也会被慢慢地拉近，你的坦诚自然传给了对方。

2. 多注意一些身体的小动作

人的嘴巴可能会欺骗人，但是身体却不会说谎。在你表达真诚的赞美时，别人会通过你身体的一些小动作来判断你的表达是否真诚。

比如，一个人在说谎的时候，会下意识地把手放在嘴上，或者是摸一下鼻子，说错了之后会摸耳朵，捋头发等，这些肢体语言都是在传达你说了违

心话。同样，表达你的欣赏的时候，你会鼓掌，或者是竖起大拇指，或者是双手交叉重叠放在身前，身体会主动向对方靠近，还有不断点头等。在表达你真诚的赞美的时候要注意这些手部的动作所传达的不同意义。

3. 言辞一定要恳切一些

除了在表情和动作上传达你的真诚之外，最主要的还是在言辞上要诚恳一些、热烈一些。用你内心迸发的热情来感染对方的情绪。当然，这还需要配合表情和动作。

比如，你在表达对一个人卓越表现的赞美的时候，要一边鼓掌，一边用热烈的笑声传达你的热情，而且还要说："你真是太棒了！"在"太"上还要加重语气语调，让你浓浓的敬佩之情通过你热烈的表达传递到对方的心里。

很多年轻人在表达真诚的时候，往往不能很好地把表情、语言和动作配合起来。表情到位了，可是动作却没有到位，再加上言辞表达不够热烈，往往引起了别人的误会，觉得你是口是心非，你的赞美也就失去了意义。在表达赞美的时候，要想把你内心的真诚表达出来，就要多留意表情、动作和言辞等的细微之处，充分地搭配和谐，才能让别人感受你的一片赤诚，才能赢得别人的好感。

对方的成就是你赞美的开始

"对方的成就是你赞美的开始"是说通过对对方取得成就的原因、取得成就的大小以及取得成就之后所具有的意义进行了解和把握，拿捏好对方内心的情感阀门，通过适当的表达，把话说到别人的心坎儿上，迅速地拉近心理距离，赢得好感。

很多年轻人在跟不熟悉的人接触的时候，往往觉得对方没什么可赞美的。如果你这么想就大错特错了。任何人都有值得别人称赞的地方，你不了解对方的优点，但是你却可以打听和了解他曾经取得的成就。事实上，这也是别人所津津乐道之处，最渴望得到别人的肯定和认可的地方。如果你在和对方接触的时候,迅速地赞美他的丰功伟绩,别人自然有余地发挥,心情愉悦也就在所难免了。赢得好感是水到渠成的事情。那么,如何对别人的成就进行赞美呢?

1. 在对方取得成就的原因上赞美

俗话说:“一分耕耘,一分收获。”任何人取得成就都不是凭空而来的。别人之所以取得成就,是因为付出了艰辛的努力。但是很多时候,别人看到的是都他的成就,而忽略了他的付出。在赞美别人的时候,不妨在他的付出上“做文章”。

比如,你接触一位曾经在运动会上获过奖牌的人,你赞美她的时候,不妨这么说:“你当年获得奖牌,想必付出了常人难以想象的汗水。作为一个十几岁的女孩子来说,能吃得了这个苦实在是太伟大了。”当对方听到你这么赞许她,会觉得你理解她,懂她。自然会对你产生好感。

2. 在对方取得成就的高低上赞美

对方取得成就的高低往往是最值得骄傲和炫耀的地方。因为成就的高低往往证明的是对方能力的大小和成败的关键。在成就的高低上赞美别人,正好迎合了对方内心的情感需要,也更能迎合对方内心的愉悦。尽管在成就的这个点上,对方听到的赞美之词数不胜数,可是当你表达了赞美之情后,对方依然会满心欢喜。依然会迅速地拉近心理距离,对你产生好感。

3. 在对方取得成就的意义上赞美

任何人做事情都有目的性。同样,对方取得了成就之后,给自己、给别人以及给社会带来了哪些意义,往往也是值得肯定和赞许的。因为赞美对方取得成就的意义,无疑是充分肯定和认可了他的价值所在。如果没有这些意义,那么他所取得的成就也就没有任何的用处。

比如,赞美一个孩子考上了名牌大学,你赞美他的时候,不妨把着眼点放在他取得的成就所承载的意义上。你可以这样说:“你考上了名牌大学,没有辜负父母的一片苦心,为自己赢得了一个辉煌的前程。”

很多年轻人在表达对别人的成就赞美的时候,往往只看到了他所取得成就的高低,在对方的成就上不断地称赞。当然这并没有什么不妥,但是却赞美得不够到位，不够深刻，只停留在表面上。对方对你的感觉也只是停留在表面上。对你的印象自然不会深刻，对你的喜欢也会有所保留。因此，在赞美别人的时候，对方所取得的成就往往是首选。但是，赞美成就不能只停留在表面上，要挖掘纵深度，才能让你的赞美之词真正赢得对方的心。

女人也要学会赞美男人

“女人也要学会赞美男人”是说通过对男人付出的努力，所取得的成就以及表现出来的勇敢和胆识进行赞美，进行充分的欣赏和认可，以便让男人的虚荣心得到极大的满足，从而产生更大的自信，让他们表现得更加的优秀。

很多年轻人觉得女人天生爱慕虚荣，喜欢听别人的赞美之词，却往往忽略了男人好面子，内心同样有这样的需求这一点。俗话说：女为悦己者容，士为知己者死。可见，对于男人来说，得到女人的欣赏和赞美，一样值得他们不惜付出生命的代价。要想获得男人的喜欢，女人要学会适当的赞美男人，维护男人的面子，给予他们足够的尊重。这样，男人才会愿意为女人赴汤蹈火。对你有好感也就是自然而然的事情了。作为女人，如何对男人进行赞美呢？

1. 要赞美男人很勇敢有胆量

男人是力量和胆量的象征，往往在这一点上有很强的自尊心。如果一个女人称赞男人很勇敢有胆量。那么，对于男人来说，无疑是说明他更有男人味，更顶天立地。这对于男人来说是莫大的荣耀。为了这个荣耀，男人会不惜一切代价去争取。对于女人来说，要想获得男人的好感，让男人觉得你是知己，不妨去称赞男人很勇敢有胆量，最大限度地去维护男人的尊严，捍卫他们的颜面。

比如发现男人胆怯，或者是懦弱，不要去指责他们，指责无疑会伤害他们的自尊，这对男人来说是无法容忍的。相反，而要去赞美他们，这样，他们会真正勇敢起来。

2. 要赞美男人能力强有本事

对于女人来说，她们更加在乎自己的容貌，因为容貌美丽更能吸引男人。同样，对于男人来说，他们更加在乎自己是否有能力，有本事。因为有本事才能证明他们更加的有价值。在赞美男人的时候，不妨对他们的能力表示出欣赏。这样往往更容易让他们内心愉悦。

比如妻子在赞美丈夫的时候，多赞美他能干，为家庭，为孩子做出的贡献。这样，男人会产生成就感，自然更加爱妻子，爱家庭。

3. 要赞美男人心胸宽有气量

俗话说："宰相肚里能撑船。"说的是有大作为的人气量很大。而事实上，男人都不会在小事上斤斤计较，能包容别人的错误。如果你赞美一个男人心胸宽，有气量，那么，无疑在赞美他更像个顶天立地的大男人，这对男人来说是莫大的荣耀，能让男人有自豪感。因此，作为女人，在赞美男人的时候，不妨赞美男人心胸宽，有气量。这样很容易让男人对你产生好感。

很多女人在赞美男人的时候，往往抓不住男人的心理，不知道他们究竟在乎什么。赞美的话说不到男人的心坎儿上。尽管表达了赞美之情，可是却没有给男人留下好感，没有获得男人的喜欢。俗话说："打蛇要打七寸。"在赞美男人的时候，也要摸准了他们的"七寸"，这样才能把话说到他们的心坎儿上。当然，这个"七寸"自然是男人最在乎的面子和尊严。在赞美男人的时候，多在这些方面下工夫，你自然就会得到男人的欣赏和喜欢了。

善于发现、赞美他人的长处

"善于发现、赞美他人的长处"是说通过细心的观察和揣摩，发现他人身上与众不同的优点和长处，把你的赞美之词及时地传达出去，这样更容易达到预期的效果。

很多年轻人在赞美别人的时候，往往看到的是很多人共有的东西。比如心眼好，能力强等。如果你赞美他们的时候，总是停滞在这些方面，那么你的赞美势必会失败。因为这些方面，别人听到的赞美多了，也就不在乎了。尽管你表达得很真诚，但是却引不起别人的注意。这时候，就要善于发现他人与众不同的长处，从这些与众不同的长处去赞美他们。他人会觉得你眼光独到，因而留意你，对你产生好感。如何发现和赞美别人的特有长处呢？

1. 认可所付出的巨大努力

往往很多人在赞美别人的时候，只看到了别人取得的辉煌成就，却看不到他人为此而付出的巨大努力。只看到鲜花和掌声，却看不到他人背后的泪水和努力。尽管赞美和恭维别人取得的成就能让别人开心地笑，可是如果你能够看到成就背后的酸楚，你就能让一个人感动地哭。

相比而言，哭更能让别人的内心有所感触。相对于鲜花和掌声，人更需要理解和支持。因此，认可他人为取得辉煌所付出的巨大努力就是对他人的赞美和恭维，尽管这样的赞美给别人带来的是痛苦，但是却能起到更大的效果。

2. 夸大遇到的挫折和压力

别人取得了辉煌的成就，那么相比而言，承受的挫折和压力就越大，反衬他人的能力也越强。因此，从这个角度上讲，夸大别人遇到的挫折和压力越大，就是赞美他人的能力越强。但是，要注意一点，不能盲目地夸大，如果你所说的话完全超出了对方的承受能力，那么你的赞美就会变成对他人“痛苦的期盼”。在夸大遇到的压力时，一定要根据实际的情况，有所张弛。尤其要拿捏好一些词的“度”。在夸大的时候，更要注意情感的表达有度。千万不要任意夸大，导致赞美和恭维的情感转了方向。

3. 在成就的辉煌上另辟蹊径

同样是对别人所取得的辉煌成就上进行恭维和赞美，但是不要跟着别人“宣读公文”，而要另辟蹊径，发现不一样的赞美点。

比如，别人在赞美所取得的成就的高度，你不妨来恭维他人所取得成就的厚度。同样是赞美别人，你的切入点和别人的不一样，那么，你的赞美势必会更加吸引对方的注意力,也更加独到,更有特色。要善于发现生活的不同色彩,更要善于发现别人身上的闪亮点,尤其是在恭维和赞美别人的时候。

很多时候,年轻人在赞美别人的时候,往往喜欢人云亦云,觉得别人需要这些赞美。说这些大家看得见的东西往往更能赢得对方的喜悦。事实上,却并非如此。如果你也和别人一样,在他的成就上说赞语,对方听腻了、烦了,对你略微地敷衍,这就失去了赞美别人的意义。这时候,不妨换个角度,多去认可对方曾经付出的艰辛和努力,把你的赞美之词说到对方的心里去,势必会大快人心。

第4章

看明场合：把握说话的最佳方式

我们发现，同一句话，在不同的场合说出来会收到不同的效果，有的场合会得到别人的赞扬，有些场合却遭到别人的斥责。不是表达有错误，而是不同的场合需要不同的表达方式，有的时候需要你大声说，有的时候却需要你小声传递，如果你不看场合，随心所欲地表达，那么，遭到别人的耻笑和斥责也就在所难免了。那么，究竟如何根据场合选择不同的表达方式呢？这其中有什么技巧和方法可以遵循呢？这正是本章我们所要解决的问题。

“破冰”须用巧言

“‘破冰’须用巧言”是说一旦产生误会或矛盾，可以通过你的主动、坦诚，用合适的方式把你的真诚传达给别人，求同存异，拉近和对方的心理距离，实现和解。

生活中，人与人之间难免会因为这样或那样的问题而产生误会，发生矛盾。有了矛盾和隔阂，要尽快地解决，才能让彼此的关系更加融洽。但是，很多人往往抹不开面子，觉得自己主动和好，无疑是向对方认输。这时候，“破冰”就需要一些技巧，把话说得巧妙一些，既能维护自己的尊严，又能消除彼此之间的误会和矛盾。那么，究竟采用什么巧言能做到这一点呢？

1. 态度上一定要坦诚一些

通常情况下，两人之间产生了矛盾和隔阂，都会把对方当做敌人，敌视对方，见到对方就会有很强的戒备性和斗争性。这时候，如果你在态度上坦诚一些，弱化对方内心的戒备和斗争，就能为双方赢得机会“破冰”。

比如，说话的口气缓和一些，用眼睛注视对方，尽量和对方不要靠得太近，双手放在前面，而且要展开双臂。用缓和的口气营造和谐的交谈气氛，用眼神传达你的真诚，保持距离是为了给对方一个安全感，双方放在前面，双手放在前面告诉对方你没有攻击性，张开双臂表达你愿意接纳他。

2. 不要在对错上过分纠结

俗话说：“一个巴掌拍不响。”任何事情都没有绝对的对和错，既然双方之间产生了矛盾，有了误会和隔阂，那么说明两个人都是有问题的。如果这时候你再和对方纠结对错，那么无异于再次激起了对方的斗争性，根本无法实现“破冰”，达到两人和解的目的。因此，要想实现“破冰”，在交谈的时候，就不要过分地纠结对错。适当地站在对方的角度上去理解他。对方觉得你接受了他，自然也会作出让步，接受你。

3. 多寻找彼此的共同之处

往往很多时候，我们都喜欢和自己有共同之处的人接触和交往。同样，当双方产生了矛盾和隔阂，要尽量多寻找彼此之间的共同之处，来弱化对方的戒备心理，拉近彼此之间的心理距离。

比如，你们或许岁数相差不大，遇到的生活困惑和机遇相同；或者来自同一个地方，在同一所中学上过学，或者有一个共同的朋友等。如果是好朋友之间发生了矛盾，那么不妨多聊聊曾经的美好往事。

俗话说："宁可多交一个朋友，也不要树立一个敌人。"世界说大很大，说小很小。说不定你在某一个时间，某一个地点，就会需要对方的帮助。即使不需要，也要避免别人给你使绊子。有了矛盾和隔阂，要及时地化解，这样才能多一个朋友，少一个敌人。事实上，拥有良好的人际关系，也是一个人能力的体现。对于年轻人来说，都好面子，不愿意妥协认输。那么，就要学会巧妙的"破冰"，让自己多一个朋友，少一个敌人。

怎样助人打圆场

"怎样助人打圆场"是说要通过照顾双方的情感和面子，引导他去理解彼此，为其铺好后退的台阶，从而实现化解矛盾，打好圆场的目的。

在工作和生活中，由于很多原因，彼此之间产生了矛盾。这时候如果有人及时地打个圆场解个围，不愉快或许就会消除，否则，双方爱面子，谁也不肯轻易服输，这种僵持有可能造成彼此之间更深的误会，或者结下"梁子"。但是，帮助别人打圆场，也需要一定的技巧和方法，否则，不但不能帮助别人打好圆场，而且有可能越帮越糟。那么，究竟如何帮助别人打好圆场呢？

1. 找一个站得住脚的理由

谁都不想陷入窘境。但是很多时候，人没有办法预知未来。生活中的人们，随时随地都有陷入窘境的可能。在关键时候，要站出来为别人找一个站得住脚的理由，为别人打圆场，避免让别人颜面尽失。比如，你介绍女性朋友去相亲,可是朋友刚见面突然觉得肚子饿,直接提出要去吃饭的要求,而使场面陷入尴尬。这时候你不妨解释说:“她早上上班的时间早,中午吃饭的时间早,今天来得及,没顾得上。”男方听了你的解释自然不会多计较。

2. 不妨多一些善意的谎言

很多时候,人们由于所站的角度不同,所以对问题的认识也就不同。由此而产生的矛盾和分歧让双方针锋相对,水火不容。看起来似乎根本没有缓和的余地。但是如果你从中协调得好,事情并没有看上去那么难处理。

比如,婆婆和媳妇发生了争吵,作为丈夫的你在婆婆面前撒谎说媳妇为她老人家牺牲了很多,在媳妇面前说,婆婆为媳妇付出了很多。这样,双方的矛盾便会得到及时的化解。尽管说的是谎言,但是却很好地化解了矛盾,圆了场子。

3. 维护别人的面子和自尊

既然双方之间产生了隔阂和矛盾,那么说明彼此之间有无法妥协的东西,这时候,你不妨巧妙地维护彼此的面子和尊严,让他们及时地退场。

比如,张三的孩子和李四的孩子打架了,张三出来数落李四的孩子,李四不依不饶。这时候,如果你说:“张三只不过是询问李四的孩子事情的经过,李四是站在大人的立场上来分析问题。”这样,张三和李四都有了退路,自然也就息事宁人了。

当事的双方的面子和尊严都维护了,场子自然就圆了。如果这时候,你去当评判者,无疑撕破了彼此的脸,弄不好,还会加剧矛盾。

很多时候,人与人之间产生了隔阂和矛盾,为了尊严和面子,谁也不肯主动作出让步。如果耗下去,势必给双方的交往带来严重的障碍,这时候就需要第三者出面来打圆场,让当事的双方都能维护自尊和面子。当然,作为打圆场的你,在说话的时候一定要多加注意,把话说得圆滑些,切不可胡乱评判,激化矛盾。

面对别人批评的小技巧

“面对别人批评的小技巧”是说要拿捏好对方的心理，说服自己，用坦诚、谦虚以及感恩的心包容批评，变被动为主动，为自己赢得更多的表扬和赞誉。

在生活中，我们难免会做错事情，受到领导和长辈的批评。很多年轻人血气方刚，受到批评后，往往不服气，去辩解和争执。事实上，这并不是明智做法。你的辩解和争执，只能激化别人内心的怒气，无形之中，将批评加剧了。最终，吃亏的还是你自己。这时候，如果你能掌握一些小技巧，就能将大问题化小问题，小问题化没问题。那么，在面对别人的批评的时候，究竟要掌握哪些小技巧呢？

1. 尽早承认问题表明诚恳

既然别人对你提出了批评，那么说明在你身上确实出现了问题和失误。如果这个时候，你去解释，去辩解，则会让别人觉得你并没有认识到自己的错误，继而加大对你的批评。既然你知道无法避免，那么就要尽早承认问题表明你的诚恳，以化解对方的不满。

比如，主管要你按照他的意思做策划，而你觉得自己的想法更好，这样做出来的东西自然不被主管接受，遭到批评也是避免不了的。这时候，决定权在主管手里，如果你去争辩，无疑让主管觉得你对问题认识不清，需要对你进行更加严厉的批评。

2. 请教解决方法表达谦虚

既然你遭到了别人的批评，那么对于批评你的人来说，他心里自然有一个标准，有一个方法。这时候，与其辩解，让对方理解你，不如主动地向对方请教，谦虚也表达出来。因为你的谦虚，别人便不好意思再批评你。

比如，你因为做错数学题而遭到了老师的批评，如果你谦虚地请教，那么老师便不好意思再批评你。因为他也明白，批评的目的是改正，既然你认识到了自己的错误，就没有再批评的必要了。

3. 及时对帮助者表达感谢

当别人帮助你解决了问题，一定要及时地把你的感激之情表达出来，让对方觉得帮助你是值得的。这样，在你再次犯错误的时候，对方就不会批评你，而是主动地帮助你解决问题。否则，对方会受到良心的谴责，因为你曾经表达过感谢。

比如，如果你是个刚刚入行的销售员，在处理客户的问题的时候，出现了失误，遭到了经理的批评，当经理帮助你解决完问题，你一定要把感激之情表达出来，当你再次出现失误的时候，经理会主动地指导你，而不是来批评你。

“人非圣贤，孰能无过，过而能改，善莫大焉。”我们都是平凡的人，在工作和生活中出现失误，做错事情是在所难免的。尤其对于一些刚刚步入社会的年轻人来说，更容易犯错误，所以，被人批评也是常有的事。但是在受到别人的批评之后，千万不要“死有理”，“不如人还不学人”。要学会一些技巧和方法来变被动为主动，这样才能为自己赢得更多的表扬和赞誉。

说话还要挑准了事

“说话还要挑准了事”是说在你表达之前，先问清楚自己，你要表达什么，然后再选择适当的语言把你的所思所想传达出来，从而达到让人明白，被人理解的目的。

我们平日里说话并没有在说话方式上做过多的考虑，结果给沟通带来了障碍，造成了彼此之间的误会。往往同一句话用不同的方式表达出来，所表达的意义却是大相径庭。在说话之前，一定要弄清楚自己要表达什么，挑准了事再表达。如果你在表达之前挑不准事，弄不清楚究竟要说什么，眉毛胡子一把抓，势必会误导别人。那么，如何才能做到挑准事再做表达呢？

1. 注意表达的语言逻辑关系

生活中,我们在表达的时候,往往不注重语言的逻辑关系。结果出现了你说的是东,别人以为是西的现象。给彼此之间的沟通和交流带来了严重的障碍。

比如,一个教徒问牧师:“我在祷告的时候能抽烟吗?”牧师生气地拒绝了。而另一个教徒则说:“我在抽烟的时候能祷告吗?”牧师高兴地应允了。同样的一句话,前者被拒绝了,后者则被允许了。之所以这样,是因为前者表达让牧师觉得,他所提的事情是想抽烟,而后者的表达让牧师觉得他所提及的是想祷告。

因此,在表达的时候,一定要想挑准事,弄清楚自己要表达什么。多注意语言的逻辑关系。

2. 尽量让语言表达简明扼要

在处理问题的时候,我们常说:事有轻重缓急,要选择最重要的事情先来处理。同样,说话的时候,也要挑准了事,弄清楚你要表达什么,让你的表达简明扼要,通俗易懂。

比如,你要表达这次事故造成了很大的损失。那么,事故发生的原因、造成的结果以及造成的人员和财产的损失都要说。那么,你要确定重点在损失上,没必要的或者不能说明损失的话完全可以不说。如果你不停地说事故的原因,则答非所问,极易引起别人的反感。

3. 注意语调和音色轻重缓急

同一句话,如果说话的语调和重音落脚点不一样,所要强调的重点也会有差异。比如,我们五个人一起去爬了泰山。如果你的重音落在“我们”,那么你所强调的是谁?如果落在“五个人”上,则强调的是人数,如果落在“泰山”上,则强调是事。尽管是在说同一句话,由于说话的重音落脚点不一样,所传达的意义则完全不同。因此,在表达的时候,一定要挑准了事,弄清楚你想要表达什么,然后把重音放在你所要表达的事情上。

很多时候,人与人之间产生误会,就是因为没有挑准了事,结果让你的表达表错了意思。你觉得你表达得很清晰,可是别人却理解得很糊涂。这让双方都觉得没有办法进行正常的沟通和交流。尤其是一些刚刚步入社会的年轻人，总觉得别人不懂自己。而事实上，不是别人不懂你，而是你的表达有问题。要想被别人喜欢和接纳，就要多注意自己的表达方式，挑准了事，弄清楚你想要表达什么。否则，你只能生活在自己的世界里，独自哀伤没人懂了。

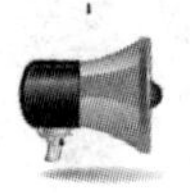

说话的时候看看场合

“说话的时候看看场合”是说你在表达情感和沟通交流的时候，要多考虑你所说的话是否与当时的情景相匹配。通过揣摩每个人的心理，预测表达出来的结果，再作判断，在适合的场合说适合的话。

很多年轻人涉世未深，说话的时候不看场合，道一时口舌之快，话说出来了又开始后悔了。可是，世上往往没有后悔药，唯一能让你不后悔的就是在说话之前多看看场合。有些话有些场合能说，有些场合却不能说。在适合的场合表达能给你带来荣耀，在不适合的场合表达或许会让你陷入尴尬，甚至还会因此而得罪他人，给自己带来不必要的麻烦。那么，怎样判断什么场合该说什么话呢？

1. 提意见的话要私下说

通常情况下，当你批评别人，或者给他人提意见的时候，最好不要在人多的时候说。你所表达的批评或者提出的意见，是你发现了别人的不足之处。让对方知道了会下不了台，影响对方的形象。在众人面前承认自己的不足，这需要很大的勇气。

比如，你发现对方读错了一个多音字，将不屑(xiè)一顾的“屑”读成了(xiāo)，如果你私下告诉他，那么他会很感激你，如果当着别人的面说出来，他便要和你争辩一番，因为这样无疑证明了他没文化。

2. 表扬的话要当着众人的面说

批评人的话要私下说，知道的人越少越好。相反，表扬的话则要当着别

人的面说，知道的人越多越好。一个人受到了表扬，那么说明他身上有过人之处，知道的人越多，他得到的赞誉就越多。

比如，一个人特别的孝顺，表扬他的时候，就要大声地说，当着众人的面说。他的美名会越传越广。如果你悄悄地只对他一个人说，那么，对方的虚荣心得不到极大的满足，自然不会高兴。

3. 私密话题不易让外人听

人都有自己的隐私，这些隐私如果是熟悉的朋友知道，倒也无所谓，但要是被不熟悉的人得知，那么无疑增加了对方的担忧，感觉缺乏安全感。

比如，一群女孩子在说私密话题，就不希望男人听到。夫妻之间的悄悄话就不希望其余的人听到。因此，在说话的时候，一定要看看场合是否合适。如果有男人在，作为女孩子，就不要谈及女性私密话题；如果有第三者在，夫妻间就不要说过于私密的话。

有些话适合在大庭广众之下说，有些话却适合在私密的几个人之间聊。因此，年轻人千万不要莽撞，在说话的时候，要多想想，在场的人是否适合听你所说的话，每个人听了会有什么样的感受，会给你带来什么样的影响等。这样，你才会保护自己的隐私，保护别人的秘密，你才能得到别人的喜欢，得到对方的认可。

一个暗示胜过一段话

“一个暗示胜过一段话”是说要求通过表情、动作以及语言等方式，把你内心的真实意愿传达到对方的心里，避免在不适合的场合表达得过于直接，伤害别人的情感。

很多时候，有些场合不适合把话说出来，但是又不得不和别人沟通和交流，这就有些为难了，有的年轻人莽撞地直言不讳，而有的年轻人则三缄其口，事实上，这都不是好办法。这时候，不妨用表情、动作给对方一个暗示。在这种情况下，你的暗示要远远胜过你的一段话。那么，究竟如何用表情和动作来给别人传达暗示呢？

1. 学会用眼神传达暗示

眼睛是心灵的窗户，眼神也更容易传达心愿。因此，当在一些不适合的场合用话语来传达意愿的时候，不妨通过眉毛、眼神的变化把你的想法和态度传递给别人。

比如你想让身边的人离开，直接说又怕第三者有意见，不妨看一眼对方，捕捉到对方的眼神，然后抬头扬眉，这样别人就会明白你想让他离开。如果对方说话不中听，你不妨看着天或者地，对方自然能感觉到你的不满，会尽快地闭上嘴。这时候你的一个眼神传达的暗示，要远远比你的言语更有效果。当然，这还需要你抓住对方的眼神，如果对方不看你，就失去了作用。

2. 充分应用肢体语言

人与人之间的交流除了语言之外，很大程度上还依靠肢体语言。头部和手部以及你的站姿和坐姿等肢体语言都能很好地传达暗示。如果语言表达不合适，不妨用这些肢体语言来传达你的暗示。

比如用点头表达你的同意，用摇头表达你的否定。如果你想要对方离开，不妨用手向外摆动，相反，如果你想要对方走过来，可以用手向里摆动。如果想要表达欢迎和赞扬，不妨鼓掌，或者是竖起大拇指等。这时候，你的这些肢体语言所传达的暗示要远远胜过你的自身语言。

3. 学习用语言传达暗示

除了用表情和动作传达暗示之外，还可以用语言来传达你的暗示。俗话“锣鼓听音，说话听声”说的就是这个道理。比如你想要批评别人，不妨将你的批评转移到一个并不存在的人身上，这样，对方感觉到你的所指，自然就明白了你的用意。或者用双关语、谐音等语言来传达你的暗示。当然这需要你足够的聪明和机灵，能揣摩和拿捏别人的心理，把话说得恰到好处。用语言传达暗示远比你直接说一段话更加有用。

在一些场合，有些话说出来不合适，有些话压根儿就不能说，但是又不得不让别人明白。这时候就要学会用暗示来代替话语，既传达了自己的意愿,又维护了别人的面子和尊严。这对于初入社会的年轻人来说,能在很大程度上帮助他们营建良好的人际关系。当然还需要你学会察言观色,否则,你不懂别人的暗示,自然也就无法正确地暗示别人。

把话说到刀刃上

“把话说到刀刃上”是说在说话之前,要想明白自己想要表达什么,理顺逻辑关系,然后有所偏重,简单明了地表达出来,以取得畅通交流的良好效果。

在与人沟通中,很多人总是滔滔不绝的高谈阔论,结果却让别人一头雾水,听不明白他究竟想要表达什么。不是因为他表达得不对,而是因为对方没有说到重点上,也就是我们这里所说的没有把话说到刀刃上。对于很多涉世不深的年轻人来说,这种现象尤为严重,把话说到点子上,往往能在最短的时间内表达自己,给别人留下清晰而深刻的印象,为自己赢得更多的机会和人脉,同时也能使你和别人的交流更加通畅无阻。那么,如何把话说到刀刃上呢?

1. 说话要有中心、有重点

往往很多人在表达的时候,没有中心,没有重点,想到什么就说什么,结果表达了很多,却让听的人云里雾里,不知道你究竟在说什么。这往往会让对方失去跟你继续交流的兴趣。要想把话说到刀刃上,就要努力让自己的表达有中心,有重点。

比如,你取得了优异的成绩,想要对所有支持你的人表达感谢。那么你就要把中心定在“感谢”上,重点定在别人对你的帮助上。至于别人帮助你之前的情况以及帮助你之后的进步表现,完全可以一带而过。如果你不懂简略,顾此失彼,那么你所表达的就不是感谢了,严重偏离了中心。

2. 表达切忌啰唆

通常,我们在与人交流的时候,总是希望以最简单的话传递尽可能明确的信息。这就要求我们把话说到点子上，把话说到刀刃上。如果你为了表达总是说一些不着边际的废话、套话，往往让人心生厌恶，觉得和你交流实在太痛苦，继而想要迅速地结束和你的交流。

比如别人问你，看了这部电影有什么收获，而你却说电影放映中你的心情，尽管这对于你来说或许也是收获，但是却让听的人犯迷糊。相反，如果你简单明了地说：“很不错，有洗涤灵魂的感觉。”或者是“让人耳目一新”，这样别人就清晰明了了你的感受。

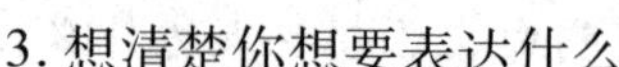

3. 想清楚你想要表达什么

在说话之前，想清楚你究竟想要表达什么，这在很大程度上能帮助你把话说到刀刃上。因为只有你想清楚了自己想要表达什么，你才能理顺语言逻辑关系，才不至于东一鎯头，西一棒槌，出现混乱。

比如说高考结束了，你要去好好地放松自己，准备去旅游。那么你就要弄清楚你的目的是旅游，原因是高考结束了，想要放松自己。如果你弄不清楚，颠倒了逻辑关系，别人就会犯糊涂，你究竟是想放松自己，还是想去旅游。

很多年轻人在表达自己的时候，总是在抱怨别人，觉得对方的理解能力有限，实在是太笨了，那么简单的话都听不懂。事实上，问题不是出在别人的身上，而是出在他们自己的身上，是他们不会表达，没有把话说到点子上，没有把话说在刀刃上。结果他们自己说得很混乱，别人听得更费劲。这就给他们的人际社交带来了一定的障碍。只有注意说话的表达方式，把话说到点子上，说到刀刃上，才能赢得别人的理解和尊重。

宴请说话有门道

“宴请说话有门道”是说在请人赴宴的时候，要揣摩好对方的心思，在宴请之前要有由头，在宴会之中要学会恭维，让赴宴的人心情愉悦，最终达到宴请的目的。

生活中，很多时候我们都需要宴请别人。在宴请别人的时候，说话非常重要，这直接关系着你的宴请能否成功。或许你有事情求助别人，或许你只需要别人捧个人场，都需要把话说得悦耳动听。但是，对有些人来说，信手拈来，轻而易举；对有些人来说，却比登天还难。这是因为，在宴请的时候，说话有很多门道，关键看你会说不会说。那么，宴请别人的时候，说话有哪些门道呢？

1. 以增进感情为理由

俗话说："吃人嘴软，拿人手短。"在请别人吃饭的时候，要以增进感情为理由。这样，对方才不会有压力，从而轻松地赴宴。

但是有一点，在宴请对方的时候，千万不要说为了某件事情而请他吃饭。即使对方也明白，但是不要说出来。否则，让别人觉得自己是为一碗饭而来，心情极为不悦。

2. 敬酒说话时要合适

吃饭的时候，难免会喝酒助兴。如果宴请的人比较多，就需要向一些德高望重的前辈或者领导敬酒，一般情况下，敬酒的时候要先敬身份比较高的人，如果是你有求于人，那么肯定要先敬对方。当然说话的时候，要表达对对方的尊敬和佩服之情，关键的时候还可以提及对方的辉煌往事，及时地把你的赞誉表达出来。

3. 客套话绝对不能少

宴请的时候，客套话是必不可少的。尽管并不表达多少含义，但是不说又会觉得少点东西。比如说对方到了，你要说"恭候大驾"或者是"热烈地期盼着"等，让对方感觉到很受尊敬的感觉。吃完饭之后，要说："饭菜不好，要多多见谅"，这样即使对方有什么不满意，也不好意思再斤斤计较了。一般情况下，对方会对你的宴请表示感谢，这样，你也会因为收到了感谢而心满意足。

很多年轻人涉世不深，经历的事情也比较少，所以不会说场面上的话，要么把话说得太过直白，往往邀请不到别人，要么赴宴的人吃着饭，心里却不舒服。从而使得宴请对方的目的无法达到。在宴请别人的时候，一定要注意说话的方式方法，尽量把话说到对方的心坎上，让别人有理由去赴宴，在赴宴的时候吃得舒心。事实上，这也是一个人能力的体现。

婚丧嫁娶的说话艺术

“婚丧嫁娶的说话艺术”是说在婚丧嫁娶的场面上，说话的时候要有理有据，有逻辑，营造好适合的氛围，让每个人心里都舒服。从而使婚丧嫁娶得以圆满完成。

婚丧嫁娶是生活中的大事，是每个人都避免不了的。在婚丧嫁娶的时候，往往我们会请一些人来主持大局。因为他们口才好，懂得说话的艺术，不但能营造好气氛，而且能处理好突发事件。别小看耍嘴皮子，如果话说得不合适，往往会使婚丧嫁娶得以圆满完成，甚至出现失败。那么，在婚丧嫁娶的时候，究竟如何说话才算合适呢？

1. 凡事都要有个由头

婚丧嫁娶是生活中的大事，因此，做每一件事情的时候都要有个说法。否则，别人就会认为不合礼数。礼数中掺杂着双方的面子和尊严等很多问题。如果照顾不周，势必会引起矛盾和纠结。

比如说结婚时，男方给女方送彩礼，男方给一万一千元，说话的时候，要说“万里挑一”，说明女方是男方的最佳选择，寓意着双方碰到一起不容易和感情好等。如果没有了这个由头，双方就有了争执。有了这个由头，双方便不好意思再纠结。事实上，由头就是给双方的一个说法。当然，如果男方要求女方返送两千块，并且说“十全九美”，则寓意着世上没有十全十美的事情。

2. 说话有逻辑能服众

婚丧嫁娶讲究的一个礼数是要有一定的逻辑性，才能让大家信服。否则，大家觉得你说的不合规矩，自然你的话也就失去了分量。这就要求说话的人逻辑思维能力强，而且善于表达。

比如婚宴上参加的人数比较多的时候，退场就显得很麻烦，弄不好会出现踩踏事件。这时候让谁先走，让谁后走就成了问题。如果让东客先走，西客觉得受了冷遇。如果让西客先走，东客觉得没有面子。这时候，你要说："东家是主，西家是客。自然要礼让客人了。"这样东客便不好意思再纠结了。因为你所说的话在理，有逻辑性。

3. 随机应变打好圆场

会说话，不但表现在口才上，还要表现在随机应变打好圆场上。很多时候，都有出现突发事件的可能。如果不能弥补突发事件，势必会让你颜面尽失。

比如，在结婚典礼上，喝交杯酒的时候，女方一不小心摔碎了杯子，这让每一个客人心里都咯噔一下，因为破碎暗喻着婚姻的不完美，这时候你要随机应变，说："旧的不去新的不来，破碎意味着打碎过去，迎接未来。"这样，尴尬自然就得到了化解。

场面上说话，看起来简单，实际上却需要很强的语言功底，一句话说不合适，就会给婚丧嫁娶蒙上阴影。要想学会在婚丧嫁娶上说话的艺术，不但要掌握丰富的知识，还要向有丰富经验的人多学习。尽量把话说得滴水不漏，让每个人都觉得在理，心里舒服，继而顺从你的驾驭和引导。

第 5 章

巧言拒绝:给彼此留足面子

很多时候,我们不好意思去拒绝别人的请求和邀请,觉得会伤害别人的感情。可是又不愿意盲目地应允,让自己受委屈。因此,让很多人非常的为难,在这种情况下,有的人觉得照顾别人的情绪之前先照顾好自己的情绪，所以严肃地拒绝了，结果驳了别人的面子,得罪了他人。而有的人又不好意思把拒绝之词说出口,结果让自己委曲求全,饱受煎熬。事实上,以上两种做法都是不对的。在拒绝别人的时候,把话说得委婉一些,给别人留足面子,这样既拒绝了别人,又没有得罪人,可谓是一举两得。那么,怎样才能做到一举两得呢? 在这一章,我们进行了详细的讲解,相信对你是有帮助的。

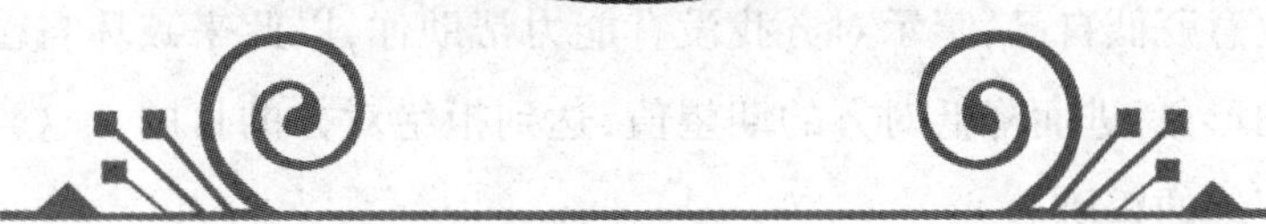

“拒绝”怎么说出口

“‘拒绝’怎么说出口”是说在不委曲求全的前提之下，尽量地想办法避免伤害别人的感情。这就需要在语言表达上下一番工夫，把话说得巧妙一些。让别人意会你的拒绝之意，而不用你去言传。以达到不伤害别人的感情，也不为难自己的目的。

对于很多年轻人来说，拒绝别人是一件非常难为情的事情。因为对方的要求被拒绝，心里会有落差，会受到伤害。俗话说：“承诺就是责任。”如果不懂得拒绝，那么，就要履行对对方的承诺，这会给自己带来很多的麻烦。这就是我们这里所探讨的如何将你的拒绝之意表达出来的问题。既要将你的拒绝之意表达出来，又要尽量避免别人的情感受伤害，这就需要一定的技巧。那么，究竟如何做到这一点呢？

1. 把话说得委婉一些

通常情况下，我们在求人帮助的时候往往很真诚。一旦被人拒绝，心里就会产生落差，觉得自己受了伤害。这就要求我们在拒绝别人的时候，要学会把话说得委婉一些，你的委婉传达是你对于无法提供帮助表达出的歉意。

比如，别人找你借钱，你拒绝别人的时候不要说“不借”，你要说“我最近也不怎么方便”或者说“孩子最近也要上学”等。

2. 通过自贬传达拒绝

故意贬低自己，暗示对方我没有能力帮助你，以此来破坏自己在对方心目中的形象，进而降低对方的期望值，达到拒绝对方的目的。这样就避免了直接拒绝的尴尬。

比如，别人想找你帮忙维修锅炉。若你不愿意，那么不妨跟对方说自己多么无能，这样对方便不好意思再提要求了。要学会先在对方面前贬低自己，多说自己的缺点和不足，多强调自己的问题。这样一来，对方从你的自我贬低中便明白了你拒绝的意愿。因为对方有求于你，自然是肯定你的，那么你自动贬低,回馈给对方的自然是拒绝。

3. 通过恭维戴“高帽子”

吹捧对方,让对方明白自己很了不起,很能干,很有本事。那么,无形中告诉对方,你这么有本事,这么能干都做不到的事情,我一个无名小辈怎么能做得到呢?

比如隔壁的王叔希望你帮助他卖房子。你可以恭维王叔叔人脉有多广,有多好相处,有多会做买卖等。这样,你的拒绝之意随同恭维一起传达给了对方。所以,当别人听到你不停地恭维对方的时候,自然明白你不愿意应允。

很多人人缘好,面轻软,总觉得拒绝对方是一件令双方都很尴尬的事情。将“不可以、不行”这样的字眼说出来,总觉得不合适,会伤害彼此之间的感情,会拉远彼此之间的距离。但是承诺下来又做不到,就会陷入深深的自责当中无法自拔。事实上,大可不必如此。只要你学会把拒绝的话说得巧妙一些,说得隐晦一些,这样完全可以避免直接去伤害别人,又不至于让自己委曲求全。

请你自然说“不”

“请你自然说‘不’”是说在拒绝别人的时候,要正确认识“拒绝”,不要因为担心伤害别人而饱受内心的煎熬,这样你才会真正地学会拒绝,学会长大。

很多人总是不好意思拒绝别人,在拒绝别人的时候又是点头,又是哈腰,似乎在请求对方放过自己。即使勉强拒绝了别人,也觉得亏欠了对方,良心深受谴责。事实上,完全没有这个必要。你并不亏欠对方什么,也没有那个责任必须去答应别人。相反,拒绝是你的权利,能更好地维护你自身的利益。所以,从这个角度上说,拒绝时要自然地说,不要不好意思,更不要感到愧疚。那么,如何才能做到自然地说“不”呢?

1. 态度和蔼些很有必要

很多人往往很难把拒绝的话说出口，当下定决心拒绝对方的时候，把自己的坚定决心通过情绪表达了出来。这无形中，促使自己在拒绝对方的时候和对方产生了对抗的情绪。或许对方被你拒绝之后，尽管心里不舒服，但是并没有打算和你对抗，你的严肃情绪则勾起了对方的对抗情绪。

比如，王二向张三借钱。如果张三笑着说："我现在也不宽余。"张三便知趣地走了。如果张三阴着脸愤恨地说："没钱！"那么，在王二的心里，已经嫉恨上了张三。王二会嘀咕道："不借就不借呗，那么横干什么啊？"

2. 语气一定要坚定一些

在拒绝别人的时候，尽管要和蔼一些，但是也不要嬉皮笑脸，随便和对方开玩笑。否则，对方会觉得你的拒绝有可回旋的余地。自然会软磨硬泡，最终获得你的应允。

比如，男生向女孩示爱，女孩不喜欢这个男生。但是她笑着说："咱俩不合适。"结果，男生觉得女生出于矜持而拒绝自己，于是勇敢地走过去牵起女孩的手。可是女孩心里不喜欢他，但是结果却勉强地做了男生的女朋友。

可见，在你拒绝别人的时候，态度要适度地严肃一些，口气要坚定一些，不要随便嬉笑，用语上也要注意，不要用模棱两可的词，比如"可能""或许"等。

3. 要挺直腰板直视对方

即使拒绝别人，也要把腰板挺直了。千万不要觉得拒绝对方，伤害了别人的感情而内心愧疚，事实上你并没有做错什么。你没有责任和义务必须帮助别人做什么。

如果你帮助了对方，对方应该感激你，如果你拒绝了对方，对方也会表示理解，而不是生气和憎恨。当然，在表达的时候要注意你的态度。如果你过分地自责，点头哈腰，内心觉得亏欠别人。那么，对方很有可能抓住你的这种心理而要挟你。

很多年轻人刚刚步入社会，往往在拒绝别人的时候感觉不好意思。手也没处放了，说话的声音也颤抖了，甚至连看对方的勇气都没有了。事实上，没有这个必要。你并没有亏欠别人什么，不是吗？你没有主动去伤害别人，别人自然不会记恨你。

拒绝也要以和为贵

“拒绝也要以和为贵”是说在拒绝别人的时候，表情语气要和蔼，多照顾对方的情绪，及时消除对方因遭到拒绝所受到的伤害，避免对方产生敌对情绪。

很多人在拒绝别人的时候，往往态度过于严肃，甚至把拒绝之意通过情绪表达出来，这无形中对方产生了敌对的情绪。同时，当一个人被别人拒绝之后，情感受了伤害，内心多多少少对你有些不满，再加上你的恶劣情绪，自然也会把你当成敌人。这就是很多人害怕拒绝别人的原因。事实上，大可不必如此，敌人是你自己树立的。你不对对方产生敌对情绪，对方怎么会无缘无故地恨你呢？这就是我们在这里要说的，拒绝也要以和为贵。那么，如何才能做到这一点呢？

1. 态度要和蔼一些

别人请求你的帮助，即使你拒绝别人，也要面带微笑，和蔼一些。事实上，别人并没有逼迫你，你大可不必有太大的敌对情绪。尽管别人被你拒绝了，内心会有落差，感觉到受了伤害，但是你的和蔼态度反而让对方没有办法记恨你。

比如，有邻居想要借你新买的自行车，你不愿意外借。可以微笑着说：“这是给孩子买的。”对方借不到车，但是你礼遇他，对方也不会生气。如果你怒气冲冲地说：“不借！”别人不会因为你不借车而生气，却会因为你的态度恶劣而嫉恨你。

2. 略表自己的歉意

通常，我们在拒绝别人的时候，都会说：“不好意思”或者“对不起”，这倒不是说你拒绝别人犯错了，而是因为你拒绝别人，给对方的情感带来了伤

害，表示歉意。当对方接受到了你的歉意，自然不会对你产生不满。否则，别人或许会把因被你拒绝产生的不满加到你的身上，从而伺机报复你。

比如，当你的同学邀请你参加聚会，不巧的是你有事，这时候你要说："实在很抱歉，我刚好有事。"对方也会理解你。如果这时候你说："不去"或者是"不想去"，势必会伤害对方的情感。

3. 要帮对方出主意

或许是别人需要你的帮助才向你求助的。但是你又不愿意为了帮助对方而委屈自己。此时在拒绝了对方之余，还要帮助对方出主意来解决问题。

比如，你的好朋友遇到难处，向你借钱，你要这么说："实在很抱歉，我最近手头也比较紧，要不你问问小王，他应该有富余的钱。"这样，设身处地地为对方着想，即使你拒绝了别人，也会让别人对你感激不尽。

很多年轻人在拒绝别人的时候，往往口气坚决，一口回绝，不管别人的心里是什么感受。这样，无意之中为自己树立了一个敌人。时间久了，你周围的人际关系会不断地恶化，这对于年轻人来说并不是一件好事。事实上，你只是表达你的拒绝，完全没有必要和别人树敌。只要你学会拒绝别人，你一样可以和他们做朋友。因此，作为年轻人，一定要学会拒绝，以和为贵，不要轻易去得罪别人。

说好拒绝之言的技巧

"说好拒绝之言的技巧"是说在拒绝别人的时候，注意说话的方式方法，把你的拒绝之意传达给对方，尽量避免对方不受伤害，因为拒绝而得罪别人。

同样是拒绝别人，有的人能把拒绝之言说得天衣无缝，不但没有因此而得罪别人，反而赢得了友谊，而有的人却说得漏洞百出，到处树立敌人。关键在于，前者会说拒绝之言，把话说得恰到好处，给对方留足了面子，维护了对方的尊严。而后者却只顾着表达自己的不情愿，而伤害了对方的情感。

那么，究竟如何才能把你的拒绝之意表达出来，而又不伤害对方的情感呢？当然，这是有一定的方法和技巧的。

1. 拒绝之前，认真倾听

有些人一听到别人有求于己，不等对方说完，便直接摇头摆手表达了拒绝。事实上，这时候无疑伤害了对方的情感，让别人觉得很没面子。在对方向你请求帮助的时候，对方很真诚，可是却遭到了你的冷漠对待，别人自然会记恨你。事实上，即使你不答应别人，也要认真地倾听对方的请求，这是对别人最起码的尊重。

比如，刘大找到了赵二，说："兄弟，你看手头方便不，借我 500 元，孩子上学……"没等刘大说完，赵二便摇着头说："没有，没有。"刘大脸上红一阵，白一阵，尴尬地走了。从那之后，刘大和赵二再也没有说过话。

2. 为自己找好可信理由

通常别人向你寻求帮助，会说出理由，让你明白他需要你的帮助。这时候，如果你想要拒绝对方，当然也要找好理由，让对方明白，不是你不想帮助他，而是你没有办法帮助他。这样，对方自然不会记恨你。

比如，隔壁的王阿姨非常繁忙，想要你帮忙辅导孩子功课。你拒绝的时候就要说："对不起啊，王阿姨，我最近晚上得加班，没有时间。"这样，王阿姨觉得不是你不帮助她，而是因为没有办法帮助她，自然也会理解你。

3. 多表达你的关心慰问

别人向你寻求帮助的时候，把自己的难处说了出来。尽管你没有办法帮助他，但是也要把你的关心和慰问表达出来，让别人觉得你很有人情味，自然不会生你的气。

比如，朋友的孩子生病住院了，手头的钱不够，向你借钱。你在拒绝的时候，要这样说："严重不？一定得找个好医生啊。实在很抱歉，我手头也不宽余。"这样，尽管对方被你拒绝了，但是依然感激于你。

很多人在拒绝别人的时候，拿捏不好分寸，觉得拒绝的话说得不够到位，别人会死缠烂打，事实上，并不是每个人都那么厚脸皮，强迫你帮助他。只要你把自己的难处说给他听，对方也不好意思再为难你。当然，有时候还

需要你说一些善意的谎言来敷衍别人，目的只是避免给自己带来麻烦，而不是去伤害他人。具体的表达还需要根据具体的情景作揣摩和思考，尽量避免别人的这份真诚的心不受伤害。

在工作中懂得拒绝的方法

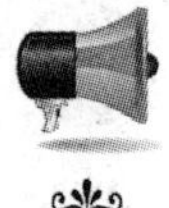

“在工作中懂得拒绝的方法”是说身在职场，在拒绝同事和领导的时候，要学会把话说得巧妙一些，以拒绝同事强迫的建议，回绝领导命令式的要求，从而更好地维护自身的利益。

身在职场，有时候让很多年轻人感觉非常苦恼。明明晚上和男（女）朋友一起逛街，却不得不被领导临时宣布的加班决定而取代。本来计划周末要好好陪陪家人，却被一个电话叫到了公司参加会议。可能很多人觉得，自己要靠这份工作糊口，而不好意思随便拒绝。事实上，大可不必如此，你上班的时间是固定的，在休息时间完全可以拒绝领导的工作安排。当然，拒绝领导也是有一定的技巧。那么，在工作中究竟如何去表达拒绝，又不至于得罪别人呢？

1. 拒绝同事指点时多说谢谢

在工作当中，很多时候，当你认真地去完成领导交代的工作的时候，往往会有很多的同事对你指指点点，建议你这么做，那么做，对你造成一定的干扰和影响。如果这时候，你不懂得拒绝，往往会把事情做得一塌糊涂。

比如，领导安排你去做好员工的考勤。同事们七嘴八舌，有的建议你做个考勤表，采用登记方式。有的建议你采用刷卡方式。最后导致你不知所措。这时候，你不妨对他们多说谢谢。主意自己拿。

2. 拒绝领导安排时懂得示弱

很多时候，当你手里的活还没有干完，领导又安排你做另外工作，让你不能静下心来完成当前的工作。这时候，就要学会在领导面前示弱，拒绝领导的使唤。

比如，你在认真地做一个设计，可是刚做了一半，领导叫你去复印文件，几分钟之后，领导又叫你去送材料。这时候，你可以说："对不起啊，领导，我肚子有些不舒服。"这样，领导便不好意思再随便使唤你了。

3. 找个重要的理由表达拒绝

有时候，同事总是找你帮忙做这做那，事实上你有自己的工作要做。或者是在休息时间接到了领导要求加班的电话。这时候，如果你不懂得拒绝，就会让自己身心疲惫。不妨找个重要的理由来表达你的拒绝。

比如，你可以对同事说"经理急着要我手头上报表呢。不好意思。"可以对领导这样说："我正在外地呢，一时赶不回来啊。"这样，同事便不好意思再要求你帮助他了。领导也只能无可奈何地挂断电话。

很多初入职场的年轻人总是不好意思去拒绝同事和领导的要求，生怕拒绝了同事而得罪了他们，担心给领导留下不好的印象，影响自己职业生涯的发展。事实上，你大可不必如此。只要你学会有技巧地拒绝，一样可以将他们不合理的要求和建议拒之千里之外，维护自己的利益。当然，除了以上的几点技巧之外，在实际应对中，还需要你多学习和总结。

不会让对方伤心的拒绝话

"不会让对方伤心的拒绝话"是说在表达拒绝的时候，注意说话的方式、方法，尽可能保护好对方的心免受伤害，从而把你的拒绝之意完美地表达出来，而又不会得罪对方。

生活中，我们在遇到困难的时候，往往有求于人，当遭到对方的拒绝后，感情受了伤害，会很伤心。当别人被你拒绝之后，伤心失望的时候，往往你也会受到良心的谴责。这也是很多年轻人不会拒绝别人的原因。如何既拒绝了别人，又不伤害对方的心呢？这就需要学会说拒绝的话，把拒绝的话说到对方的心里。当然这并不是一件容易的事情，需要学习一定的语言技巧。那么，究竟如何说话既能拒绝别人，又不伤害对方的心呢？

1. 拒绝的同时传达你的温暖和爱

一般情况下，别人向你寻求帮助，自然是情况万不得已，不然谁会拉下脸来求人呢？但是，如果你答应了对方，又会让自己陷入尴尬，或者是让自己的利益受损。这时候就不得不拒绝别人。但是在拒绝了对方的时候，一定要把你的温暖和爱传出去。这样，在一定程度上能温暖对方的心，让别人免受被拒绝的伤害。

比如，邻居得了急症，急需用你的车，可是你的车借人了，这时候，你不得不拒绝对方。拒绝的时候，要多询问对方病情是否严重，如果有可能要尽量地帮助对方想办法。之后也要及时打电话表达关心。

2. 不要用一些过于直接的拒绝词

当对方有求于你的时候，如果你说“不行”“不可能”，势必会使对方受到伤害。这时候，你不妨把话说得委婉一些，比如说：“实在是太忙了”或者是“可能不怎么合适”等。对方理解你的难处，自然心里上也能接受被你拒绝的事实，内心也不会有太大的落差，不会受伤害。当然，需要怎么说是需要在实际生活当中拿捏和揣摩的。

3. 表达拒绝的同时要表达出歉意

别人向你提出帮助自然是很相信你，你的拒绝势必会破坏对方对你的信任。这样，对方的心会很受伤，你也会受到良心的谴责，内心不舒服。在表达拒绝的时候，一定要把这份歉意表达出来，进而赢得别人的理解。

比如，有朋友结婚缺钱，向你借钱。你在拒绝的时候，要这样说：“实在很抱歉，你看我手头也紧张，也帮不了你。别的需要帮忙的话，你尽管说。我一定效劳。”这样，对方理解你的难处，内心自然就不会受到伤害了。

很多年轻人要么不会拒绝，要么拒绝别人的时候，不懂得保护别人的心，而伤害了对方。尽管你没有委任必须帮助他人，但是你伤害他人的心就会给自己的良心背负上责任。同时，也会给你的人际社交带来一定的障碍。因此，对于涉世未深的年轻人来说，要学会拒绝，更要学会在拒绝别人的时候保护对方的情感免受伤害。这就需要我们在拒绝的时候，把话说得巧妙一些，温暖一些。

用幽默的语言拒绝他人

“用幽默的语言拒绝他人”是说在别人向你提要求的时候，要通过开玩笑或者说一些幽默的话把你的拒绝之意表达出来，让别人放弃对你提要求，而又不至于伤害对方的心。

通常，别人有求于你的时候，是很严肃的。同样，在你拒绝对方的时候，也是件严肃的事情。因为严肃，所以很容易伤害别人的情感。如果这时候，你能采用幽默的方式，缓和交谈的气氛，那么你的拒绝也会让别人心情愉悦，而不会因此受到伤害。这就是说我们所说的用幽默的语言拒绝他人。当然这并不是一件容易的事情。那么，如何用幽默的方式拒绝别人呢？

1. 要把对方的要求玩笑化

别人向有求于你的时候，往往态度很严肃，因为对方很真诚，希望得到你的应允，如果你严肃地回绝对方，无疑会伤害对方的心。这时候，要学会把对方的要求玩笑化，让对方自动地放弃所提出的要求。

比如，你的同学让你帮助地找工作，你不妨笑着说：“你真会开玩笑，我现在都在生死线上拼命地挣扎呢，你又来蚕食我，还有没有天理啊。”对方从你的玩笑中听出了你的拒绝之意，只好作罢。

2. 对自己进行夸张的贬低

生活中，别人有求于我们，那是因为对我们有良好的内心期望，觉得我们能够帮助他。这时候，不妨故意贬低自己，暗示对方我没有能力帮助你。以此来破坏自己在对方心目中的形象，进而降低对方的期望值，从而达到拒绝对方的目的。当然贬低自己的时候，说得越夸张，对方越不好意思再要求你。

比如，别人向你借钱，你不妨开玩笑地说：“行了，你就别哭穷了，我都几个月不知肉味了，就连身上穿的衣服都是人民群众施舍的。”

3. 形象的对比，幽默的恭维

吹捧对方，让对方意识到自己很了不起，很能干，很有本事。那么无形中告诉对方，你这么有本事，这么能干都做不到的事情，我一个无名小辈怎么能做得到呢？

比如，别人向你借钱，你可以说："你看看你大腹便便，腐败成这样了，肚里多的是油水，再瞧瞧我，典型的小萝卜头。"这样，在你的形象的对比之下，自然对方不好意思再向你借钱了。

当然，要想让你的拒绝幽默化一些，让交谈的氛围轻松一些，就要学习一些生活中的幽默方法。比如多看一些幽默的剧目，多记一些幽默的台词，善于应用现场的情景制造幽默等，这样，在面对别人提出的请求的时候，就能随机应变，幽默地拒绝，既能让对方体面地下台，又不至于伤害对方的情感。这需要年轻人在生活中多去积累，多去练习。

给自己找个好理由再拒绝对方

"给自己找个好理由再拒绝对方"是说在拒绝别人的时候，要找好借口，让对方理解你进而最终接受拒绝，避免因此而伤害彼此之间的感情。

很多年轻人觉得，别人向自己提要求，不愿意或者不想答应就直说了，忠于自己的心，至于别人怎么想那是对方的问题。没必要为别人的情绪负责。乍一听，也有一定的道理。但是再仔细一想，就有问题了。每个人都生活在群体中，如果你总是让别人的情感受伤害，那么，难道别人不会伤害你吗？长此以往，你的人际关系就会很糟糕，这给你的发展带来了相当大的阻力。可见，在拒绝别人的时候，一定要找个好理由，让别人觉得被拒绝也是能理解的，因此而不会记恨你。那么，究竟如何给自己找个好理由来拒绝对方呢？

1. 以时间忙为借口表达拒绝

通常情况下，拒绝别人要求的时候，不妨用时间忙为借口。当然你要告诉对方你为什么忙，让别人确信无疑。自然不好意思再要求你，也不会记恨你了。

比如，妈妈要女儿去买醋，女儿说："我很忙，我现在在做作业。"这样，妈妈便不好意思再要求了，因为她知道女儿确实忙着做作业。当然，还可以以你将要做的事情为借口来拒绝对方。比如邻居要你帮忙修电灯，你不想去的话，可以说："不好意思啊，公司有会议，我正在赶时间呢。"

2. 以能力弱为借口表达拒绝

有时候别人总是没完没了地麻烦你，这时候，你不妨以能力弱为借口来拒绝对方。

比如，邻居大姐求你帮助她的孩子补习英语。这本来是件很容易的事情，但是你工作繁忙，想拒绝，不妨这样说："不好意思啊，我对英语没有感觉，上学那会儿，一到英语课就打瞌睡。高考英语才懵了几十分，实在很抱歉。"这样说，别人自然也就不好意思再麻烦你了。

当然，以能力弱为借口表达拒绝的时候，千万不要为对方识破，否则就会尴尬了。

3. 以没有或者是坏了为借口

很多时候，身边的人总是向你借东西。对于一些比较重要的东西，你不愿意借给对方，那么就要以没有或者坏了为借口。

比如，好朋友想借的笔记本电脑，你不想借他，不妨说："很抱歉，我的笔记本电脑电源出了问题，送去维修了。"这样，便很好地拒绝了对方，不是你不愿意借，而是你没有办法借。当然，这样表达的时候，也不要让对方看到为好，否则，你的借口就穿帮了。

很多年轻人拒绝别人的时候，理由听起来非常勉强，对方如果稍微一辩解，就陷入了尴尬境地，最终被对方要挟顺从。因此，在找借口和理由的时候，要给自己留好后路，让自己有自圆其说的空间。当你有充足的理由来拒绝别人的时候，即使对方再刁钻，再难缠，也不能强迫去顺从他。有时候人情强迫往往让人受不了，这也是会让很多年轻人痛苦和烦恼的地方。

拒绝不同的人把握不同的分寸

“拒绝不同的人把握不同的分寸”是说在拒绝别人的时候，根据对方的性格脾气、所提要求的强弱、要求人的身份和关系来确定合适的拒绝方式和拒绝分寸，以达到预期的效果。

每个人的脾气性格不一样，有的人感受到别人的拒绝之意后，便不好意思再提要求，而有些人则软磨硬泡，死缠烂打，找各种理由和借口逼迫你答应他的要求。因此，拒绝他人的时候，对于不同的人要把握好不同的分寸，具体问题具体分析。这样才能对症下药，很好地把你的拒绝之意表达出来。那么，如何根据不同的人把握不同的分寸呢？

1. 根据人的性格脾气

有的人脸皮比较薄，提要求的时候很不好意思。对于这种人，拒绝的时候也要表达出你的歉意，拒绝的话要说得委婉一些。有的人脸皮厚，向你提要求理直气壮，对于这种人拒绝的时候就要义正词严。面对他们的死缠烂打、软磨硬泡要置之不理，让他们明白根本没有用而自动放弃。有些人脾气耿直，提要求的时候说得很直接，拒绝他们的时候也要直截了当，避免对方听不明白你的弦外之音而误会你。

2. 根据所提的要求的强弱

有的人提的要求很弱。比如，“我好像看你上次在看一本西游记，不知道最近方便不，我想借阅一下，如果不方便就算了。”对于这样的要求，你一般不好意思拒绝。即使要拒绝，也要充分地表达出歉意。“实在不好意思啊，刚刚借给朋友了，等还回来的时候我第一时间借给你。”

当然，如果对方提的要求很强烈，比如，有人对你吼道：“给我个苹果！”如果对方在开玩笑，你也要笑着说：“不给，自己去买。”两人都在开玩笑，谁也不会计较。如果别人很严肃，你不妨也严肃地说：“为什么？”这样，在你的质问下，别人便哑口无言了。

3. 根据要求人的身份关系

同样是提要求，如果对方的身份比你高，那么要求就成了命令，既然是命令，那么就没有商量的余地。

比如，父亲说："晚上十点前你必须回家。"对于这种长辈和领导的命令，拒绝的时候一般不要用言语，而要用实际的行动。比如，实际上你每天晚上回来的时候都到 11 点了。

对于关系不错的朋友，你完全可以直接表达，但是前提是不伤害彼此之间的感情。既然是关系好的朋友，那么自然不会轻易计较。

很多年轻人在拒绝别人的时候，往往不分具体的情况，不看具体的人，一概而论。结果对于有些人来说，你的话太重了，伤了他们的心。而对于有些人来说，你的话却没有起到相应的作用，最终你被别人强迫顺从。这样，你身边的人际关系同样是一团糟。因此，对于涉世未深的年轻人来说，要学会根据不同的情况，不同的人采取不同的方式表达拒绝，以及把握好表达拒绝的分寸。

第6章

含蓄表达：说好难以开口的话

并不是什么话都适合直来直去地说。在生活中，为了照顾别人的情绪，顾及别人的面子，我们常常需要把话说得委婉一些，既达到劝说别人的目的，又不至于引起别人的嫉恨，为自己惹来不必要的麻烦。尤其是一些拒绝、批评、责备等难以开口的话，更要用婉转的语言来表达，让对方在轻松的氛围中，欣然接受我们的规劝，从而有效地避免口舌之争，同时也使我们的人缘越来越好。可见，在人际交往中，学会含蓄表达是多么重要。那么，我们该如何含蓄表达，说好难以开口的话呢？如果你对此存在疑问，这一章的内容将会帮你找到答案。

含蓄是一种美妙的言语

含蓄的语言很美。它可以曲径通幽，不动声色，不费一兵一卒，三言两语化干戈为玉帛。尤其在现代人际交往中，含蓄的言语是人际关系的“润滑剂”。善用它，将会使我们在以后的工作和生活中更加得心应手，事半功倍。

的确，话谁都会说，但不见得我们说出的话别人都爱听。心直口快固然痛快，但却很容易在无意中得罪人。特别是在我们跟别人产生分歧时，如果为了图一时口舌之快说话不经过思考，极有可能招来不必要的麻烦。站在对方的立场上，尽可能把话说得委婉一些，含蓄一些，以情打动对方，以理说服对方，给对方留足面子，把话说到对方心里去，这样一来，我们说的话对方才能够完全听得进去。由此可见，言语含蓄的美妙和重要性。然而，若缺少下面几个特点，即使我们说的话再含蓄，也不能称之为是一种美妙的言语。

1. 要让对方听得懂

说话的目的是沟通，而沟通的前提是交谈的双方都能听懂对方所说的话是什么意思，这样才能进行有效的沟通。如果，我们说的话过于婉转，别人听后没有明白是什么意思，那就不叫含蓄了，而应该叫说话说不到点子上，或者不会说话。所以，说话含蓄还应该有一个度，要用简洁明了的语言，让对方能听明白我们的意思，而不要给别人一种高深莫测的感觉。

2. 要先看人再说话

老话说得好：“见人说人话，见鬼说鬼话。”其实就是告诉我们要先看人再说话，遇到什么人就说什么样的话，不要同样的话对谁都说。比如，有人对我们的收入状况很感兴趣，再三地追问，对于有些人我们可以说个大致的范围，让对方去猜；而对于有些人直接回一句“还行吧”就可以了，没必要每个人都据实相告。根据对方的年龄、性格特点等，决定自己要说的话，像春风细雨一样把话说到对方心坎里。

3. 说话要不留痕迹

我们说的话除了能让对方听懂我们所说的意思外，还必须非常严密，不能让对方听出任何破绽，以免对方对我们的为人和行为产生怀疑。要轻描淡写，不着一字，却尽得风流。要让对方听了我们的话感觉句句在理，完全考虑到了他们的想法，照顾到了他们的难处，他们没有看错人，而我们之所以没有履行之前的承诺，是因为我们确确实实有自己的苦衷。不说一个难字，却让对方感觉到我们的确很难，这才是言语含蓄的最高境界。

日常生活中我们跟别人交流的时候，如果在说话委婉的同时，既能让对方明白我们所说的意思，不妨碍彼此之间正常的沟通，又能对我们的话语产生共鸣，愿意接受我们的劝告，那就再好不过了。总之，一定要充分运用语言的含蓄美，用它来滋润我们不完美的日常交往，化解我们和对方之间的敌意，帮助我们重新建立一个良性沟通渠道，疏通各种错综复杂的人际关系。

领会此言非此意

要会听弦外之音。通过仔细观察对方的语气、语调、表情、动作等，再结合当时双方所处的客观环境，还有对方的身份地位和所说的话，准确揣摩对方的心理，真正听懂对方所说的意思。

在实际生活中，我们不但要会用委婉含蓄的话应付各种突发状况，同样，当别人拿各种冠冕堂皇的理由拒绝我们的要求时，我们也要会听才行。通过听辨别别人是不是真像他自己说的那样有心无力，还是根本就在敷衍我们。只有弄清楚对方的真实心理，我们才能对症下药，想好接下来该怎么说，怎么做，对方才会改变心意，我们的目的才能真正的达到。总之，在高效的沟通中，听和说缺一不可。只要我们在会说的基础上，牢牢掌握含蓄说话的几种技巧，将不再那么难以琢磨别人的心理。

1. 对方突然开始说起了客套话

刚才还说得好好的，但突然之间，对方开始对我们变得客气起来。这个

时候，我们一定要注意，因为对方对我们的态度已经悄然发生了变化。可能是我们的言谈举止让对方觉得与众不同，也有可能是其他人在对方面前说了什么，从而让对方对我们的态度有了改变。总而言之，不管这种变化是好是坏，对方突然开始说客套话，这就相当于给了我们一个信号：接下来对方对我们说的话很可能就言不由衷了，我们务必要做好心理准备。

2. 对方在有意或无意地转移话题

我们和对方正在讨论事情，讨论还没结束，我们却发现对方好像有意或无意地把话题转移到别的事情上。并且，当我们问对方问题的时候，他们从不作正面回答，总是用别人做挡箭牌。

遇到这种情况，我们也要提高警惕，对方有意或无意地转移话题，一方面可能觉得这个话题继续讨论下去，到最后他没办法收场；另一方面也可能是他对我们说的话并不感兴趣，想通过转移话题让我们有所察觉，从而中止谈话。从侧面回答我们的问题，则是碍于情面不好直接拒绝我们，所以拿别人来说事，为了让我们知难而退。

3. 对方总是有各种各样的理由

谈恋爱的时候，很多年轻人都可能碰到过这种情况，尤其是男孩子，每次约心仪的女孩出去，对方不是说"身体不舒服，不想出去"，就是说"有事出不去"，或者说"已经有约了"……总之，理由千奇百怪。一次两次，对方很可能真的有事，但次数多了，对方明显就是在找借口了，对方其实是在暗示我们，我们不是她的那道菜，让我们别再执迷不悟了。

同理，生活中和工作中也一样，当我们的要求每次都被对方的各种理由挡回来时，对方根本就是在拒绝我们。这个时候，我们一定要另辟蹊径，不能一条道走到黑，免得误事误己。

只要我们掌握了对方的言外之意，再通过比较分析，假以时日，定会成为对方"肚子里的蛔虫"。到时候，对方的所思所想尽在我们的掌控之中，就算他再怎么变，再怎么花言巧语，我们也一样能透过他语言华丽的外壳，而看到他的内心。只有这样，我们在和对方交往中才能做到有的放矢，稳操胜券，让对方心甘情愿地服从我们。

常用的含蓄表达方式

含蓄也要注意方法。含蓄的表达方式多种多样，要灵活运用，才能发挥出最大的效果。只要我们平时善加利用，使对方既明白我们的意思，又不至于对我们心怀不满，那么我们的目的就达到了。

我们说说话含蓄一些，也可以说成委婉一些，婉转一些，但这并不代表委婉、婉转完全等同于含蓄。充其量，委婉只是含蓄的一种表达方式。日常在和别人的交流中，如果我们能将几种常用的含蓄表达方式发挥得淋漓尽致，将会极大地改善我们的人际关系，使我们在人群中更受欢迎，比别人更加容易获得成功。既然含蓄的表达方式如此重要，那么，就让我们来了解一下几种常用的含蓄的表达方式，以便我们在成功路上再增加几个胜利的砝码。

1. 通过同义替换，达到含蓄的效果

比如我们说某个人很笨，一般不直接说笨字，但可以换一种说法，说他思想很单纯，想法很简单，这样对方就不会觉得我们在嘲笑他。其实两种说法意思完全一样，但毫无疑问，后一种说法相对而言对方更容易接受。每个人内心深处都渴望听好话，这就要求我们在说话的时候要懂得迎合对方的心理，尽量把批评、讽刺等一些对方难以接受的话说得好听一些，不直接去揭对方的短。通过巧妙的同义替换，把相同的意思，换一种对方容易接受的方式说出来，这样效果会更好。

2. 采用各种修辞方式使言语戏剧化

比如利用比喻、双关、拟人、借代、夸张等修辞方式，让言语呈现出一定的戏剧化，使对方在哈哈一笑中消除对我们的敌意。我们夸女性朋友身材好，通常会说她是天生的衣服架子，这就是比喻。历史上著名的双关语如：东边日出西边雨，道是无晴却有晴，利用谐音，一语双关，让人着实回味无穷。拟人使用的频率颇高，如天在下雨，有些人就会说那是老天在流眼泪。至于借代、夸张，只要运用得恰到好处，一样可以妙语如珠。

3. 只做大概的提示不直接说明问题

我们确实不便直接说明某件事情的时候，可以给对方指出一个大概的范围或方向，让对方根据我们的提示去思考，然后找出答案。这也是一种常用的含蓄表达方式之一。另外，还可以通过极其笼统概括的语言来表达自己的意思，同样也可以达到含蓄的效果。还有，对对方提出的问题不从正面回答，而是通过举例子、讲故事等方法让对方去体会，去领悟，从而得出正确的结论，这样也可以达到含蓄的目的。

只要我们熟练地掌握了几种常用的含蓄表达方式，再加上察言观色，以一颗宽容的心对待别人，那么，就没有解决不了的难题，也没有搞不定的人际关系。之所以我们在和人交往中常常处于被动，被别人牵着鼻子走，很大程度上就是因为我们还不会剖析对方的心理，没有真正听懂对方的话语，从而无法用美妙的语言有效地打动对方，使我们与对方之间始终存在分歧，而最终与成功失之交臂。

委婉地对朋友提意见

给朋友提意见语气一定要婉转。既要让朋友听了我们的劝告及时认识到自己的错误，又不至于因为我们说话太过直接而伤自尊，影响我们和朋友之间的感情。

在生活中，我们常常会犯这样一种错误，越是在关系亲密的人面前，说话越直接，往往伤害了身边的人而不自知。比如，朋友做错事了我们给朋友提意见，很多人经常心里怎么想嘴上就怎么说，而不管措辞、语气是否恰当，朋友听了能不能接受，面子上能不能挂得住。虽然我们给朋友指出不足完全是为了朋友着想，但如果在提意见的时候忽略了方式方法，让朋友误认为我们在指责他、批评他，反而会适得其反，好心办坏事。那么，对朋友提意见，我们怎样说才算委婉，才算是正确的呢？

1. 态度要诚恳

俗话说:“态度决定一切。”很多时候,虽然我们还没有开口说话,但我们的态度已经说明了一切。可见,在人际交往中,态度是多么的重要。因此,当我们给朋友提意见的时候,一定要注意:态度必须诚恳。既不过于严厉,又不过于随便,既不能让朋友认为我们是在小题大做、没事找事,又不让朋友觉得我们只是随口那么一说而当不得真。一定要让朋友真正地感觉到我们是在为他好,而不是在挑他毛病,折杀他的面子。

2. 语气要委婉

要像春风化雨一样地开导朋友。让朋友听了我们的意见和建议之后明白我们的良苦用心,从而欣然接受。而不是不分时间场合,直截了当地指出朋友的缺点和错误,令朋友在众人面前难堪。要知道,就算是同样一句话,也会因为我们说话的语气语调不一样,而产生截然不同的效果。所以,我们在给好朋友指出错误的时候,语气务必要委婉,不能让对方听了心里不舒服不痛快,进而影响我们劝说的效果。

3. 措辞要恰当

说之前我们不但要想好怎么说,还要想好说什么。因为,很可能我们没考虑清楚,说错了一句话或是一个字,前面所做的所有努力都白费了。而且,正因为是朋友,以后还要经常来往,所以,我们更要注意:说话的时候斟酌好用词用语。言为心声,恰当的措辞不仅能很好地传递我们的真实意图,而且让朋友听后更加容易接受,同时还避免伤了双方的和气。这一点非常重要,我们一定要记住。

当然,有些人也许会反对,既然是真正的朋友,就不该讲究那么多。正因为大家是朋友,互相都了解,说话就没必要拐弯抹角,有话直说,这才显得彼此之间感情深厚。

话是没错,但我们在提意见的时候也要考虑朋友的心情,还有周围的环境等客观因素。朋友心情好的时候,我们提意见他也许还能接受,但是如果心情非常糟,我们再苦口婆心絮絮叨叨,朋友可能还会觉得我们很烦。还有,在给朋友指出错误的时候,最好选择私下里,因为人都是爱面子的,既然是不足,当然是知道的人越少越好。

恋爱中的不满需含蓄表达

对恋人有意见要含蓄指出。千万不能冒冒失失，直截了当地说人家这儿不对，那儿不好，就算恋人真的不对，说的时候也要注意方式、方法，不能让恋人感觉我在批评他，而要让他明白我之所以这么做，是因为爱他，才希望他变得更好。

在恋爱中，双方相处时间久了，各自的缺点自然会暴露出来。这其实很正常，但有些人却想不通，觉得对方在故意伪装，欺骗了自己的感情，仔细想想，谁不愿意把最美好的一面展现在心爱的人面前，以赢得对方的好感？况且，是人都有不足之处，所谓"金无足赤，人无完人"，只要对方不是道德败坏、十恶不赦之人，我们何必那么较真呢？有些事情如果恋人做得不合适，我们可以委婉地指出来。只要注意以下几点，即使我们批评了对方，对方也会欣然接受。

1. 恋人犯了原则性的错误

比如说，恋人对我们的父母恶语相加，或者在和我们交往的同时，还和别人纠缠不清，这种情况下，我们万不可置之不理。要尽快想办法跟对方进行沟通，及时把我们的想法和看法说出来，让对方明白，她（他）这样做的后果是什么，会给我们带来多大的伤害，以及会对我们之间的感情产生多大的影响等。总之，和对方沟通的时候，既不能言辞太激烈，而让对方产生逆反心理，又不能过于轻描淡写，让对方感觉不到任何压力。尺度一定要拿捏好，才会达到预期的效果。

2. 就事论事，对事不对人

恋人某件事情做错了，我们和对方沟通的时候，就事论事。而不能因为恋人今天做错了一件事，就把他以前犯的错误也扯出来说上一通，这样做轻则会招致对方的不满，重则将会令对方产生分手的念头。可以这样说，我们批评恋人也好，批评朋友也罢，一定要注意就事论事，对事不对人，说话要注意轻重。不能因为别人偶尔做错了一件事情,就把他一棍子打死,认为别人什么都不好,把别人彻底否定。如果真是这样,那就是我们的不对了。

3. 我们这样做是为了对方

只要我们是真心实意地为对方好,对方会明白的。如恋人喜欢抽烟,而我们偏偏一闻到烟味就难受,这个时候我们该怎么办?是委屈自己,任由对方自顾自地抽下去,还是直截了当地告诉对方自己闻不得烟味,婉言相劝恋人把烟戒了?遇到这种情况,如果对方真的在乎我们,为了不让我们难受,他肯定会努力戒烟的。但我们也要用实际行动来支持对方,帮助对方一步步地戒除烟瘾,而不能动不动就对恋人作硬性要求。

恋爱关系是很脆弱的,要使双方关系长久地保持下去,并最终开花结果,一定要做一个会爱的有心人。圣经上说:爱是恒久忍耐又有恩慈,爱是永不止息。要宽容对方偶尔的过错,允许对方存在这样或那样的不足,不要把对方的缺点整天挂在嘴边。对恋人产生不满情绪的时候,要合理发泄,婉转表达,不能让对方感觉我们在无理取闹,没事找事。

婉转拒绝求爱者

对不爱的人要婉转拒绝。虽然说长痛不如短痛,快刀斩乱麻对双方都有好处,但我们在拒绝的时候,语言一定要婉转一些,要充分考虑到对方的感受,避免生出不必要的事端。

在感情生活中,我们经常会遇到这样的情况:爱我的人我不爱,我爱的人不爱我。也正因为如此,世间才存在那么多被拒绝的求爱者。有些人被对方拒绝后,化悲痛为力量,奋发图强,有一天成了成功人士;而有些人却执迷不悟,从此一蹶不振或者走向极端。可见,同样是拒绝求爱者,我们也要因人而异,针对对方的性格个性和心理承受能力对症下药,婉转地表明我们的意思,不伤害对方的自尊,使对方的痛苦得以最大限度的减轻。那么,如何婉转地拒绝求爱者呢?

1. 故意找借口不和对方见面

如果我们真的不喜欢对方，不想跟对方有进一步的发展，那么，当对方约见我们的时候，不妨找个合适的理由拒绝赴约，如最近工作很忙，家里有事，和朋友在一起等。如果次数多了，对方肯定会明白我们的意思而知难而退，不再对我们抱有任何幻想，这样一来，我们既不用自己出面，又间接地达到了我们的目的，何乐而不为？在拒绝追求自己的人时，有时候不一定非得当面说出来，采用一些间接的办法效果往往更好。

2. 只答应和朋友做普通朋友

所谓普通朋友，即常说的"点头之交"，就是限于见面认识，然后互相打招呼问好，没有也不想有更多的了解和接触的人。如果我们真的只想和对方做普通朋友，最好把我们和对方的关系控制在"点头之交"的范围内，不给对方进一步接触和了解我们的机会，把对方对我们的好感消灭在萌芽状态，让对方感觉不管他怎么努力也无法走进我们的内心，从而主动放弃追求。

3. 对于对方的求爱视而不见

不管对方怎么献殷勤，采取什么办法，我们只要做到视而不见，不闻不问就足以让对方对我们死心，而不再对我们百般纠缠。

例如，对方给我们打电话的时候，我们可以工作很忙、有事为借口迅速挂断，不和对方多说话；对方发的短信，或者不回，或者回的时候非常客气，语气不冷不热，有意跟对方保持距离，让对方明显地感觉到我们在拒绝。还有，对方送自己礼物的时候，委婉地拒绝接受，或者无奈接受时执意给对方钱。凡此种种，都会向对方表明我们的态度，如果对方不是一个自作多情的人，我们这样做了之后，对方就会明白我们的拒绝之意，而不再一厢情愿。

也许有人会说，反正大家以后做不做朋友都无所谓，话说重些也没关系，最好冷酷到底，让对方彻底死心。这样做本无可厚非，但既然大家相识一场，也算是一种缘分，即使以后成不了恋人，还可以做朋友，可千万不能因为一时行为言语不当，而使对方把我们当成敌人。那样不仅对双方都没有好处，而且发展下去，后果不堪设想。

可见，在我们拒绝求爱者的时候，说话做事一定要学会转个弯，要在不伤害对方的情况下达到我们的目的，不能光顾着自己痛快，而不顾及别人的想法，要充分利用自己的智慧使对方知难而退。

工作中婉转表达不同意见

工作当中有不同意见要学会婉转表达。不能让上司或者同事很明显地感觉到我们在拒绝或者有异议，要注意用含蓄的方式表达，使我们的拒绝或异议合情合理化，促使对方自觉地改变决定。

在职场中，随时随地都会产生有不同意见。如公司准备设计一批 DM 单，主管要求版面尽量设计得时尚一些，而总经理则明确表示版面设计得越简单越好，作为公司的设计，我们到底该听谁的？全听主管的，总经理那边肯定不能通过，因为总经理才是最后拍板的人。全听总经理的，无形中又得罪了主管，而让我们不知不觉成了夹心饼干。这个时候，最好是把主管和总经理的意见融合在一起，同时加进我们自己的想法，使谁也挑不出毛病来。职场如战场，只要我们在表达不同意见的时候做到以下几点，便不会给自己惹来麻烦。

1. 对老板要学会巧妙地说不

有时候，迫于生存的压力和考虑到老板的想法，往往在我们面对超出自己能力范围的工作时，不敢轻易对老板说不。于是，我们日复一日地加班加点，为了赶进度，工作的质量也下降了，而且错误频出，终于老板发怒了，批评我们工作没做好，但却对我们加班的事只字不提，不是老板不知道，只是他觉得既然我们答应了，就表明我们一定能完成。导致我们本来是想借机在老板面前好好表现一番，没想到结果却害了自己，给老板留下了工作效率低下的影响。

2. 灵活拒绝同事的无理要求

这种事情在职场中经常发生，每一个职场新人几乎都碰到过。比如，本来自己是公司的文案，负责公司各种方案的撰写工作，但仅仅因为自己是新人，一会儿这个办公室拿来一份材料让自己帮忙打印，一会儿另一个部门的主管又让自己出去买办公用品，害得自己不胜其烦。拒绝吧，自己刚来就得罪人，以后的日子肯定不好过；不拒绝吧，这些事本来就不属于自己的职责范围。更麻烦的是，如果自己一旦开了这个头，以后会得罪更多的人。所以，当面对自己职责范围之外的事时，一定要学会灵活地拒绝，不盲目答应同事的要求。

3. 让顾客有更多选择的机会

顾客来店里买东西，而他要的商品店里正好没有，这个时候，我们最好不要直接对顾客说，对不起，你买的东西我们这儿没有。而要迅速拿出另外几种类似的商品，一一向顾客耐心地介绍，帮助顾客重新选择。这样一来，即使最后顾客没有买我们的东西，但至少让顾客感觉到我们的服务的热忱，说不定顾客下次再买东西的时候，就会主动想起我们。在工作当中，直接拒绝的话要少说，即使有不同意见，也要学会婉转表达，这样才有利于我们的职场发展。

在工作中，不同意见常常存在。如何整合来自各方面不同的声音，使我们自己的意见成为其中的主流，进而左右其他人的思维，这可是一个不小的难题。不仅需要我们具备超乎常人的智慧和勇气，还要求我们学会察言观色，准确看人，除此之外，还必须具备好的口才。只有具备了以上种种条件，当我们身困不利的境地时，才可以化险为夷，转危为安。

含蓄表达关系方能融洽

把话说得含蓄一些，彼此之间的关系方能融洽。通过积极正面的处理方式，把对对方的怨恨和不满转化为信任和鼓励，用含蓄的方式表达出来，让双方的关系更加融洽。

有些时候，我们之所以会和别人发生冲突，很大程度上就是因为我们或是别人，说话做事太过直接，不知道迂回，驳了对方的面子，因此才引发争执。相对于直接表达，含蓄就好像是一个人突然之间放低了姿态，放下了架子，让对方觉得双方不再处于敌对状态，而关系基本趋于平等，只有在平等的基础上跟别人对话，别人才会接受。所以，在日常生活中，说话做事含蓄一些至关重要。那么，我们该如何含蓄表达，才能让彼此之间的关系更融洽呢？

1. 笑而不答地拒绝

当我们实在不知该如何拒绝对方的时候，可以不说话，但要微笑地看着对方。不能让对方觉得我们没有礼貌，态度生硬。只要我们笑而不答，对方就会明白我们的意思。不仅如此，对方还可能因为我们没有直接拒绝他，而对我们心存感激。总之，只要我们怀着一颗善良的心，随时随地为他人着想。与人交往的时候，低调一些，谦让一些，跟别人交谈的时候，话锋圆一些，平一些，就没有应付不了的人际关系。

2. 用鼓励替代批评

别人做错了事，我们的第一反应就是，好好地批评他一顿，然而，在实际生活和工作中，我们却不能那么做。因为做错了事情，别人心里本来就已经很难受了，即使我们不说他，不骂他，他就已经很自责。这个时候，他更多地希望得到别人的谅解，而不是责骂。如果我们不分青红皂白劈头盖脸地把他训一顿，他很可能会因此而恼羞成怒，产生叛逆心理。而如果我们既往不咎，把对他的批评变成鼓励，结果定会出乎我们的意料。

3. 正话可反过来说

如我们说某个人懒，可以说她喜静不喜动。再比如说某个人胖，也可以换个说法，说她不是很苗条。其实都是一个意思，就看哪一种更合对方的胃口。总之一句话，就是把不好听，不中听的话，尽量说得好听一些，婉转一些，让对方听了容易接受一些。况且，既然意思一样，我们为什么不挑对方爱听的来说呢？这样，对方听了心里高兴，我们的目的也就达到了。

很多年轻人由于阅历太浅，对含蓄表达在人际关系中的作用还不是太了解，对上面讲的各种方法，运用得也不是很熟练，但如果我们想很快建立良好的人际关系网，就一定要学会含蓄表达。在日常工作生活中，强化自己这方面的训练，有意识地培养自己含蓄表达的能力，为营造优良的人际氛围而努力。同时，也要注意，不要一味地含蓄，使含蓄成为我们的负累，要学会灵活运用。

说含蓄话，让对方猜不透你

说话要有所保留，切不可说得太直白。使对方在和我们交谈的过程中，听不出任何明确的倾向性意见，从而无法摸清我们的真正用意，不敢贸然拒绝我们提出的要求。

俗话说："害人之心不可有，防人之心不可无。"尤其当我们和别人初次见面，了解还不多的时候，万不可将真实的自己和盘托出，把自己的缺点在别人面前暴露无遗。一定要学会应时、应地、应人地说一些客套话，这样做既可以很好地保护自己，又不会让对方觉得我们失礼，而对我们产生不好的想法，影响以后的交往。那么，在实际生活中，我们到底该怎么说，才能让对方猜不透我们的真实意图呢？

1. 言有尽意无穷

三句话能说清楚的事情，绝对不要用五句话说。言多必失，话说得越多，我们话里面的破绽就越多，也就越容易给别人创造反驳我们的机会。最好在别人能理解的基础上，三言两语，话说得越少越好。有些事情尽量不要说得太多太透，简洁明了，"点到即可"，让对方听了以后自己去思考，去琢磨。总之，不要把我们的意思过于明显地表露出来，要把它暗含在我们所要说的话中，让对方无法轻易地看清我们。

2. 顾左右言其他

有时候，别人找我们帮忙，碍于面子我们不好直接拒绝，但考虑到各种因素又不得不拒绝。这个时候，我们除了找一些适当的借口婉拒别人外，还可以通过巧妙的转移话题，不直接从正面回答对方的问题，但却让对方感觉到我们在拒绝,从而使对方知难而退。如一个朋友找我们帮忙,但这个忙确实超出我们的能力范围,我们既可以答应帮他试试看,也可以说我们最近很忙,或者明天要出差等。不直接拒绝对方,而让对方自己去体会。

3. 善用外交辞令

当遇到实在棘手,不便回答的问题时,我们可以向国家的外交官们学习,通常他们在碰到难以回答的问题时,会及时抛出一句外交辞令——无可奉告。我们也可以这样说。这样一来,对方就无法明白我们真正的态度,从而不能轻易下结论。也因为这句话,我们给对方留了一个悬念,让对方觉得我们很神秘,捉摸不定。这样就更加有利于我们说话办事。除了"无可奉告",我们还可以说"这个嘛……不好说""等等再看吧"等一些官方语言,不给对方明确答复。

年轻朋友在刚进入社会时,由于不知人心的复杂,往往不懂得保护自己,以至于在上了无数次的当,受了无数次的骗之后,才吸取了教训,知道真话是不能随便讲的,自己的内心是不能随便掏给别人看的。别人正是因为抓住我们单纯好骗的特点,才故意跟我们套近乎拉关系。所以,千万不要因为别人对我们的好,很快就忘了别人对我们来说只是个陌生人,而对对方掏心掏肺,最后被人家骗了都不知道。

第 7 章

侧耳聆听：别只顾说而让人厌烦

在和别人交谈的过程当中，别只顾自己滔滔不绝，长篇大论，也要适当地给别人说话的机会。否则一开始两个人的交流，最后很可能变成一个人的独角戏，即使再精彩也无人叫好。只有双方你一言我一语，你来我往，互动交流，才可以称得上是真正的沟通。在会说的基础上，做一个好的聆听者，用心听对方说话，不但会赢得对方的好感，还会让我们有更多意想不到的收获。要学会侧耳聆听，多听少说，以免引起别人的反感。那么，我们该如何侧耳聆听，听出别人的心声呢？这一章的内容将帮助我们找到答案。

做一个好的聆听者

会说还要会听。通过聆听，从别人的话语中捕捉有用信息，尽快锁定对方的心理诉求点，在跟对方交流的时候，适当地投其所好，围绕对方感兴趣的点展开话题，使双方的沟通变得更加积极高效。

上天之所以给了我们两只耳朵，一张嘴，就是让我们多听少说。可惜，有相当一部分人不明白这个道理。每次和别人交谈的时候，都只顾自己喋喋不休，而不管对方爱不爱听，听了后有什么想法，好像别人非得听她说话不可。往往导致别人走也不是，不走也不是，非常难堪。同样，一个好的聆听者也绝不是一言不发，而是虽然说的话很少，但是每次说出的话都让对方感觉很有见地。事实上，也只有具备以下几个素质，才能称得上是一个好的聆听者。

1. 懂得基本的倾听礼仪

听别人说话的时候，清楚哪些行为是绝不应该出现的，而哪些行为则多多益善。如别人和我们讲话的时候，我们应该暂停手边的工作，等对方说完了再做，而不是边做边听，否则对方会认为我们没有礼貌。再比如，在对方讲话的过程中，如果我们看窗外和手表的次数过多，也同样会给对方造成错觉，让对方误以为自己来的不是时候，而不愿意过多地跟我们聊下去。相反，在对方说话的时候，我们表现出很有兴趣的样子，对方往往会不自觉地越说越多。

2. 能很快取得别人信任

通常，我们更愿意在能给我们信赖感的人面前倾诉。这样做一方面出于保护自己的考虑，另一方面能让我们信任的人相对比我们更成熟一些，听完后常能设身处地地为我们想出解决问题的办法，或者提供正确的思路。总之，只要别人愿意跟我们就共同关心的话题，多发表意见，表示至少目前我们对别人还是有用的，是值得别人信赖的。一个好的倾听者，一定是一个能让人很快产生倾诉欲望的人。

3. 要会倾听对方的心声

有些时候，虽然别人只是漫不经心地跟我们泛泛而谈，但我们也要透过现象看本质，透过别人看似简单琐碎的话语，体会出对方的心情，听出对方真正想要表达的意思。比如朋友跟我们通电话，尽管每次都是那么几句问候，但很明显心情好的时候和心情不好的时候，说话的语气和语调是不一样的。如果我们认真听朋友说话，就一定能听得出来。朋友高兴的时候，引导朋友说出让他开心的事，让朋友心情更好；朋友不高兴的时候，适时地安慰朋友两句。这样，我们和别人之间的关系就会不知不觉地变得更加融洽。

话谁都会听，但听和听还是有区别的。如果我们真的想成为一个好的聆听者，最起码的一点，就是从心底对向我们讲话的人表示尊重，只有从心底尊重跟我们说话的人，我们才会认真听他说话，他说的话我们才能真正听得进去，他说过的话我们才会放在心上。一个好的聆听者，还是一个懂得感恩有修养的人，不管别人在他面前说的是好话，还是污辱性的言辞，他都欣然接受，来者不拒，让别人无法跟他发火，对他造成更大的伤害。

打断的话，挽不回的情

不轻易打断别人的讲话。就算我们有话要说，也要等到对方把话说完，或者在对方停顿的间隙看情况再插话，不能在别人正说得兴起的时候，我们突然插话，让别人觉得我们很没有礼貌，而不愿意跟我们继续交流。

在别人讲话的时候，不随便打断别人的话头。尤其是长辈、上司说话的时候，不要贸然插话，人家让我们说我们再说，不让我们说，我们只管听着就行了，千万不要抢着说话。随便插话，一方面会让别人觉得我们没有教养，不知道尊卑长幼；另一方面，我们一插话会打断对方的思路，让对方无法顺畅地继续刚才的话题，对方必然会因此对我们心存芥蒂。我们再想跟对方有深层次的交流，就没那么容易了。打断的话，是挽不回的情，万不可轻易

打断别人的讲话。

1. 这样做别人会觉得我们很不礼貌

在日常生活中，人们经常说："大人说话的时候，小孩子不要乱插嘴。"其实，就是这个道理。一是我们和别人身份有别，不经过别人的允许就随便说话，是对别人的不尊重，二是别人有自己的说话和思维方式，我们在不了解情况的前提下，就胡乱发表意见是不对的。总之，别人跟我们讲话的时候，我们要认真地听，该说话的时候说话，不该说话的时候就不要说话，不要让别人误以为我们没有礼貌。

2. 这样做会引起说话者的不满

随便打断别人讲话，还有一个更大的坏处，就是当我们打断对方讲话时，对方的思路很可能被彻底打乱，一时之间想不起刚才究竟说到哪了。这样一来，对方会很反感，甚至可能因此而对我们产生不满情绪，不愿意再跟我们有过多的交流。所以，当我们想要打断别人讲话的时候，一定要想清楚，这个时候插话，合不合适，别人听了以后会有何反应。要在确保不引起对方反感的情况下，适当地说上几句，千万不可多嘴。

3. 打断之前先跟对方打声招呼

如果我们的确有非常紧急的事情，不得不打断对方的讲话，这个时候，我们应该先向对方示意，小声告知对方打断的原因，我想对方会理解的。如果我们无视对方的存在，不顾对方和其他听众的感受，想插话就插话，就容易引起对方的反感。要想避免发生这种情况，在打断对方之前，最好先跟对方打个招呼，如我们可以眼神示意对方有话要说，或者直接附在对方耳边小声说明，让对方提前有个心理准备，不至于在我们说话的时候感到很唐突。

当然，有些年轻朋友可能会觉得，不就是打断别人说话吗，真有那么严重吗？严重不严重，等我们真的遇上就明白了。特别是在进入社会以后，别人都会把我们当做成人看，用成人社会的处世标准来严格要求我们。若我们想获得成功，就必须遵守成人社会的游戏规则。因为没有人会耐心地听我们解释，大家都很忙，如果我们表现得不成熟，那么成功的机会只能白白错失了。

如何巧妙地接话与插话

接话与插话要恰到好处。在对方说话的时候,认真聆听,同时在心中默默记下对方话中的要义,在适当的时候向对方提问或者求证,这样对方就会觉得我们在用心听他说话,同时也有效地避免了我们的理解出现偏差。

在接话与插话的时候,我们一定要掌握好说话的时机和措辞。最好在说话之前想好说些什么,这些话在这个时候说合不合适,对方听了会有什么样的反应,会不会引起对方对我们的误解,能不能达到预期的效果等。总之,要三思而后说,要在对方希望我们说话的时候,当仁不让,一语惊人,让对方听后觉得我们很有想法,很愿意跟我们有进一步的交流。的确,单纯地接话与插话并不难。难就难在如何接话和插话,才能让别人很快地认可我们。由此可见,接话与插话也是有技巧,讲究时机的,要接得巧接得妙,效果才会更理想。

1. 当我们有好想法想和大家分享时

大家一起讨论某个问题,别人都在争论不休的时候,我们突然想到了一个很好的点子,想说出来跟大家分享,顺便听一下大家的意见。可是,此时大家正说得如火如荼,既没有人注意到我们的存在,也没有人想要征求我们的意见。这个时候,我们不妨采取一些“非常办法”,巧妙地把大家的注意力吸引过来,然后再大声说出自己的想法,即使最后我们所谓的这个好办法,被大家否决了,但至少大家注意到了我们的存在。

2. 当我们对对方的观点存在疑问时

在和对方说话的过程当中,我们会发现对方说的有些事实,和我们之前掌握的情况并不太相符,甚至可以说完全是两个概念。这个时候,我们一定要适时地向对方提问:“是这样吗?可据我了解……”通过适当的插话与接话,把事情搞清楚,弄明白,一来可以跟对方产生良好互动,二来也可以让我们的判断更客观,有效地避免了偏听偏信。总之,要本着跟对方真诚沟通的

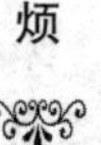

目的，使双方的交流更加愉快，更加高效。

3. 当我们听不明白对方说的意思时

在一些特殊的场合，对方和我们说话，可能会涉及一些专业术语，我们不是很懂，这个时候，我们一定要不耻下问。在对方发表完一个观点之后，虚心地向对方请教。一般这种时候，大多数人都是很乐意为我们答疑解惑的。因为，我们能提出问题，至少证明我们在认真听对方说话，而且，在听不懂的时候，我们并没有不懂装懂，怕对方笑话而不敢提问，而是表现得很坦诚。这样，就算我们在接话或插话时表现得笨拙一些，一般人也不会太计较的。

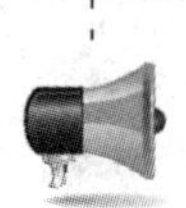

其实，在适当的时候插话与接话，简单地说，就是要我们在对方希望我们说话的时候说话，对方想听什么话的时候说什么话，或投其所好满足对方的心理预期，或让对方觉得他说的话我们能听懂能理解，和我们有共同语言，比较谈得来。总之，只要我们在和对方交流的过程当中，牢牢把握住对方的心理特点，掌握好说话的时机，说好要说的话，就算再难的人际关系也会迎刃而解。

倾听别人说话应有的礼貌素养

倾听别人说话要有礼貌。透过我们的言谈举止，要让对方明显地感觉到我们是一个不错的倾听者，我们能理解对方，我们能帮对方解决问题等，始终要让对方对我们保持良好的印象，觉得我们很有素养，这样，对方才会更愿意和我们交谈。

在正式的社交场合和工作场合，听不同身份、不同级别的人说话都是有基本的礼仪规范的。听上级说话和听下级说话完全是两个概念。如果我们不了解其中的玄机，随心所欲，一概而论，将会给我们辛苦树立起来的职业形象，带来不小的负面影响。可见，在倾听别人讲话时，礼貌素养非常重要。正所谓“礼多人不怪”，我们对对方越有礼貌，就表示我们越重视对方，无形之中满足了对方的虚荣心，对方自然会对我们知无不言言无不尽。在日常生活和工作中，只要我们注意以下几个方面，就会给自己加分。

1. 交谈中不随意打断别人的话

在听对方讲话时，听着听着，我们就有一种想打断对方说话的强烈冲动。比如，对方向我们陈述一件事情，由于紧张或是恐惧，啰里啰嗦语无伦次，说了半天我们也没搞清楚到底发生了什么事。这个时候，我们不能冲动地对对方说，让对方想清楚了再来告诉我们。一定要表现出足够的耐心，等对方慢慢恢复正常，再把事情说出来。如果，我们武断地打断对方，对方很可能不愿意再说下去。

2. 不让对方感觉是在自导自演

对方说话的过程中，要有所回应。或者话当地向对方提出一些问题，让对方觉得我们在听他说话，跟他交流。或者只是简单地说一句“嗯，这样不错，是吗”，让对方感觉他不是在自说自话，唱独角戏。比如，对方兴味盎然地说了很多，而我们却始终默不作声，不发一言，对方肯定会觉得很不舒服，并认为我们没有礼貌，自己简直是在对牛弹琴。这样，对方很快会丧失跟我们继续交谈的兴趣。

3. 身体语言的使用要合理适度

在对方正慷慨陈词的时候，我们不方便打断。但是，我们可以适当地用一些身体语言来告诉对方我们的想法，如点头，表示赞扬对方或者同意对方的观点，微笑，则表示鼓励对方继续说下去。聆听的时候最佳的身体语言是身体微微向前倾斜，面带微笑，眼睛注视着讲话的人，表示我们正在全神贯注听他的发言。而在对方讲话的过程中，我们边做别的事情边听对方说话，或者频频地看着窗外或手表，或者打哈欠，接电话等，都会让对方对我们产生反感。

一个文明的社会，必然是一个讲究礼节的社会。作为年轻的朋友，可能一向无拘无束惯了，并不是很适应这种处处讲礼的社会氛围。没关系，只要我们并不是有意冒犯别人，对别人不敬，一般人是不会斤斤计较的。但是，我们平时也要有意识地注意自己言谈举止，在听别人说话的时候，表现出最

基本的礼貌素养。不能让别人从这个小细节上否定我们,把本来属于我们的机会拱手相让,导致成功离我们越来越远。

倾听的四步曲

倾听也是有步骤的。通过听见对方说的话,听懂对方的意思,观察对方说话时的身体语言,到最后听出对方的心声,以达到高效倾听,成功沟通的目的。

我们常常简单地把倾听和听混为一谈,认为倾听就是听见。有时候,我们听见对方说话了,但却并没有领悟对方话里的真正意思。对于正式场合的沟通来说,这是非常危险的,因为我们连对方的真正意思都没有弄清楚,不知道对方究竟想干什么,又怎么能迅速地想出对策有力地进行反击呢?所以,倾听绝不是单纯地听见,听懂,而是听出对方的言外之意,弦外之音,只有这样,在和对方谈话的过程中,我们才能做到沉着应对。高效率地倾听共有以下四步曲,只要我们一一做到,便会有效提升我们的人际交往能力。

1. 直接点明对方话中的意思

对方说完一段话之后,我们把听到的意思直接说给对方听,一方面让对方知道我们在听对方发言,另一方面则是向对方求证,让对方确认一下我们理解得是否准确,对对方的意思是否有误解,是否有理解偏差的地方。尤其是一些涉及重大事件和比较敏感的话题,我们一定要再三向对方确认,确保我们对对方意思的理解准确无误,做到对对方负责,同时对我们自己负责。在问的时候,我们可以这样说:你刚才的意思是不是……

2. 仔细观察对方的肢体语言

在听对方说话的同时,认真观察对方的肢体语言,如对方说话时的表情、语气、声调、手势、不经意的小动作等。我们可千万不要小看了这些细节,因为这才是解开对方心理的真正密码。有时候,对方说的是真话还是假话,是故意隐瞒还是不得已而为之,我们基本上都可以通过观察对方而得出结论。所以,高效率地倾听,绝不能忽视对方的肢体语言。比如,我们可以这样说:我发现你一说到……表情就……

3. 及时回应对方的心理感觉

发现对方在说话的时候,带有伤心、难过、愤怒、无助、失望的情绪时,要及时地询问对方:你是不是感觉很伤心(难过、愤怒、无助、失望)? 让对方感觉我们很重视,很在意他,这样,对方就会不知不觉地跟我们拉近心理距离。而借着询问,我们也会更加了解对方。这样,再次倾听对方的时候,我们就会更理解对方说的话,跟对方交流起来也会格外轻松自然。

4. 向对方适当地提更多要求

有时候,我们为了让对方多说话,或者多了解一些我们想知道的情况,就要通过提问,向对方提出更多的要求。比如,对方跟我们讲他在国外旅游的一些见闻,我们听得津津有味,但是对方说了几点之后便不说了。这个时候,为了知道更多相关的情况,我们就要适时地对方提出要求,请求他再多讲一些,如我们可以这样说:我们也非常喜欢……麻烦你多告诉我们一些有关……这样,因为之前和对方有共同话题,通常对方会很乐意告知。

总之,高效地倾听也是有技巧的。只要我们掌握了倾听的规律,就可以游刃有余地驾驭各种人际关系,就可以有效提升自己的人际关系,就可以让自己的工作和生活变得更加惬意。倾听,听得绝不仅仅是对方的话,更多的是对方的心理。

倾听顾客心声,交易更轻松

要学会倾听顾客的心声。通过和顾客简单交谈,明白顾客真正的心理需求点是什么,顾客想要我们提供什么样的服务,顾客的顾虑是什么等,一切弄清楚之后,再为顾客提供相应的服务,这样一来,顾客的满意度就会提高,而我们交易起来也会很轻松。

很多时候,我们在和顾客交易的过程中,由于太想卖出自己的产品,太

急于求成,没有听清楚顾客的话,就盲目地介绍产品,说产品多么好,而忽略了顾客真正的心理需求。让顾客感觉我们在为卖产品而卖产品,其实并不关心顾客真正想要的是什么,这样,顾客就会下意识地拒绝我们的服务。相反,如果我们在和顾客交谈的过程当中,倾听顾客的心声,设身处地地为顾客着想,顾客就会很乐意接受我们的产品或服务。那么,在交易的过程中,怎么才能听出顾客的心声,让交易变得更轻松呢?

1. 听出对方的心理预期

在和顾客交谈的过程中,要能听出对方的心理预期。即对方希望买到什么样的产品,这些产品必须具备什么样的性能,能为顾客带来什么样的好处。比如,买一件羊毛衫,顾客可能要求羊毛衫价格在500块钱之内,款式别致一些,高领,深色,面料稍厚一些,保暖性好一些。在这里,顾客的要求就是心理预期。我们在给顾客介绍产品的时候,就不能想当然地觉得什么好,就给顾客介绍什么。当然,我们可以适当地给顾客提出建议,让顾客多一种选择,而绝不能强迫顾客接受我们的产品或服务。

2. 听出对方的资金实力

尤其在买大件商品时,就算顾客对我们的产品再满意,但最后能不能买得起我们的产品,愿不愿意掏这个钱,这才是最关键的。避免我们辛辛苦苦说了半天,顾客也表示非常喜欢我们的产品,也很认可我们的服务,但到了最后却找各种借口不想出钱或者根本出不起钱,那我们岂不是白费工夫了,所以,在和顾客交流的过程当中,判断出这一点至关重要。一定要根据顾客的购买力提供相应的产品或服务,千万不要过于高估或低估了顾客的购买力。

3. 听出对方的疑问顾虑

有些时候,顾客来买东西,可能会问我们很多问题,这些问题大多数都是跟产品有关的,但也有一些可能跟我们的产品或服务无关。这个时候,不管顾客提出什么问题,我们都要耐心细致地解答,尽量在突出产品特色的基础上实事求是,促使顾客下定决心购买。当然,有时候,顾客可能并不相信我们的说辞,对产品和服务始终存在不少顾虑,此时,我们一定要明察秋毫,想方设法消除顾客的困惑,让顾客放心大胆地购买我们的产品。

一个会卖产品的人,肯定是一个会听顾客心声的人。他们能在和顾客进行简短的交谈后,迅速找出顾客想要的产品,在顾客对产品并不十分满意的情况下,说得顾客心花怒放,最后心甘情愿地购买产品。总之,在和顾客交易的过程当中,我们要学会洞察顾客的心理。要抓住顾客的心理特点,巧妙地予以引导,通常顾客都会顺着我们的思路走,这样我们再介绍产品的时候,顾客就不会直接拒绝,而我们成功的概率也会更大一些。

倾听他人保持良好心态

在倾听别人讲话的时候,要保持良好的心态。不以自己的感觉随便对事情作出论断,也不轻易受别人言语的蛊惑,在事情没弄清楚之前,绝不意气用事,胡乱发表意见,免得节外生枝。

在和别人说话的过程中,我们要有自己的判断标准。不能别人说什么就是什么,别人说哪个人是坏人,我们就不由分说地冲上去跟人家打架,这样只会让所有人都认为我们头脑简单、是非不分。在听的时候,不论别人说的是好事还是坏事,我们都要先保持冷静,先听对方把话说完,然后再作出决定。总之,要有好的心态,这样我们才不会轻易跟真相失之交臂,而且还可能在无意中收获更多。可见,在倾听他人说话的时候,保持良好的心态非常重要。在实际生活中,我们只要做到下面几点,便可轻松达到预期效果。

1. 不自以为是

不想当然地认为某个人或某个事情如何如何。比如,我们听别人说有个人某天不遵守交通规则,闯了红灯,被交警抓住罚款了。那么,在我们没搞清楚那个人为什么要闯红灯,就不能武断地下结论,评价那个人素质不高,这样很明显说不过去。同样地,在听对方说话的时候,在没彻底了解清楚事情的来龙去脉,前因后果时,先不要急着作出判断,以免产生不必要的后果。

2. 不胡乱猜测

比如，对方告诉我们，吃什么不长肉。我们不能因此胡思乱想，觉得对方在故意这么说，其实对方可能不喜欢吃肉，对方吃的东西很少，对方在潜意识里不想变胖，所以才长不胖。而事实上是，对方也想变胖一些，但对方脾胃不怎么好，吃的东西太多太杂，胃会很难受，所以导致对方长期以来很瘦。日常生活中，在听别人说话的时候，我们常常会犯胡乱猜测的毛病，觉得自己很了不起，却往往在最后弄巧成拙，把本可以做好的事情搞砸。

3. 不要求逃避

在听对方说话的时候，我们也许会发现，说话的人还不如我们，这个时候，我们中的很多人就开始从心里轻视对方，不再认真听对方说话，并且极力要求对方做个听众，而由我们来讲。还有，在对方向我们征求意见的时候，我们怕承担责任而含糊其辞，推三阻四，不直接说出自己的想法，让对方捉摸不透。这样做也是不好的。该表态的时候，我们一定要表态，总之，在对方面前要做到不卑不亢，不谄不媚，保持自己独立的人格。

遇事多往好处想，在听到对我们不利的言论时，不轻易动怒，要反过来审视我们自己的所作所为，有则改之，无则加勉。不要为了所谓的面子和自尊，跟对方发生冲突，不值得。不管谁错谁对，在别人原谅自己之前，主动原谅别人。这样，如果我们自己做错了，别人会说我们知错能改，而别人做错了，别人会觉得我们很大度，值得交往。不管怎么说对我们都有好处。总之，在听对方说话的过程中，良好的心态是必不可少的，我们要做到不以物喜，不以己悲，方可听到来自四面八方的声音。

用心聆听会有更多收获

用心聆听会收获更多。通过认真的听别人讲话，我们不但会学到各种实用的知识，还会领悟到很多做人处事的道理。用心聆听，会让我们更加了解对方，跟对方的沟通变得更有针对性，使对方不知不觉对我们加深好感，可谓受益良多。

在听有些人说话的时候，我们感觉在浪费时间，浪费生命，其实不尽然。就算别人说的话我们再不爱听，但如果我们硬着头皮，静下心来，耐心地听对方把话说完，很可能最后会惊喜地发现，对方尽管一百句话中有九十九句话是废话，但剩下的一句话可谓是经典中的经典。事实的确就是这样，最好看的宝石往往埋在最深的岩石里，如果我们在一开始或者中途放弃了挖掘，很可能一辈子也看不到它耀眼的光芒。生活中，处处留心皆学问，在聆听的过程中，如果我们记住以下几点，用心聆听别人说话，将会有更多的收获。

1. 聆听时要专心

在听别人讲话时要心无旁骛，不能身在曹营心在汉，表面上在听对方说话，其实对方说了些什么根本就没听到。这样，对方一旦知道了，肯定会对我们产生看法。尤其是不熟悉的人，认为别人说话的时候，我们连话都听不清楚，别人说了半天，还没听明白人家说的是什么意思，别人怎么可能放心地把事情交给我们去做呢？更重要的是，别人因此还会觉得我们对他说的事情并不是很感兴趣，即使勉为其难让我们做，最后的结果也不会太理想。而用心聆听，则相当于是在向对方主动示好，对方自然不会拒绝。

2. 带着兴趣聆听

要对别人说的话题，表现出极大的兴趣。让别人感觉他说的事情非常重要，非常有意义，我们不听是我们的损失，他的口才很好等，总之，要让对方有持续不断说话的欲望。当然，并不是每个对我们说话的人，都能勾起我们的倾听欲望。有时候，某些人可能刚一开口，我们马上就不想再听下去了，这个时候我们要么赶快找个借口离开，要么拿出十二分的耐心，带着兴趣听对方把话说完，万不可轻易得罪别人。

3. 避免个人情绪

有时候，对方说的某些事实和言论，我们可能并不十分赞同，也许听着还会觉得非常气愤，恨不得反过来狠狠地说上对方几句。但作为一个倾听者，我们只是在单纯地听别人说，至于对方说的究竟是不是事实，我们都不得而知。也许别人根本就是在胡编乱造，故意说给我们听，以达到不可告人

的目的。这时候,如果我们受个人情绪的影响,头脑发热,不分青红皂白,说出不该说的话,岂不是正中了别人的诡计?所以,在听别人说话的时候,最好不要带过多的个人情绪,免得到头来自己吃亏。

既然我们非得听别人讲话,那么,不妨把这件事变成一件乐事,这样对我们自己有好处,对别人也是最起码的尊重。在听的过程中,要有效地杜绝先入为主,个人至上的情绪。带着兴趣,专心致志地听别人说话,这才是用心倾听别人讲话的正确之道。况且,由于每个人的生活背景,阅历不一样,通过听别人说话,我们多多少少都会获得一些有益的启示,明白一些未知的道理。就算别人的所作所为在我们看来完全是错的,但至少我们可以引以为戒,避免自己以后犯同样的错误。

听出对方的心声

“听出对方的心声”是说透过对方表面的言辞,听出对方话语背后真正想表达的意思,高效率地沟通,其实更多的是双方心理的博弈,谁最先听出对方的心声,谁就能在交往中占尽先机。

很多时候,我们往往误以为倾听就是听见,事实上,我们在听别人说话的时候,如果仅仅是听见,是远远达不到交流的目的的。听见只是倾听的最低层次,在听见的基础上我们还要听懂,明白对方到底说的是什么意思,想要告诉我们些什么。先把对方的字面意思了解清楚,然后再结合对方的行为举止,性格特点和其他相关条件,综合作出判断,对方说的是不是心里话。如果不是,那么,对方真正想说的是什么,对方的态度是什么。只要我们用心去听,这些其实都不难听出,而这些恰恰就是对方的心声。

1. 听出对方的言外之意

有些时候,出于某种原因,对方和我们说话可能并不会说得很明白,很具体,甚至对方根本就是在说反话,说气话。如果我们这时候按照表面意思理解,很可能会与对方的心理预期南辕北辙。比如,在恋爱中,男孩和女孩吵架了，女孩生气地赶男孩走，说以后再也不理他了。如果男孩信了女孩的话，转身走了，那么男孩也许从此以后会真的不理她了。而如果男孩听出女孩只是在说气话，其实女孩是希望男孩哄哄她，这才算是听出了女孩的言外之意。

2. 听出对方的心理表情

同样的一句话，如果对方的心情不同，那么表现出来的意思也截然不同。比如说，最平常的一句"是吗"，在对方情绪不是很高，对我们的话题并不是特别感兴趣的时候，对方的语气通常会很平淡，听不出明显的感情色彩。而如果对方心情很好，然后对我们谈论的话题感到很新奇，那么，"是吗"就会是疑问的语气，并带着鲜明的喜悦之情。总之，我们要学会从对方说话的语气、语调中，感知对方的心理情绪，听出对方真正的心声。

3. 听出对方的心理需求

对方说这些话的用意究竟是什么，是希望我们这样做，还是那样做，这就是对方的心理需求。在听话的时候，我们不但要听明白对方的意思，还要弄清楚对方对我们的心理预期。比如，对方说这件事情这样做也可以，但还不是最好，我们就要弄清楚对方心里其实并不希望我们这样做，而是在含蓄地告诉我们最好能换一种更好的办法。在整个过程中，对方并没有直接告诉我们这么做不行，要那么做，对方对我们的心理预期就是对方的心理需求。

在听对方说话的过程中，我们一定要仔细体会，既要听清楚对方说的话，也要注意观察对方的身体语言，透过对方的言谈举止，准确把握对方的心理。其实，只要我们真心地关注对方，想跟对方建立良好的关系，那么，即使有时候对方一句话也没有说，但我们却觉得对方和我们说了很多。这就是倾听的最高境界，所谓"此时无声胜有声"，并不是所有的话语都要靠语言来传达。同理，我们在听的时候，就不能光听话，而不听心声。

第 8 章

巧妙说服：让话说的有理有据

人际社交当中，很多时候都会遇到意见相左的情况，如果想让别人接受你的想法，顺从你，那么就要对别人进行适当的说服。当然，说服别人的时候光喊口号是不行的，你要把你的说服之词说到别人的心坎之上，让别人打心眼里佩服你，继而顺从你。当然，这并不是一件容易的事情。如何才能轻松地对别人进行攻心说服呢？当然，是有一定的技巧和方法的，掌握了这些基本的方法和技巧，你会发现，你也可以用三寸不烂之舌，说得别人点头认可。

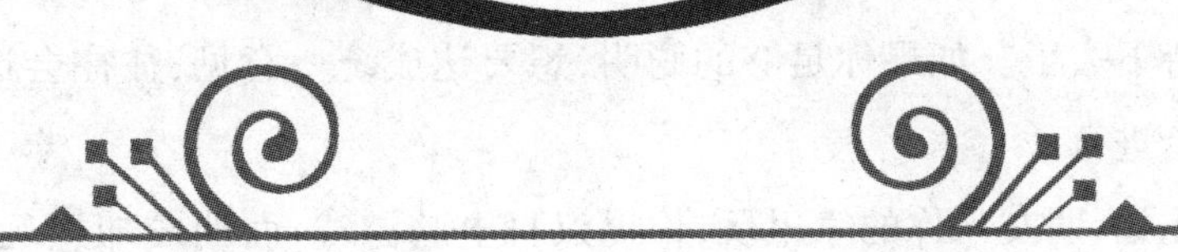

不是任何场合都适合说服对方

“不是任何场合都适合说服对方”是说在说服别人的时候，要懂得看具体的场合，通过揣摩和把握别人的心思，在不损害别人的尊严和面子的前提下，达到说服的效果。

有些时候，我们有了想法就和别人取得沟通和交流，想尽一些办法说服对方，可是有些时候，不得不保留想法而顺从别人。可见，不是任何场合都适合说服对方。如果一味地以自我为中心，不顾场合，强词夺理，即使你说得在理，别人也不会顺从你，因为其中还涉及面子和尊严的问题。相反，你照顾了别人的情感，别人也会适当地不再和你纠结而让着你。那么，究竟什么场合适合说服对方，什么场合不适合说服对方呢？

1. 人多的时候最好不要说服别人

一般情况下，人都比较好面子。因此，在人多的时候不要说服别人，即使你说得对，对方也不可能顺从你。原因很简单，如果别人顺从了你，会被认为没有主见，这让对方的面子和尊严受到了损害，这是任何人都无法接受的。

2. 说服别人的时候选择你的地盘

通常，人都有“我的地盘我做主”的想法，也正是这种主人翁的身份和感受，让别人不好意思与你争执，而顺从你，否则惹你生气了，对方也就不好意思再待下去了。如果你足够的聪明，想要达成统一意见，往往会选择在自己的地盘进行。

比如，朋友来你的家里玩，你提议打电脑游戏，而朋友却想玩户外运动。这时候如果你坚持，朋友便不好意思再和你争执，而顺从你。

3. 在女人面前不要试图说服男人

生活中，男人都想在女人面前表现得有主见，强势一些，以此来证明自己是真正的男人。所以，在你想要说服男人的时候，千万别在女人的面前进行，尤其不能在对方所喜欢的女人面前。否则，对方就是不占理也要和你产生争执。因为要是顺从了你，对方会很没面子，担心会被自己喜欢的女人看不起。这是男人最忌讳的一点。

比如，几个男生带着各自的女朋友一起去玩，最后在出行的路线上产生了分歧，各有各的主张，几个男生争执不下，最终还是女孩们拍板作出决定。

很多年轻人往往不懂其中的道理，总觉得自己有理。有理就能走遍天下，于是乎不管场合是否合适。总是要逞一时口舌之快，结果本来很简单、很容易达成一致的问题，往往百般纠结，无法统一意见，反而还会四处树敌，给他们的人际社交带来一定的障碍。可见，对于年轻人来说，要懂得人情世故，懂得揣摩别人的心思，学会在适合的场合沟通和交流，说服别人，你会发现问题会简单得多。

先认清对方再说服对方

“先认清对方再说服对方”是说在说服他人的时候，要了解对方，理解对方并适当地给予认可，慢慢缓解别人内心的抗拒情绪，最终达到顺从你的目的。

很多时候，我们一心想着让别人顺从自己，不管对方的具体情况，上去就是一顿狂谈，结果却因为不了解对方，没有找到说服别人的切入点，而遭到了激烈的对抗。尤其是很多年轻人，倚仗自己年轻气盛，气场很强，想要一鼓作气压倒别人。可是每个人都有自己的想法，并且坚持正确无误，只有你找到了对方的理论漏洞，找到了说服他的切入点，就能很轻松地达到说服别人的目的。这就是我们所说的：先认清对方再说服对方。那么，如何才能在说服别人之前认清他呢？

1. 多了解别人为什么会如此坚持

俗话说：知己知彼，百战不殆。只有你清楚地了解了对方的想法和观点，才能找到理由来说服他。事实上，也只有这样才能戳到他的痛处，让对方无话可说。

比如，作为老师，你发现有个别学生的家长，为了提高孩子的学习成绩，从不让孩子玩耍。你可以这样说："人的大脑如同机器，不休息，容易出现问题。时间久了，反而会影响孩子的智力。"这样，家长的想法和观点便站不住脚了。

2. 站在别人的立场上表达出理解

很多时候，人在意的就是一份尊重。你在说服别人的时候，站在对方的立场上表示对他的理解，这样，别人内心的抗拒也会弱化很多，当别人不抗拒你的时候才会接纳你。

比如，作为父亲，看到女儿早恋很生气。如果你站在女儿的立场上表示认可她对爱情的认识，让女儿觉得父亲懂自己。这样，女儿才会听你的建议，你才能很好地引导她专心学习。否则，即使你说破了嘴，女儿也不会听你的。

3. 要在一定程度上给予别人认可

人之所以坚持自己的想法和看法，那是因为他觉得自己是正确的。这样，你在说服别人的时候就不能一口咬定，他的想法和做法是错误的。否则会遭到对方强烈的抵抗。事实上，对与错没有那么重要，关键在于要对方放弃自己而顺从你。你要在一定程度上给予别人肯定和认可。

比如，作为一个父亲，你想要孩子有份稳定的工作，可是孩子却想自己创业。如果你一再地否定他，那么无论如何他也不会听你的。相反，如果你说："年轻人就应该有自己的想法……"这样，作为儿子，自然也就会听你的话了。

很多人在说服别人的时候，总是觉得很困难，觉得别人就是死有理，明明是自己错了，也不肯妥协。事实上，世上的事情没有绝对的对和错，每个人站的角度不一样，想法和看法也会不一样。要想说服他们，就要引导他们进行对比，让他们清楚地看到自己的局限性，从而顺从你，因为你的意见和观点更加的全面。当然，这个角度是需要站在你的立场上的。这期间自然有很多的技巧和方法需要学习。

寻觅后援团，帮自己说服对方

“寻觅后援团，帮自己说服对方”是说在说服别人的时候，遭到别人的拒绝之后，要学会在对方的人际关系上做文章，利用对对方有影响力的人来帮助你进行说服，从而达到让对方妥协的目的。

生活中，每一个人都有一定的社会关系，或许你说的话未必会对对方产生影响，但是和对方关系亲密的人的话或许会产生更强的说服效果。这就需要我们适当地寻找后援团，帮助自己说服对方。当你的后援团不断地对他人进行游说之后，对方也就会慢慢地妥协，至少会开始怀疑自己，不会像之前那样坚定。这样，也就开启了被你说服的大门。那么，究竟如何寻觅后援团，帮自己说服对方呢？

1. 寻找和对方关系密切的人的帮助

通常情况下，关系密切的人的话会对对方有一定的说服作用。因为他们之间的关系密切，所以建议的分量也会加重，甚至会成为要求。为了不影响彼此之间的感情，对方也会有所顾虑，作适当的考虑。

比如，你邀请一个女孩参加话剧表演，可是却遭到了对方的拒绝。这时候你不妨去说服她的闺密或者男朋友，让他们明白这对她有很大的帮助。这样，当闺密和男朋友说出要她参加的意见的时候，远比你说出来要有分量得多。

2. 寻找对对方有影响力的人的帮助

如果你觉得自己的话说出来没有分量，说服不了别人，那么不妨寻找对对方有影响力的人来帮助你。因为他们的影响力，往往能对对方产生巨大的作用。

比如，你打算和女朋友尽快结婚，可是女朋友却一直犹豫不决，这时候你不妨把自己的想法告诉女朋友的父母，出面说话。他们说出来的话远比你说出来的话更有分量。

3. 寻找对方身边的人来帮助你

我们每个人都生活在自己的圈子里。身边人的看法和想法往往会影响我们的态度。如果对方坚持不改变,就会受到别人的非议,甚至无形之中会被抛弃。这对于一般人来说是无法忍受的。因此,在你发现说服对方很难的时候,不妨动点脑筋,让对方身边的人参与到你的后援团,巧妙地借助他们的意见,迫使对方妥协。

比如,你想要把妻子的工作调到你所在的市里,两个人一起生活。可是妻子却不同意。这样你把自己的想法告诉妻子身边的人,形成舆论压力,为了不让别人说三道四,妻子或许会作出妥协而顺从你。

很多年轻人在说服别人无果的情况下,要么放弃,要么穷追不舍,给别人的生活带来了一定的压力,结果反而让别人更加坚决地和你对抗,最终导致说服的失败。这时候,就要想办法向别人求助,寻找一定数量的后援,借助他们和对方的关系来进行说服,从而实现你的驾驭和操纵,因为他们出面远比你有用得多。在这一点上,年轻人要多动脑筋,千万不要过分地自信。

说服他人时不要过多纠结对方的过错

说服他人时不要过多纠结对方的过错,这样可以缓解别人的心理压力,从而最终达到说服对方的目的。

如果别人犯了错误,而我们在错误上又做过多的纠结,往往会引起别人内心强烈的不满和抵触情绪,相反,如果轻描淡写,别人会因为你的包容和宽恕而对你心存感激,内心也会慢慢地向你靠拢,这样,你便能更好地俘获对方的心。因此,要想让别人顺从你,就要宽容一些,不要在别人的错误上做过多的纠结。你的轻描淡写会让别人对你感恩戴德,而不好意思再与你意见相左,或者与你对抗。那么,究竟如何才能做到这一点呢?

1. 要多倾听别人的解释

往往人在犯了错误之后,会作解释,为自己辩解。而且渴望别人能倾听自己的解释,从而理解自己,原谅自己。这时候,如果你不给对方解释的机会,则会让对方在内心对你产生敌对的情绪。这对于你的说服无异于雪上加霜。相反,你给别人解释的机会,让对方的亏欠心理得以表达,对方会觉得你尊重和谅解他,而心存感激。

比如,你想要和分手的女朋友复合,那么,对于她的"花心"的解释,你就要倾听,这样对方的愧疚心理便会减少很多。

2. 淡化错误造成的影响

一般情况下,当别人所犯的错误越大,造成的恶劣影响便会越大。如果你夸大对方所犯错误而造成的影响,无疑增大了对方的负罪心理。相反,如果你淡化对方所犯错误造成的影响,对方内心便会愈加的轻松、自然,对你的抵触便会越小,信赖反而越大。

比如,因为儿女曾经伤害过父母的心,作为父母,如果淡化儿女对自己造成的伤害,儿女会感激他们,从而更加听话。相反,如果父母夸大这种伤害,则增大了儿女的心理负担,从而产生抵触情绪。

3. 适当表达出你的安慰

当一个人犯了错误之后,内心会非常的愧疚,这时候,如果你能适当地表达出对他们的安慰,则能温暖他们的心,进而对你产生信赖和好感,这是顺从你的前提和条件。

比如,你想要和你的对手和好如初,让他支持你,那么你对他曾经伤害过你的事情,就要多说"没什么"或者是"对我是一种激励",这样,你的对手没有了顾虑,便会和你站到同一个战壕里,进而顺从你,支持你。

很多年轻人在为人处世的时候,往往不懂得宽容,在别人所犯的错误上不断地纠结,觉得别人伤害了你而心安理得,反而与你抗衡。事实上,即使对方想顺从你,想支持你,但是因为曾经伤害过你而心存芥蒂。如果你想让别人顺从你,那么就要在别人所犯的错误上轻描淡写,让别人对你心存感激而向你靠拢,这样才能更好地让别人放弃自己而被你说服。

违反常理的方法有时更能轻松说服

"违反常理的方法有时更能轻松说服"是说在说服别人的时候，不要按部就班，而要采取一些不合规矩的方法和策略，从而打破对方的心理准备，在别人措手不及的时候，被你说服，以达到顺从你的结果。

如果对方知道你想说服他，就会做好相应的准备，这时候，你再按照常理说出你的说服之词，势必会遭到对方的回应，导致你的说服失败。相反，如果你使用一些有违常理的方法，说一些别人猜不到的理由，往往会让别人措手不及，失去与你对抗的能力，从而乖乖地束手就擒。那么，在说服他人的时候，究竟有哪些违反常理的方法和措施呢？

1. 走反路线，搏逆别人的内心期待

俗话说："知己知彼，百战不殆。"你明白这个道理，别人也明白。所以，对方得知你想要说服他，必定按照常理制定相应的策略。如果这时候，你再按照常理说服，那么必定会徒劳无功。这时候，你就要走反路线，打破对方的心理期待。

比如，作为父亲，你想要说服儿子放弃就读外省高校，如果你找一大堆理由证明儿子的选择是错的，那么儿子自然会找理由来证明自己是对的。相反，如果你站在他的角度上说明他的选择是对的，那么，他的心理期待便会落空。当然后续还要跟进从他的立场考虑。

2. 胡乱出牌，打乱对方的对抗节奏

俗话说："兵来将挡，水来土掩。"如果你按照常理，打出你的进攻牌，那么别人必定会按照常理准备好克制你的方法。这时候，如果你不按常理出牌，则会打乱对方的对抗节奏，继而失去与你对抗的能力。

比如，有开发商想买某块风水宝地，而遭到了钉子户的拒绝。对于钉子户来说，最关注的是价钱。如果开发商从谈钱的角度入手，势必遭到钉子户的一系列对抗。如果从居住的环境和出行方便等角度入手，则打乱了钉子户对抗的方寸。

3. 出奇制胜，冲破别人的思维牢笼

一般情况下，人的思维是有一定限度的。你有一定的限度，别人也有一定的限度。如果你冲破别人的这个思维限度，那么对方往往不知所措，而被你说服。

比如，女方的父母不同意女儿的婚事，作为男方，就要从婚后在女方家里生活，孩子随女方姓，或者是大幅度提高彩礼说服他们。按照常理，这些都是不可能的，女方也没有做好相应的考虑。自然不好再做刁难。

很多人总是抱怨别人是“厕所里的石头，又臭又硬”，不好说服。事实上，没有办不成的事情，只要不正确的方法。别人之所以不肯妥协，是因为他们知道了你所出的每一个招式，自然和你对抗到底。这就要想办法，用违反常理的方法和措施，让别人捉摸不定。当你出奇招应对他们时，对方自然不知道如何招架和应对。被你说服也就是理所当然的事情了。

说话的种种神态助你说服成功

“说话的种种神态助你说服成功”是说在对别人进行说服的时候，要根据遇到的抵抗的强弱，对方性格的强弱以及揣摩拿捏好别人的心理，在合适的时候，表达出与言语相匹配的适当表情，以增加你说服之词的效用。

人的神情往往能将一个人的内心情感真实地反映出来。同样，在说服别人的时候，除了用语言传达你的游说之词外，还要用你的神情表达你想要对方顺从你的意愿。这样，全方位地对对方有了一个想要说服别人的立体网。当然，你的表情不能模式化，要根据遇到的抵抗的强弱以及对方性格的柔韧程度来选择合适的表情，表达适当的情绪。那么，究竟如何用说话的神态帮助你成功说服别人呢？

1. 遇到疑惑时，要用眼神表达真诚

一般情况下，人需要的只是一份尊重。尤其是你的话对别人有了一定

的影响之后。在这个时候，对方在妥协和对抗之间犹豫徘徊。如果你的态度诚恳一些，往往会让别人产生信赖，继而顺从你。相反，如果你的态度不好，别人则有可能选择与你对抗到底，增加你说服的难度。

比如，你是一个销售员，说服客户放弃原先的合作者与你合作。当你的游说之词起了一定的作用之后，一定要真诚地望着客户，然后点点头，这样，在很大程度上会让客户作出与你合作的决定。

2. 遇到别人顽强抵抗时，要严肃些

当说服对象很难缠，让你感觉棘手的时候，不妨用锐利的眼神、微微下拉的嘴角等严肃表情，来和对方进行暗中的较量。因为这时候，对方和你拼的是内力。你的严肃表情也会让对方产生恐惧心理。

比如，在保险赔付的过程中，对于保险员给出的价钱，如果你不满意，对方又不再加强的时候，你不妨用眼睛死死地盯着他看，然后面如死灰，尽量地表现你的镇定和不可妥协。

3. 对方性格柔弱要表现出强大气场

人的性格不同，说服别人的时候也要根据对方的性格来表达适当的情绪。如果被说服者的性格很柔弱，那么你就要从眉毛、眼神以及嘴角上表达出你的强烈气场，用气场牢牢地控制住对方。事实上，当一个人被你的强大气场所笼罩之后，即使口才再好，也没有勇气继续与你对抗。你不用多说话，就能让对方乖乖地听从你的安排，顺从你。

很多时候，我们以为说服别人要有雄辩的口才才行，当然，这也是必不可少的因素，甚至是决定性的因素。但是，却不是唯一的条件。人在选择是否顺从别人的时候，往往还会通过面部的表情来试探对方的态度。这时候，就需要你在言语表达的同时，还要用合适的表情加以辅助。让别人从你的言语中，从你的表情中洞察无法再继续与你对抗，这样，你说服所遇到的阻力会大大地减小。

旁敲侧击说服对方

“旁敲侧击说服对方”是说在说服别人的时候，通过说一些与别人的软肋相关的话，让对方在和你的对抗中有所顾忌，从而让你更加轻松地俘获他的心，进而顺从你，最终达到被你说服的效果。

人都有自己的软肋，或许是曾经失败的一次婚姻，或许是在乎的某个人，只要提及与之有关的话题，往往会比较敏感。同样，在你说服别人的时候，要拿捏住别人的软肋，适当地旁敲侧击，让别人对你有所顾忌，自然会考虑适当的妥协，顺从你。旁敲侧击的时候一定要注意用词，切不可激怒别人，导致对方和你誓死对抗。那么，如何旁敲侧击对方的软肋，以达到说服别人的目的呢？

1. 提及与之相关的词语进行暗示

一般情况下，人对于自己的软肋往往比较敏感，关注度比较大。只要是听到与之相关的词语，便会警觉起来。当你掌握了别人的软肋，再对他进行说服的时候，不妨提及与之相关的词语，让对方内心有所顾忌。

2. 巧妙利用好双关语，借此言彼

当你发现你的说服对象的软肋之后，在说服的时候不妨借助身边的场景，说两句双关语，把你的言外之意表达出来，让对方在和你所博弈当中始终受你所制。比如，你得知对方很在乎一个名字里有“梅”的女孩子，那么在说服他的时候，不妨说一两句“望梅止渴”或者“傲雪残梅”等，你说的是成语，却让对方感觉到受了威胁，从而受制于你。在你对他进行说服的时候，遇到的抵抗就会小很多。

3. 提及与之类似事情，指桑骂槐

世上的事情，往往有很多的相似性。当你所表达的事情与对方的软肋相似的时候，往往会触动对方内心最敏感的那根神经。在你说服他的时候，他的气场会软化很多，而且言语上的攻势也会有所缓和。

比如,有人做生意失败了,一下子背了一屁股的债。如果你说:“赔了夫人又折兵”或者“捕鸟不成,反噬一把米。”则会让对方很容易想起那段失败的经历。这样,你在进一步的说服中就会占据绝对的优势。

很多年轻人在得知别人的软肋之后旁敲侧击的时候往往拿捏不好度,结果踩到了别人的雷区,惹怒了对方,继而引起了对方的激烈抵抗。因此,在说服别人的时候,一定要拿捏好“旁敲侧击”的度,注意旁敲侧击的方式和方法,既能让对方对你有所顾忌,又不要揭开对方的伤疤,惹恼对方。只有这样,你才能利用对方的“软肋”而让对方顺从你。

声东击西扰乱对方视线的说服方法

“声东击西扰乱对方视线的说服方法”是说在对别人进行说服的时候,巧妙地转移对方的注意力,从而降低在说服过程中所遇到的抵抗,让你的说服在悄无声息中得以实现。

“明修栈道,暗度陈仓”说的是利用表面现象迷惑别人,而背地里悄悄地达到自己的目的。通俗地说,就是“声东击西”。在对别人进行说服的时候,如果对方采用相应的方法应对你的说服时,不妨采用声东击西的办法,把对方的注意力吸引到别处,为你的关键说服点找到一个暂时的空间漏洞,从而轻松地将别人辩得哑口无言,被你支配和驾驭。那么,如何做到声东击西,扰乱别人的视线呢?

1. 用言语对对方进行错误的诱导

通常,别人会从你的言语中判断出你的意欲何在。那么,在对别人进行说服的时候,不妨对他进行错误的诱导。继而让他作出错误的判断,当对方处心积虑地对你地围追堵截的时候,你已经在悄无声息中将对方的心俘获了。

比如,丈夫爱吃面,而妻子爱吃米饭。那么作为丈夫,在说服妻子做面食时,就要多说食物的营养价值,然后再悄悄地将面食的营养价值高于米饭的事实巧妙地引出来。这时候，妻子再与你辩论吃面还是吃米就显得多余了。

2. 把你的说服之意隐藏在表现后

有些话如果你直接说出来，势必会遭到别人的激烈抵抗。这时候就要学会扰乱对方的视线，把你的说服之意隐藏在表现之后，巧妙地让别人接受你的想法，从而达到说服。

比如，你想接母亲回城里治病，但是妻子很不愿意。你不妨做一顿好饭，就说是母亲曾经教你的，把你的说服之词暗送到妻子的心里。从而让妻子同意接母亲回城里治病。在这个过程中，无疑你很好地达到了说服。

3. 峰回路转找好理由杀个回马枪

当你说的不是别人内心期待的话，对方就会放松对你的警惕，继而顺着你的意思去思考。关键时候，再峰回路转，杀个回马枪，让别人措手不及，从而被你说服，受你驾驭。比如，你说服哥哥赡养父母，如果说一大堆理由势必会遭到哥哥的抵抗，这时候你不妨多谈兄妹之情，当哥哥松懈下来的时候，再延伸到父母的身上。这样，哥哥便再也没有理由拒绝你的提议和建议了。

很多人利用声东击西扰乱别人的视线的时候，往往顾此失彼，最终不但没有达到说服别人的目的，反而却被对方说服。因此，在声东击西的时候，一定要弄明白，你的“东”在哪里，“西”在哪里，找好转折点和落脚点，明白自己的枪要打到哪里。这样才不至于慌乱不堪，被别人钻了空子。才能在说服别人的时候占据绝对的主动。

在对方找借口前先一步说服他

“在对方找借口前先一步说服他”是说在说服对方的时候，要让自己表现得强势一些，不要给对方思考的时间和空间，抓住对方脑子里的空白点，迅速地把你的观点和想法灌输进去，致使对方被你轻松地说服。

通常情况下，当一个人被别人说服的时候，往往会找借口，找理由来进行辩驳和反抗。如果在这个过程中，别人找到了合适的理由和借口，无疑增大了你说服的难度。但是，如果你能抓住别人找借口的这个思维空白点，加强攻势，让他人对你顺从，那么你的说服就变得非常轻松和容易。但是，说起来容易，做起来未必简单和顺利。究竟如何在对方找借口之前先一步说服他呢？

1. 语言的逻辑性一定要强

当你的语言逻辑性较强的时候，往往给对方无形的压力。因为他在你紧密的逻辑之下，找不到任何的反驳点。除非他的表达比你更有逻辑，否则只能被你说服。而事实上，在短时间内人是无法迅速地找好借口和理由来反驳思维严密的说服的。

比如，对于女儿的不婚决定，作为父母的不妨从男大当婚，女大当嫁的角度说，把话说得无懈可击。女儿一时半会儿找不到合适的反驳理由，只好哑口无言，默默接受父亲的说服。

2. 你的气场绝对不能弱化

如果你的气场绝对的强势，那么别人的思维就会受你影响，变得相应的迟钝一些。在你说服他的时候，便没有办法迅速地集中注意力找借口和理由，当对方理屈词穷的时候，便对你的攻势失去了招架之力。

比如，你想要儿子放弃玩游戏，好好学习。不妨说："你为什么要玩游戏？玩游戏对你有什么好处吗？能帮助你成长吗？"通过这一系列的反问，营造强大的气场，让儿子根本没有机会找理由和借口反驳你。

3. 挤兑别人思考的空间和时间

人思考需要一定的时间和空间。如果时间充足，任何人都能找到足够的理由和借口来应对别人的说服。因此，在说服对方的时候，要削减他思考的时间和空间，让他找不到借口和理由反驳你。

比如，你和别人进行业务谈判的时候，你需要别人迅速签合同，不妨这么说："你觉得我们的合作有问题吗？没有问题的话请你尽快签合同，我好向公司汇报。"在你的催促下，对方便不好意思再找借口和理由了。事实上，也没有时间和空间去找借口。

很多人觉得只要自己理由充分，一定能将别人说服。因而在说服别人的时候，总是摆事实，讲道理，尽显自己的沉稳。事实上，在这个时间和空间里，别人的大脑也在迅速地运转着，等你把理由说出来的时候，对方早已经想好了应对之词。这样，你会非常的被动，而且还有可能被对方引导，顺着他的思维去思考，被他说服。因此，在说服别人的时候，脑子运转一定要快，不要给别人思考的时间，要在别人找借口和理由的时候，迅速地将他说服。

第 9 章

化解矛盾：巧妙摆脱尴尬场面

有人的地方就会有矛盾。有些时候，不小心说错了话，或者是做错了事情，让自己陷入了尴尬之中，这时候，如果你不能巧妙地化解尴尬，很有可能因此和别人产生隔阂，为你的生活和工作带来不必要的麻烦。那么，当一不小心身陷囹圄之时，究竟该如何做才能巧妙地化解尴尬，将矛盾消除在萌芽状态呢？这里面自然有很多规则和方法可以遵循。如果你正在为深陷尴尬而苦恼不已，那么，不妨认真地学习和借鉴，想必会给你带来一定的帮助。

"花言巧语"消灭尴尬

"'花言巧语'消灭尴尬"是说在陷入尴尬后,要通过语言上的粉饰,缓解自己和别人心里的不好意思,进而使氛围更加的融洽,使进一步的交流和交往正常进行下去。

谁也不想陷入窘境。但是很多时候,人没有办法预知未来。生活中的人们,随时随地都有陷入窘境的可能。陷入尴尬之后,如果你能迅速地灵机应变,说一些"花言巧语",为自己的尴尬找个说辞,无疑是给自己找个台阶下。当然,这样的"花言巧语"要说得恰到好处,让别人听着舒服,让自己的言谈举止合情合理。那么,究竟如何说得"花言巧语"呢?

1. 不妨巧妙地调侃自己

当一不小心说了不合时宜的话,或者是行为举止不恰当,让自己陷入窘境,一定要及时地调侃自己,化解尴尬的气氛,博得别人哈哈一笑。这样,你就巧妙地化解了尴尬。

比如,在一个非常正式的场合,你一不小心跌了一跤,分外尴尬。这时候如果你啥也不说,别人便会看你的笑话。如果你站起来拍拍屁股说:"幸亏我膘肥体壮,要不然这一下非要把地球戳个窟窿了不可。"这样别人被你的调侃和幽默逗得哈哈大笑,你的尴尬自然也就轻松化解了。

2. 为自己找个恰当理由

当自己身陷囹圄之后,一定要及时地为自己找个恰当的理由,缓解尴尬情绪。当然你只要说出你的理由即可,不要去作过多的解释,因为这时候解释就是掩饰。

比如,当你参加了公司的会议,别人正在严肃地讨论问题,你却睡起了觉,打起了呼噜。当别人把你摇醒之后,望着别人差异的目光,分外尴尬,你不妨说:"不好意思,昨晚睡得太晚了。"别人自然不会追究你晚睡的原因。

3. 要巧妙地转移注意力

当你的言语和行为出现不合时宜的时候，别人的注意力会迅速地集中到你的身上。这时候你要想办法迅速地转移别人的注意力。当别人的注意力从你身上移开的时候，你的尴尬自然也就解除了。比如，你到朋友家去借宿，结果脱了鞋发现袜子破了一个很大的洞，别人看到你戳出来的脚指头，会让你分外尴尬。你不妨说："对了，明天咱们去哪里玩啊？"把别人的注意力从你的破了洞的袜子上转移开来。

很多时候，年轻人在说"花言巧语"的时候，往往把握不好别人的心理，总是把话说得很勉强，自己不但摆脱不了尴尬，而且还会让自己更加的不好意思。从而迅速地逃离现场，或者结束和别人的谈话。事实上，这都是不可取的。因为在你出现尴尬的时候，别人也会不好意思，你逃离尴尬的行为只能让别人觉得你处理突发能力有限，因而对你产生不好的印象，甚至会不好意思再和你接触。把尴尬处理在自己的手里，为自己和别人赢得足够的心理空间。

不高兴可以换种方式表达

"不高兴可以换种方式表达"是说在表达内心不满的时候，不要随便发脾气，避免尴尬的出现，而要用适当的方式、方法把你的不高兴巧妙地传达给别人，为自己和他人留有余地。

很多年轻人在社交中，不满意别人的言谈和举止，往往选择向身边的人发火，以发泄自己内心的不满情绪，因而得罪别人，让自己陷入尴尬的境地。事实上，你大可不必如此，别人所说的每一句话，所做的每一件事不可能都让你内心愉悦。当你不满意的时候，完全可以换种方式来表达，把你的不满和意见传达给对方，既让别人感受到了你的不高兴，又不至于让气氛出现尴尬。当然这并不是一件容易的事情。那么，如何做到这一点呢？

1. 用适当的沉默表达你的不满

通常情况下，当别人和你交谈的时候，突然发现你时而沉默不语，这会让别人感觉你对他所说的话不满意。因此，在表达你对他有想法，不满意的时候，不妨用适当的沉默来传达你的心声。比如，当你的未婚夫在安排婚礼的时候，让你不满意了。你不妨保持沉默，让他感受到你内心的不满，对方自然会重新征求你的意见。这时候，如果你和对方争吵，势必会伤害彼此之间的情感，让彼此都陷入尴尬。

2. 用冷淡的话表达你不感兴趣

我们发现，很多时候，当你和别人交谈的时候，对方说话很冷淡，或者是表达意见的时候总是敷衍你，这时候则表明别人对你的话不感兴趣，对你有不满的情绪。同样，我们在表达对别人不满的时候，不妨冷淡地说话。让对方感受到你内心的不满情绪。比如，你和朋友出去逛街，朋友想买衣服送给你，你用“嗯”“哦”来敷衍，让朋友感觉你并不是很感兴趣，这样对方自然明白你不高兴了。

3. 找个借口离开表达你不高兴

在表达内心不高兴的时候，你还可以找个借口离开现场，把你的不满情绪表达出来。比如，你和男朋友约会，可是正在两人卿卿我我的时候，男友却不停地接电话。这时候，你不妨说：“家里有事，需要我赶紧回去。”这样，男友就会明白因为自己老接电话，让你不高兴了。这远比你和对方争吵要聪明得多。

很多年轻人血气方刚，自己不高兴，便会大发雷霆，让自己和别人都陷入尴尬的境地，结果伤害了彼此的感情不说，还不好收场，为进一步的接触和交往蒙上了阴影。事实上，你完全没有必要表达你内心的不高兴。你的目的是让别人更加尊重你，在乎你，是为了增进双方的情感。而不是和别人发生争吵，伤害彼此之间的感情。所以，一定要学会一些表达不高兴的方式方法，避免因为自己的坏脾气而使自己和别人陷入尴尬。

损人之语必然不会利己

“损人之语必然不会利己”是说在表达不满和愤怒的时候，要注意自己的措辞，要给别人留面子，不要把话说绝，不要伤害别人的自尊和人格，避免把别人惹怒，从而给自己带来不必要的麻烦。

很多年轻人，仗着自己年轻气盛，在和别人发生矛盾的时候，往往伶牙俐齿，言语刻薄，总觉得这样才能把别人打得落花流水，才觉得痛快，觉得解气。事实上，当你言语刻薄时，对方势必会嫉恨在心，伺机报复。俗话说：不怕贼偷，就怕贼惦记。当别人处心积虑地想要对付你的时候，你的噩梦就开始了。你得时时小心，处处提防，稍不留神就会被别人抓住把柄，踏在脚下，让你尝一尝受人凌辱的滋味。所以，损人之语必然不会利己。说话的时候要注意措辞，照顾别人的情绪，照顾别人的面子，不要轻易将别人逼入绝境。那么，究竟如何才能做到这一点呢？

1. 点到为止即可

俗话说：“人有失手，马有失蹄。”谁都不能保证自己所做的每一件事，所说的每一句话都合适。当别人一不小心做错了事情，说错了话而伤害了你的感情，如果你默不作声，觉得很窝囊，但是也不要把话说绝。这时候你不妨表达你的不满和意见，但是一定要点到为止，让别人意识到自己说错了话，伤害了你。

比如，朋友向你借钱，很久了都不归还，你要表达你的不满，不妨把你的不满，通过一个并不存在的第三者表达出来，让朋友意识到该还钱了。如果这时候，你直接对你的朋友表达不满，则会伤害朋友之间的情感。

2. 为别人找个借口

人都有自私的心理，有时候会犯糊涂。当你发现了之后，一定要给别人留有借口，让对方在你的借口下巧妙地下台，避免撕破脸，使别人颜面无存。

比如，你是一家高级酒店的服务员，看见客人在用餐之后悄悄地把酒店

里的名贵筷子揣进了兜里，这时候，你不妨说："您如果喜欢我们酒店的餐具，我们会给您一套崭新的留作纪念，不过要收取一定的费用。"这样，不仅淡化了顾客"偷"的行为，还充分照顾了顾客的面子和尊严。

3. 不轻易宣泄愤怒

每个人都有脾气，当别人不小心伤害了你的情感，很多人会将自己内心的不满和愤怒发泄到别人身上，人在愤怒的时候，往往管不住自己的嘴，难免把话说绝，伤害别人的心，从而给自己埋下隐患。

比如，你去买豆腐，卖豆腐的大娘少找了你钱，当你回去说明的时候，大娘说："你可真够抠门的，连一块钱也来要。"这时候别人这么说或许只是为了给自己找个台阶下，可是却伤害了你的情感。如果你和对方争吵，势必会给周围的人留下印象。说不定小贩还会传闲话，中伤你。

很多人在受到别人的伤害之后，往往非常愤怒，非要出这口恶气不可，否则会感觉受到了欺负。事实上，如果你足够的强大，还需要用这种方式来向别人证明吗？相反，你对别人恶语相加，别人也会奋起反抗，将更恶毒的话加到你的身上，这样，最终受伤害的还是你自己。当然，并不是要你做个软柿子，任人来捏，而是要你在表达不满情绪的时候，注意措辞，口里积点德，不要损人又不利己。

说话方式也能助你消除尴尬

"说话方式也能助你消除尴尬"是说在你陷入了尴尬之后，要多注意说话的方式方法，把话说得恰到好处，从而让你巧妙地摆脱尴尬的境地。在人际交往之中，游刃有余，尽可能占据主动。

由于一不小心说错了话，做错了事情，让自己陷入了尴尬的境地，这时候，如果你能巧妙地注意说话的方式，就能迅速地消除尴尬。千万不好慌不择路，手忙脚乱，让自己在别人面前表现得一团糟。但是，很多人似乎并不注意这些，一旦陷入尴尬的境地，便觉得无力挽回，索性破罐子破摔，用最愚笨的方法来打破局面，然后再想办法处理。可是到那个时候，问题已经没有那么轻易处理了。那么，究竟如何借助说话方式来消除尴尬呢?

1. 用道歉来表达你的不好意思

俗话说："金无足赤，人无完人。"当你因为自己的一个失误而陷入尴尬的时候，一定要及时进行道歉，别人也会因为你的不小心而原谅你。如果这时候，你故意去掩饰，别人会觉得你不够坦诚，在你的尴尬之处便会纠结。

比如，你的同事刚好和婆婆闹矛盾，你在看电视的时候看到婆媳关系紧张，说了批评媳妇的话，让同事难堪，发怒了。这时候你要及时地表达你的歉意，让同事知道你并不是故意的。

2. 表现得轻松些缓解别人情绪

你因为说了不该说的话，做了不该做的事情，而变得难堪。这时候，如果你紧张，不知所措，则会影响别人。如果你能哈哈一笑，装作无所谓，那么别人也会迅速地轻松下来，就当什么事情也没有发生。

比如，你去朋友家向长辈敬酒，结果把张叔叔叫成了李叔叔，让所有人都尴尬。这时候你不妨笑着说："喝高了，喝高了。"别人听后哈哈大笑，尴尬自然就解除了。

3. 千万不要为自己的失误做解释

在你犯了错误，让自己陷入尴尬之后，如果你急忙的去做解释，那么则会让别人觉得你是在掩饰自己。让气氛更加的难堪。这时候，你就当什么事情也没有发生过，别人也会当作什么事情也没有发生过。你的尴尬自然就会解除了。

比如，你在和一个朋友聊天，不小心放了个屁。如果你做过多的解释，别人可能会笑出声来，让你尴尬万分。你就当什么事情都没有发生，继续聊天，朋友也会假装自然。

很多年轻人在陷入尴尬之后，努力去打破尴尬，可是越努力，自己越尴尬，导致气氛更加的不和谐。事实上，这时候如果你能调整说话的方式，选择好处理尴尬的方式方法，则能使尴尬打破。当然，这并不是件简单的事情，需要年轻人在生活中多总结，多学习。时间久了，你处理问题的能力便会大大提高了。事实上，这也是一个人能力的体现。

别让说话细节伤了和气

“别让说话细节伤了和气”是说在说话之前，要考虑周全一些，多注意一些，表达要妥帖一些，照顾别人的情感不受伤害，不要因为大意和疏忽而伤害和气，而让自己陷入尴尬，轻易树敌。

很多时候，我们都会因为说话不注意细节，在无形之中伤害了别人的情感，导致最终和别人发生争吵，伤害了彼此之间的和气。或许你说话的时候并没有所指，但是别人听了就会有想法。这也就是很多人宁可三缄其口，不愿意多说话的原因。事实上，只要你在说话之前，尽量避开对方的雷区，注意说话的方式方法，完全可以避免可能发生的误会。那么，说话的时候究竟要注意哪些细节呢？

1. 不要随便去评价好和不好

我们都有一个不好的习惯。总是喜欢用自己的标准去衡量别人，这样，你对别人说的话或者做的事就会作出自己的评价。如果你评价别人好，当然无所谓了。当你评价别人不好的时候，往往给自己埋下了地雷。你的话迟早会传到对方的耳朵里。对方自然就会与你为难。

2. 要多拿捏你说的每个词

在表达的时候，一定要拿捏好你说的每一个词。即使同一个意思，不同的词所表达的情感也不尽相同。如果拿捏不好，势必会让别人对你产生成见。

比如，你在表达对朋友的意见时，说：“你真是太差了，真是丢死人了。我觉得你更应该……”试想，你的朋友听到后会是什么样的表情。相反，如果你说：“你的表现很不错，只是我觉得如果再稍微地改进一下，或许会更好。”你的朋友觉得你很真诚，就会对你产生好感。

3. 注意不要提及别人的忌讳

俗话说："矮子面前千万别说短话。"任何人都有自己的忌讳和雷区。不允许任何人提及，只要有人提及，对方就会觉得受到了侮辱和你势不两立。比如，你的朋友腿脚有问题，你在说话的时候就不要提及"瘸""拐"等字眼，甚至不要轻易提及"腿"和"脚"，这些字眼，对方比较敏感。或许你表达的时候没有针对他，但是对方会觉得你就是在讥笑他，讽刺他，因而和你翻脸。

很多人都有善变的一面。刚刚还和你称兄道弟呢，几秒钟之后就和你红白脸相对了。事实上，不是别人的性格善变，而是因为你在说话的时候没有注意细节，在无形之中伤害了别人的感情，而你自己却不觉得。为了避免这种情况的发生，你在表达之前，一定要多注意一些，照顾到别人的情绪，千万不要因为你的不小心而伤了和气，多一个敌人，少一个朋友。

尴尬有时需用拒绝来避免

"尴尬有时需用拒绝来避免"是说在尴尬可能出现的时间和领域，要学会用拒绝来绕道而行，不要让自己陷入了尴尬才想办法来解决，这样会让你更加的难堪。用拒绝来避免尴尬，以达到把矛盾消除在萌芽状态的效果。

生活中，往往我们觉得拒绝别人是一件非常难为情的事情，因而总是委曲求全而顺从别人，正因为如此，常常使自己陷入尴尬中无力自拔。事实上，这些尴尬是完全可以避免的。我们在答应别人之前如果预见到可能出现的尴尬，不妨勇敢地拒绝，避免尴尬的事情发生。当然这并不是一件容易的事情，那么，如何用拒绝避免尴尬的出现呢？

1. 避免和有过节的人随便碰面

往往我们和别人有了过节之后，再次见面便觉得分外尴尬，不知道说什么好，尽管双方都不计较了，可是仍觉得很别扭。不说话不合适，说话又不知道说什么好。事实上，如果，得知会遇到对方，便会拒绝这样的碰面。当然，这里并不是说要和别人永远绝交，感情之间的伤害需要时间来治愈，时

间久了，彼此淡忘了，再见面就不会尴尬了。但是，短时间之内最好不要见面，以免彼此之间产生尴尬。

比如，你和男朋友刚分手不久，在朋友聚会上如果得知对方也会参加，最好找个理由不要出席，以免见了面不知说什么好。

2. 拒绝谈及有过分争议的事情

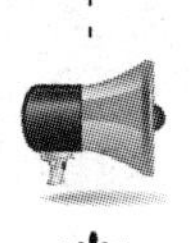

一般情况下，对一些有很大争议的事情，往往会让双方针锋相对，发生争吵的机会很大。如果你不懂得拒绝，和别人发生了争吵，再待下去便会觉得百般不舒服。当别人和你谈及有过分争议的事情的时候，不要随便谈及，也不要随便发表意见。这样，你和别人之间发生矛盾，产生尴尬的机会就会少很多。

比如，聚会上，大家谈及了某个朋友的婚姻。由于每个人的观点不尽相同，你不要随便指责谁对谁错，你只需要静静地听好。朋友不高兴了也不会和你发生争吵。即使别人询问你的看法，你也要学会装糊涂。

3. 人勿轻易尝试不熟悉的事

对于自己不熟悉的事情，不要轻易去尝试。由于你不会，有可能出丑，即使你再谨慎小心，也难免出错。对于一些行家来说，看你的拙劣表演，无疑是在看耍猴。尽管嘴上不说，但是别人在心里都会笑话你。你也会因此而感到难堪。

比如，朋友们一起出去游玩，有人请你玩划艇，你如果不会，那么就要提出拒绝。否则，当你翻身下水的时候，朋友们会拍手哈哈大笑，你就尴尬万分了。

很多年轻人不懂得拒绝，明明可以预测到会发生尴尬，却硬着头皮迎上前，结果不仅自己难受，而且别人也不舒服。事实上，完全没有这个必要，如果你足够的聪明，完全可以避免尴尬的出现。这就需要在不该出现的场合绝对不出现，在不该发表意见的时候对朋友三缄其口，在不擅长的领域不轻易尝试。只要你学会绕着尴尬走，那么，你的生活便会惬意很多。

为自己圆场是解决尴尬的一大妙方

“为自己圆场是解决尴尬的一大妙方”是说你不小心陷入了尴尬，在没人打圆场的情况下，要迅速巧妙地想办法给自己圆场，给自己台阶下，把尴尬化解。

人是无法预见未来的。连我们自己都不知道在什么时候会冒出来一句让自己尴尬，让别人难受的话来。这时候，如果没有人为你打圆场，你会很尴尬。在这种情况下，要机灵一些，及时为自己打圆场，巧妙地化解尴尬，避免产生不必要的矛盾和麻烦。那么，如果一不小心陷入了尴尬，如何才能迅速地化解尴尬呢？

1. 调侃自己缓解尴尬的气氛

往往幽默能缓解尴尬的气氛。当你因为一时失误而使自己陷入尴尬之后，要迅速地说一句玩笑话，从而让别人觉得你是在开玩笑，而不会和你有过多的计较，同时也会让你巧妙地摆脱尴尬。

比如，别人给你介绍对象，刚见面的时候，你觉得饿了，就说：“咱们什么时候去吃饭呢？”话说出来又觉得不合适，让彼此陷入了尴尬。这时候你不妨调侃一下自己，笑着说：“我这不争气的肚子，让我觉得这辈子就是为了这碗饭而活着。”别人听你这么一说，自然会哈哈大笑，不会觉得尴尬，反倒觉得你平易近人。

2. 转换话题转移别人的注意力

很多时候，当你说了不合适的话，或者做了不得体的事情，让自己陷入了尴尬。这时候，别人的注意力会被你迅速地吸引过来。当然你不能像个木头桩子似的杵在哪里一句话也不说，这样别人会笑话你。如果你能迅速地转移别人的注意力，则能很好地把尴尬化解。

比如，有朋友到你家里来做客，你张嘴就问：“伯父伯母身体还好吧？”可是对方的父亲刚刚去世，你这么一问，无疑让自己陷入了尴尬。这时候你要

赶紧转换话题，问问对方的妻儿，问问对方的工作。尴尬自然就消除了。

3. 为自己找个说得过去的理由

往往你说错了话，或者是做错了事情，而陷入了尴尬，这时候就要给自己找个说得过去的理由，让别人明白你并不是故意这么说，这么做的，自然也就会原谅你了。比如，你刚刚被招聘做秘书，老总在问你工作上的一些事情时，你说了不该说的话，引起了老总的不满意而使自己陷入了尴尬。这时候你要及时地告诉老总，你刚来对很多东西都不是很熟悉。这样，老总自然不会过多地责怪你，尴尬自然也就消除了。

很多年轻人在遇到尴尬的时候，往往表现得很木讷，不知道该怎么办。这样，往往让自己更加的难堪，成为别人的笑柄，有时候还有可能因此而产生不可调和的矛盾，事实上，这时候，你要表现得机灵一些，为自己圆场，把尴尬迅速地化解，把自己解救出来，也把别人解救出来。当然这需要一定的技巧和方法，需要年轻人多多学习和借鉴，时间久了，你就会发现自己能游刃有余地化解尴尬了。

用对“你、我、他”而不致尴尬

“用对“你、我、他”而不致尴尬”是说在说话的时候，拿捏好别人的心理需求，正确使用“你、我、他”，以此来温暖别人的心，以达到消除尴尬的目的，最终实现人际关系的和谐。

“你、我、他”看上去只是简单的三个字，但是却表达着不同的从属关系。很多人在表达的时候，往往不注意这些从属关系，从而使自己陷入了尴尬的境地。如果发生了这样的尴尬，那么，解除尴尬的时候还需要纠正“你、我、他”，让别人从你用语的表达中听出你的良苦用心。那么，究竟如何才能用对“你、我、他”，从而解除尴尬呢？

1. 多说我们少说“我”

一般情况下，“我们”表达的是一个集体，而“我”表达的只是一个个体。

如果你说话的时候总是说“我”如何如何，那么让别人感觉到你并不在乎别人，而只是在围绕自己转。别人内心就会不舒服。尤其是在表达集体从属关系的时候，你只表达“我”则会冷落别人的心。

比如，一个领导在员工动员大会上，一个劲儿地说“我”要如何努力，我有什么样的宏伟蓝图，结果员工反应很平淡，连鼓掌的人也没有。这让领导很尴尬。后来他意识到了这个问题，将“我”改成了“我们”，很快，员工开始热烈迎合领导。

2. 说话用第一人称

在说话的时候，如果你经常用第一人称“我”，则会让别人感觉到你是在跟他热情的交谈，表达的是对对方的尊重，相反，如果你总是用第二人称“你”或者是第三人称“他”，则会让别人觉得你对他不够尊重，因此和你产生矛盾。

比如，你在表达你的想法和看法的时候，如果说“我认为”“我觉得”别人会觉得是你的意见。如果你说：“他说过怎么样”，则会让对方觉得你是在用别人的话来和他交谈，尴尬自然就产生了。

3. 要尽量少用“他”

在表达的时候，如果多用“我”和“你”，让对方觉得你们是当事的双方，如果换成“他”，则表达出对方是排除在两人之外的第三者，关系自然变得疏远。事实上谁也不想成为可有可无的“他”。比如，你在表达对方的表现很好的时候，如果多说“你”，多表达“我”的感受，对方听了觉得和你的关系很近，会很高兴。相反，如果你总是用“他”，则会让别人觉得和你的关系很远，因而内心产生不悦。

很多人在表达的时候，只是想着尽快地把话说明白，却没有注意到往往用错了“你、我、他”，从而让别人内心产生不悦，而让你陷入了尴尬的境地。事实上，用“你、我、他”不同，则表达出不相同的从属关系和距离的远近。尽管是几个字，却能表达出人与人之间的不同情感关系。因此，作为年轻人，在表达的时候，一定要把“你、我、他”使用正确，避免让自己陷入尴尬的境地。

不要让插嘴成为尴尬的起点

"不要让插嘴成为尴尬的起点"是说在别人表达自己的时候,要给予别人尊重,耐心地倾听,等别人把话说完,不要随便打断和插话,以免引起别人的反感,引起别人的不满,而使自己陷入尴尬的境地,带来不必要的麻烦。

在生活中,我们在与人交谈的时候,总是想办法来表达自己的情感,可是说话权却往往掌握在别人的手里。这时候就需要你认真地倾听别人。可是,实际上,很多人在这个时候往往不能耐着性子让别人把话说完,而是采取了插话的方式,打断了别人的表达,引起了别人的不满,从而陷入了尴尬。为了避免尴尬的出现,就需要你在别人说话的时候,不要随便插话。那么,究竟如何才能做到这一点呢?

1. 不妨耐着性子去倾听别人

倾听是对别人的尊重。可是生活中,很多年轻人总是急于想要表达自己,因而在别人说话的时候,总是打断对方。事实上,这样很容易引起别人的反感,因为你打断了他表达的节奏,别人会停下来看着你表达他的不满,这时候你就陷入了尴尬,索性耐着性子听完。

比如,你和同学在讨论数学题的做法,同学正在耐心细致地讲解,你却插话来表达你的意见,同学不高兴,听的人更不高兴了。无疑,这时候你陷入了尴尬。

2. 不要粗暴地抢夺表达权

如果一个人在表达的兴头上,你不顾对方的感受,粗暴地打断对方的话,而只为了尽心地表达你的情感。或许你所说的话能引起别人更大的兴趣,或许正是别人想听的话。可是你却因此让表达者的情绪受到了很大的伤害。如果这时候,别人向你发火,你便会尴尬万分,无地自容。所以,千万不要粗暴地抢夺别人的表达权。

3. 稳定心绪把话说得更恰当

很多人往往一高兴，就想表达。不管别人说的话对自己有什么影响，而是尽情地表达一番。殊不知，别人正在表达的否决了他的想法。这时候你的插话不但伤害了别人，还让自己出了丑。比如，同事在讨论一些处理问题的方法，刚刚说过不能用火烧。而你急冲冲地说：我有个建议，用火烧。试想，你这不是在捣乱吗？当别人都看着你的时候，毫无疑问你陷入了尴尬的境地。

很多人都喜欢表达自己。往往不能倾听别人，而是打断别人的表达。尽管对你来说并没有什么大不了的。可是却打断了别人表达的节奏，影响了别人表达的情绪。从而让自己陷入了尴尬。事实上，这时候，如果你能静下心来，认真倾听别人的讲话，则能让你获得别人的尊重，从而避免了尴尬。对于很多年轻气盛的年轻人来说，确实需要一定的努力才能做到这一点。

智慧地自我解嘲你会运用吗

“智慧地自我解嘲你会运用吗”是说在陷入尴尬之后，要有豁达的心态，迅速地对自己进行自我调侃和解嘲，从而制造幽默，缓解气氛，从尴尬的境地中摆脱，为自己赢得更多的主动。

通常，在陷入尴尬之后，我们都会想办法迅速地化解，但是如果方法采取不当，不但不能巧妙地化解尴尬，很有可能让你成为更大的笑柄。因此，陷入了尴尬之后，不妨采取智慧的自我解嘲，在大大方方地笑话自己的同时，气氛得到了缓解，尴尬得到了解除。从这个角度上来说，自我解嘲，自我调侃是化解尴尬最实用的办法之一。那么，如何用自我解嘲来化解尴尬呢？

1. 拿自己的缺点和毛病开涮

一般情况下，人都比较忌讳别人提及自己的缺点和毛病。但是如果你一不小心说错了话，或者做错了事情，不妨拿你的缺点和毛病开涮，别人会因此哈哈一笑，你的尴尬自然也就解除了。

比如,你在人来人往的街头,突然跌了一跤,别人都会盯着你看,让你尴尬万分。这时候,你不妨说:"幸亏我膘肥体厚,要不然我这屁股就被摔得乱七八糟了。"别人听见你把自己的肥胖说事,自然也就一笑而过了。对你的态度也发生了变化,不再是嘲笑,而变成了开心地笑。

2. 把自己的毛病说成是优势

当你陷入尴尬之后,一定要把你的毛病和缺点说成是优势,这样,你的尴尬便在你的自豪感中变成了幽默,别人也会因为你的反差心理而轻松快乐。

比如,你到朋友家去吃饭,别人刚要吃,你却狼吞虎咽了。大家吃惊地注视着你,这时候无疑让你分外尴尬。你不妨说:"干啥啊?没见过帅哥吃饭吗?没看到我这硕大无比的胃吗?"经你这么一说,别人自然不好意思再和你计较了。取而代之的便是对你的另眼相看。

3. 把出丑说成是难得的享受

当你在别人面前出丑时,往往会很尴尬,因为你成了别人的笑柄。这时候你千万不要因为别人笑话你而感到不好意思,而是要把出丑看成是一种享受。

比如,在冬天,你骑着自行车,突然一下子摔倒了,引起路人的围观。让你尴尬万分。与其不好意思,不如拍拍屁股站起来,说:"第一次和大地亲密接触,这感觉真是太爽了,不但有蹦极的刺激,还有皮蛋炒肉的味道。"别人听你这么说,自然笑着走开了,当然这种笑已经不是嘲笑了。

很多人在遭遇尴尬之后,很想通过自我解嘲打破局面。可是自己的心态却没有调整过来,本来是句很轻松的话,经他一说却让人怎么也轻松不了。事实上,大可不必如此。你已经陷入了尴尬,心情自然不好,但是如果你能迅速地调整心态,你的自嘲会因为你的豁达心态而带有幽默的意味,从而缓解了尴尬的气氛,当你觉得一切都自然的时候,别人也就不好意思再看你的笑话了。

第10章

幽他一默:用幽默的方法表达你的看法

日常工作和生活中,在和别人交流的时候,我们可能经常会出现有些问题不愿回答,或者不便回答的情况,如果我们一句话也不说,别人肯定会胡乱猜疑,觉得我们是默认了,或者理亏了,所以才不便开口。最好的办法是,在别人咄咄相逼时,“幽别人一默”,用幽默的方法表达出我们对问题的见解或看法,通过或含蓄,或搞笑的语言,巧妙地转移别人的注意力,使自己不至于陷入尴尬的境地。那么,在和别人说话的时候,我们该怎样用幽默的方法委婉地表达我们的看法呢? 这一章内容或许会帮助我们走出困惑,找到答案。

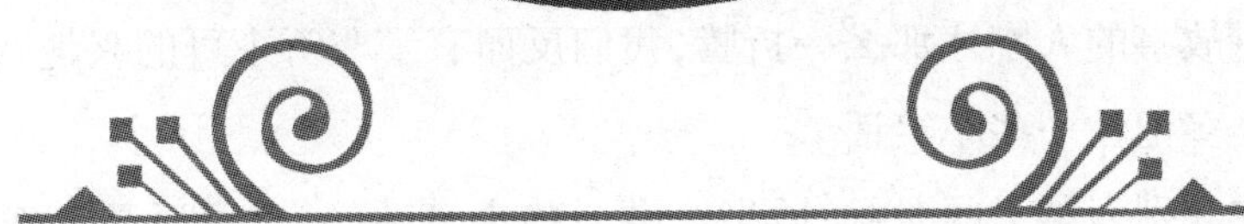

幽默的话能让对方降低心理防线

说话幽默一些。灵活运用各种幽默方法，透过机智诙谐的言语，把本来平淡无奇的话说得新奇有趣，使对方在仔细回味中不知不觉对我们消除戒备，降低心理防线。

许多年轻人认为幽默就是跟别人善意地开玩笑，这种看法实际上是不正确的，有失偏颇。

古往今来，会开玩笑的人有很多，但真正称得上幽默大师的却寥寥无几。由此可见，幽默并不是与生俱来的一种天赋，只要我们后天不断地努力学习，一样可以成为一个幽默的人。的确，在人群中，幽默的人就像太阳，照到哪里哪里亮。他们幽默的话语常常能调节会场气氛，给人们带来欢乐和希望，也正因为如此，他们通常是最受人欢迎的人。其实，学说幽默的话并不难，我们只要记住下面几点，久而久之，一样可以成为受人欢迎的人。

1. 说话适当地卖关子

有事不直截了当地说，故弄玄虚，吊足听者的胃口，借以达到吸引听众的目的。比如，听故事听到最紧要关头处，讲的人却突然停下了，这时候我们肯定很着急，这种感觉就好比主人说要盛情款待我们，我们也闻见菜香了，可就是始终不见菜端上来。当然，最后在我们再三催促下，讲故事的人一字一顿地说出了故事的结尾。其实，这个结尾我们早想到了，不听也罢，可经讲故事的人刚才那么一折腾，我们反而有了非听不可的兴趣。

2. 多记住一些小笑话

在和别人聊天的时候，适当地讲一些小笑话，一来可以帮助双方放松紧绷的神经，二来可以愉悦对方的心情，让对方对我们不再那么抗拒。一般人都喜欢跟快乐的人交往，在条件允许的情况下，记得多说几个小笑话，不要总是板着一张脸，一副公事公办的样子，让别人生厌。总之，要以一种乐观的心态跟别人交往，这样我们才可以随时随地播撒快乐的种子，讲一些笑话，让别人在高兴的同时，对我们降低了门槛。

3. 换一种方式或方法说

比如，我们说一个人的头梳得很光，有些人可能直接说：“你的头发梳得可真光啊！”对方听了至多淡淡地回一句：“是吗？也不光啊！”但有些会说话的人，可能会换一种方式说：“你的头发梳得连苍蝇都得拄着拐杖才能站得住！”我们要是对方，听了肯定会又惊又喜，不好意思地说：“真的吗？”同时，心里对说话的人一下子产生了好感。这就是同样的一个意思，换一种方式来说，就会产生截然不同的两种心理反应。可见，在说话之前，多动动脑子，把话说得好听一些，这样，我们接近对方也会更容易一些。

有些时候，我们见到某些人可能会很紧张，声音哆哆嗦嗦，说话也结结巴巴的，别说是开玩笑，就连正常的说话都成问题了，这其实是我们不自信的缘故。只要我们对自己有信心，觉得自己很优秀。那么，不管在什么场合，跟什么身份的人说话，我们都不会怯场，至少不会紧张到说不出话来。可见，自信是幽默的一个前提条件。只有我们在和别人交流的时候，心态放松，幽默的话语才会不经意地溜出来，让别人觉得我们不是个做作的人，而更愿意接受我们。

俏皮话，助你成为交际达人

适当地说一些俏皮话。通过幽默搞笑的语言，在搞活气氛的同时，让对方不由自主地喜欢跟我们交流，从而使我们轻松赢得好人缘。

在我们的身边就有不少这样的例子，这些同事气质不如我们，工作能力也不如我们，但别人就是爱听他们说话，有事情也爱找他们帮忙，让我们实在想不通。后来，经过一段时间的细细观察，我们终于发现，这些同事虽然样样都比我们差，但有一样特质却是我们学也学不来的。那就是他们很会说俏皮话，经常逗得大家哈哈大笑，所以别人才很乐意和他们交往。所谓俏皮话，其实就是幽默风趣，逗人笑的话。在说话的时候，刻意地注意以下几

点，将会有助于我们成为交际达人。

1. 适当引用一些经典歇后语

中国的语言内涵非常丰富，尤其是歇后语，更是充满了智慧和趣味，让人听了常常有一种拍案叫绝的冲动。它一般由两个部分组成，前半部分是形象的比喻，就像谜面，后半部分则是解释、说明，仿佛谜底，十分贴切自然。此外，由于歇后语通常都比较生动形象，耐人寻味，往往在交往中能收到出奇制胜的效果。所以，平时多了解和熟记一些歇后语，对提升我们的人际关系还是很有帮助的。

2. 直接引用比较搞笑的话语

在生活中，我们经常听到和看到一些总结得比较经典的话语，比如说，咸鱼翻身，还是咸鱼；个头大就一定厉害吗？恐龙不是照样灭绝了？你有什么不开心的事？说出来让大家开心一下……这样的句子其实很多，就看我们会不会活学活用。在和别人交流的时候，举一反三，把它变成我们自己的语言说出来，既加强了我们说话的效果，也让别人的身心暂时得到了放松，让别人觉得跟我们交流既轻松又自然。

3. 说话时多加一些幽默调料

平时，有意识地加强自己在幽默方面的学习，只要一有机会，就把自己的所学发挥出来。在说话之前，多动动脑筋，想想这句话换一种方式说，效果会怎么样，对方听了会不会更高兴。经常这样多想多说，自然而然，我们说话就变得有意思起来了，而别人听了也会倍感受用。总之，在交流的时候，无伤大雅地幽别人一默，或者善意地跟别人开个玩笑，多说几句俏皮话，让别人的心情愉悦，这样有利于我们的人际交往。

刚刚进入社会的年轻人，可能由于经验不足，说话的时候，不是一板一眼，让人听着味同嚼蜡，就是不分时间场合，说话对象，逢人就开玩笑，说俏皮话，也不管说出来是不是合适，对方听了会怎么想。结果说话走了极端，这样就不好了。凡事过犹不及，再好吃的菜也不能天天吃，同样，说俏皮话也要适时、适量，点到为止，千万不要像懒婆娘的裹脚布——又长又臭，让人反感。

多学几个小笑话，让幽默信手拈来

多学几个小笑话。平时生活中发现一些经典的小笑话，最好能默默地记下来，这样，在有些场合，我们想要表现自己的幽默感的时候，脑子里就不会空空，感觉没有什么东西可讲。

日常工作和生活中，其实幽默的素材很多。我们身边的人，几乎都或多或少地出过笑话，只要我们对这些材料稍作加工处理，都可以学以致用，作为我们跟别人聊天时的很好的谈资。这些发生在我们身边的真人真事，跟报纸、杂志上看到的那些笑话比起来，由于生活气息更加浓郁，而特别容易与听者产生共鸣，效果自然也格外地好。还有，不管这些小笑话，我们在讲的时候，一定要有感染力，这样才能打动听者。

1. 多留心发生在身边的人和事

多注意从日常生活中汲取幽默的养分。无论在工作还是生活中，做个有心人，多注意观察发生在身边的人和事，把别人的一些滑稽可笑的言行记下来，这样我们在跟别人交流时，就不愁没笑话可讲了。而且，因为我们平时看得多，听得多，再加上自己的思考，就算大脑里一时没有现成的小笑话，也可以根据以前掌握的材料，和身边的发生的事情现编几个。

2. 把一些笑话记下来

在读书和看报的时候，把经典的笑话记下来，先讲给身边的亲人和朋友听，一方面是给大家带来快乐，另一方面也是从大家听过后的反应，检验一下自己讲笑话的水平到底怎么样。切忌讲完以后，别人还没笑，我们自己就笑得前仰后合了，或者别人听完后不明白是什么意思，一脸茫然地看着我们。如果是这样，就说明不是我们选的笑话不对，就是我们讲笑话的水平还有待提高。

3. 在交往中有意识地多说多练

和别人交往的过程中，有意识地提醒自己，在适当的时候，把自己学到

的小笑话大胆地讲出来。一来可以借机锻炼自己的口才,二来讲得多了,自己也就不怯场了。同时,从别人的反应,我们可以及时发现自己的缺点和不足,以便有针对性地作出改进和调整,这样一来,我们就会成为一个讲笑话的高手。而且,在长期的练习中,由于我们有意识地要求自己,随时随地提醒自己,幽默已经悄然成了我们生活的一部分。

有些年轻人看了可能会说,小笑话谁不会讲?在我们的身边,这样的能人也的确很多,但就算再会讲笑话的人,也不是天生就会的,他们平时也是通过不断地积累、学习,不断地总结经验,然而再作出改进,最后才逐渐成为笑话达人的。作为一个初学者,我们可能不比他们,一开口就能逗别人发笑,但我们可以在平时多学几个现成的小笑话,在亲人和朋友面前多讲多练,让他们给我们提意见,这样时间长了,幽默自然信手拈来。

耐人寻味的话,让幽默变得有深度

说话耐人寻味一些。不要让别人一下子就听懂我们说的是什么意思,而要让别人在听完我们的话,经过一番细细的琢磨和回味,才能完全明白我们的意思,这样,别人才会觉得我们说的话有深度,有内涵。

耐人寻味的话就是这样,乍一听似乎跟别的话并没有什么不同,但回过头来仔细一想却觉得意味深长。这就像我们品酒或是品茶,往往越品越有滋味,越品越觉得酒和茶的味道是那么醇厚芳香。如果说直白浅近的幽默是世俗俚语,那么有深度的幽默则是思想小品。我们只有经过认真品味咂摸后,才能了解其中的滋味。小笑话我们也许一学就会,但如果我们没有自己的思想,即使说出的话再高深莫测,别人也只会认为我们在故弄玄虚,而不会觉得我们思想见解很深刻。那么,如何让幽默变得有深度呢?

1. 幽默中引用名人名言

有时候,为了使我们说出的话更有深度,更让人信服,我们常常需要借用一些名人名言,来突出我们的观点,加强说话的效果。其实,在幽默的时候，我们同样可以采用这种方法。比如，在工作中，我们有一个很好的想法，但说出来却没有一个人支持，这时候，有人说了一句："如果你执意要那么做，那么，走自己的路，让别人去说吧，反正别人已经没路可走了！"这时候，大家肯定会哄堂大笑，而我们也不好意思再一意孤行了。这就是在幽默中引用名人名言的好处，既达到了幽默的效果，又不会让人觉得低俗。

2. 幽默中巧用修辞方式

在幽默的时候，适当运用一些修辞方式，如比喻、拟人、双关之类的，使自己说出的话更经得起推敲。比如，我们夸一个人聪明，说他聪明绝顶，又说聪明的脑袋不长毛，就用了夸张的修辞方法。再比如，我们说和某个人没有共同语言，又说和对方说话就像是在对牛弹琴，这样，虽然前后两个意思一样，都是说两个人说话说不到一起，但很明显后者的效果要比前者好得多，而且较不容易引起别人的反感。总之，在幽默的时候，只要我们根据情况灵活运用各种修辞方式，一定可以让我们说的话内涵更加丰富。

3. 幽默中机智诙谐一些

在说话和回答别人问话的时候，要充分运用我们的智慧，机智巧妙地应答对方。有一个著名的例子，说丘吉尔到美国访问，临走时，有一个美国记者问他对美国印象如何，丘吉尔只说了一句话："报纸太厚，厕纸太薄。"所有人听了都哈哈大笑，笑过之后才明白丘吉尔话里的尖刻。所以，有时候，并不是说的话多才可以达到幽默的效果，言简意赅，一针见血，说话触及到问题的实质，同样可以引起别人的深思。

耐人寻味的幽默，是智慧的火花。不是说我们说的话别人听不懂，就表示有深度，这样想就错了。就算是有深度的幽默，也一定要让人听得懂，最起码能明白表层意思，这样别人回味时，才不至于无从想起。双方都能听得懂对方说的话才叫沟通，如果你说的话别人都不明白什么意思，那只能叫自说自话。所以，我们在说有深度的话时，一定要注意，根据说话的对象斟酌用词用句，让对方听了我们的话以后既觉得很可笑，又觉得意味深长。

说话卖点小关子，才能吸引他人眼球

说话的时候适当地卖点小关子。说一半留一半，或者说到紧要关头处马上停下来，故意给对方制造一种悬念，借以吸引对方的注意力，达到出其不意的说话效果。

生活中这种情况经常发生，所有的人都急于想知道事情的结果，但说话的人就是再三推辞，扭扭捏捏不肯说，在别人的一再催促下，才好似不情愿地说了出来。这其实就是通俗意义上的卖关子。说话的人每每在吊足了听众的胃口，赚足了观众的眼球后，才肯说出备受别人关注的所谓结果。这可真是一门说话的艺术，想象一下，那么多的人都全神贯注地看着我们，听我们接下来会怎么说，将是一种什么感觉？由此可见，卖关子的魅力有多大。其实，平时说话的时候，学会以下几点，我们也一样可以卖关子，吸引别人的眼球。

1. 说话时欲擒故纵

所谓欲擒故纵，打个比方说，就是心里非常喜欢某个东西，但表面上却装出一副对这个东西一点也不感兴趣的样子。这其实是一种说话的策略，在商业谈判中经常用到。心里想卖却故意装出不想卖的样子，心里想买又表现出一副不想买的样子，这就是我们所说的欲擒故纵，也就是卖关子策略。这样做的目的无非想通过吊对方的胃口来提高商品的筹码，这一招在商场上通常很管用，常常能帮助我们达到预期的目的。

2. 适当地故弄玄虚

说话说到最关键的部分，突然停下不说，或者说一半留一半，刚刚引起别人的注意，却很快地转换话题，让别人心里一直留有悬念，迫不及待地想知道事情接下来会如何发展。这个方法在古典文学作品中经常用到，作者常常在读者最想知道结果的时候，来一句：欲知后事如何，且听下回分解，短短几个字，却委实吊足了读者的胃口。其实，在日常生活中，我们也常常这样，故意不说出某些事，让对方干着急，而使本来很平常的一件事变得跌宕起伏。

3. 故意模糊关键词

说的时候，事情的前因后果都说了，但每每在细节处，却大而化之，说得非常模糊，让对方感觉听清楚了，但又不是特别明白。这样的例子很多，比如，朋友问我们这次考得怎么样，我们说不好说。这就是故意模糊关键词。因为，朋友听了，既可以理解为我们考得不好，又可以理解为我们考得很好。但却始终没有一个确定的答案。这也是给对方的心里留下悬念的一种方法。总之，要让对方猜不透我们的想法，这样对方才会对我们更加关注。

有些年轻朋友要说，如果我们说话的时候，一味地卖关子，岂不是耽误了正事？的确，在有些场合、有些事情上，并不适合卖关子，这时候我们最好开门见山，有话直说。可见，卖关子虽然能强化我们说话的效果，帮助我们达到预期的目标，但也要酌情使用，不能为卖关子而卖关子，招人厌烦。一般在向别人报告一些好消息时，我们可以多卖些小关子，反正最后的结果是好的，就算对方生气了，听到喜讯，也不会跟我们计较。

运用语言天赋，让话语充满幽默感

充分挖掘自己的语言天赋。运用各种修辞手法、成语典故，把自己要说的话好好地包装一番，然后再用合适的方法表达出来，让别人听后觉得我们的话语妙趣横生，细细品味之后又感觉意味深长。

世上无难事，只怕有心人。的确，不管做什么事情，只要我们用心去做，就一定会做出成绩的。之所以我们最后没有取得成功，是因为我们付出的努力还远远不够。世人没有哪个人是随随便便成功的，所谓成功的人也只是在找准了目标之后，努力坚持再坚持，最终才登上了胜利的巅峰。同样，如果我们想要使自己的语言变得幽默，引人注意，也要不断地用心学习，运用自己的语言天赋，把自己的幽默潜质发挥得淋漓尽致。在日常工作和生活中，说话时留意以下几点，我们的话语就会充满幽默感，别人也会更加乐

意和我们沟通。

1. 充分运用语言的描述魔力

和别人交谈的过程中，向别人讲述一件事情，或者描述某个事物，要充分发挥语言的描述魔力，用幽默的语言把事情的经过，当事人的表情、动作等刻画得栩栩如生，让听的人有身临其境之感。向别人描述事物的时候，最好利用形象风趣的语言，把事物的样子、色泽、味道等进行生动的描述，这样，就算别人看不到东西，但通过我们绘声绘色地描述也已经在脑海里形成了一个大致的印象。而且，由于我们说话幽默诙谐，别人对我们讲的事情和描述的事物，才会更加感兴趣，从而我们成功的机会也会更大。

2. 用语气语调营造不同的感觉

通过变换语气、语调，营造出不同的听话感觉。在说话之前，我们不但要想好怎么说，在说的时候，还要注意我们说话的语气、语调。因为就算是同一句话，由于我们说话时的语气、语调不同，给对方的感觉也会不一样。比如，你醒了？我们用温柔的语气说，给对方的感觉是问候、关切，对方心里会觉得暖暖的，而如果我们语气强硬地说，对方则会感觉我们在责备他。可见，在说话的时候，语气、语调对我们表达的意思影响很大。用恰当的语气、语调说话，我们的意思才能得以准确的表达，听的人才不会不明就里，对我们产生误解。

3. 在说话的过程中适当停顿

这样做有两个好处：一是适当地停顿，能增强我们说话的语气；二是短暂地停顿，让我们有时间更好地思考，整理思绪，让听众更有效地聆听、理解和记住我们所说的话。比如，前面说的卖关子，就是一个很好的例子。在对方最想听到下文的时候，故意不说，表现出很神秘的样子，目的其实就是更加引起别人的注意，让别人关注我们说的话。总之，在说话过程中，只要拿捏好停顿点，也一样可以达到幽默的效果。

没有变化的语言，就像波澜不惊的海面，会让人觉得死气沉沉。说话语气、语调平淡，让别人觉得我们说话呆板没有生气，下意识里别人就会产生不愿意多听我们说话的念头。这样，我们即使说得很有道理，但别人可能一句也没听进去。所以，在我们平时和别人交流的过程中，要注意利用声音的高低、语气语调的快慢来丰富自己的语言，根据需要的场景，改变说话的语气、语调，同时结合形象的语言和适当的停顿，来达到说话幽默的目的。

有意思地说，才会引出别人的话

说话有趣一些。通过风趣幽默的语言，让别人觉得我们说话很有意思，很好笑，使别人听完我们的话，心情愉快的同时，从内心生出一种想要跟我们交谈的欲望。

有意思地说话，其实也是向别人表明我们的态度，只有乐观向上、热爱生活、不计得失的人，说起话来才不会介意别人的态度，才能放得开。如果我们在幽默的时候，瞻前顾后，怕别人笑话，那么即使说出来，也肯定是失了味的幽默。所以，在说话的时候，既要充分发挥自己的语言天分，合理安排好说话的语气、语调，做到语不惊人死不休，又要自信一些，说话的时候真正放得开，像一个真正的智者那样，不在意别人的眼光。日常工作和生活中，我们往往可能要这样说，才会引出别人的话。

1. 说话搞笑一些

适当地跟对方说几句俏皮话，或者开个无伤大雅的玩笑，一般情况下，对方都会主动跟我们说话的。因为我们在开玩笑的过程中，就像是给对方发出一个邀约，告诉对方：我们很有亲和力，很好说话，我们很快乐，跟我们相处很愉快……相信没有哪个人会拒绝别人善意的邀请。例如，我们刚到一家公司，在做自我介绍的时候，就可以适当地搞笑一下，拿自己的相貌或者名字开个玩笑，这样既可以缓解我们紧张的情绪，又可以引起别人的注意，让别人很快记住我们。

2. 说话含蓄一些

把话说得委婉含蓄，耐人寻味一些，这样别人同样会认为我们说话有意思，是个有思想的人，愿意跟我们交流。充分利用言外之意弦外之音，既很好地表达出我们的本意，又让别人觉得意味深长。

比如，我们说走路回家，不直接说“走路、步行”，而是说“坐 11 路回家”。说某个人长相难看，不直接说“长得丑”，而是说那个人“长得很有创意”。在生活中，诸如此类的例子还有很多，目的其实都是把话说得有意思一些，让别人爱听。

3. 说话幽默一些

适当地打个比方，或者在说事情的时候拟人、拟物，夸大事情的结果等，通过一系列幽默的手法，使我们说出的话幽默诙谐，让别人觉得我们出言不俗、与众不同，进而引起别人和我们沟通的兴趣。其实，这就像我们平常买菜、买衣服，虽然两家店卖的东西是一样的，价钱也差不多，但我们就是喜欢到那家服务态度好的店里去买，即使贵一些也无所谓，最起码心情好。在交往过程中，说白了也是这样的，人们都喜欢和能让自己心情愉悦放松的人交往，谁说话有意思，让别人能产生沟通的念头，谁就可能成为最后的赢家。

当然，这里同样存在一个问题，那就是无论是搞笑、含蓄，还是幽默，一定要分清楚场合，同时还要分清楚对象。要明白哪些场合可以说，哪些场合坚决不能说；跟哪些人能随便说，跟哪些人则要慎重说。免得出现好心办坏事、吃力不讨好的结果，让别人认为我们不懂人情世故，说话不知深浅轻重，没有分寸，不成熟，这样我们岂不是跳到黄河也洗不清了。所以，在条件合适的时候，说有意思的话，别人会对我们产生好感，进而更愿意跟我们沟通。

当你无话可说的时候，尝试幽默一下

用幽默的话跟别人搭讪。利用诙谐搞笑的言语，拉近与对方的距离，有效缓解尴尬的说话气氛，这样，别人就不会不好意思跟我们说话，同时还会认为我们性格开朗，很有亲和力，好相处。

许多年轻人可能认为没话说的时候，最好不要硬找话说，不然把自己弄得很难受，对方听了也会觉得不舒服。其实不然，在交往的过程中，往往谁先开口,谁就掌握了说话的主动权。当然,有时由于各种因素的制约,我们可能也会有一时找不到合适的话题的情况。这时候,千万不能冷场,要千方百计打开尴尬的局面。试着跟对方开个善意的玩笑,或者自嘲一番,或者给对方讲个小笑话,用比较幽默的方式来个漂亮的开场白,激起对方说话的欲望。

1. 跟对方开个善意的玩笑

在交往的过程中,相信谁都不愿意看到这种情况发生。在某个特殊的场合,我们无意中和一个陌生人坐到了一起,因为互相不认识,所以,谁都不愿意先开口跟对方说话,或者想跟对方打招呼,却不知道该怎样开口。尤其是性格比较内向的年轻人,在陌生人面前,由于害羞紧张,更显得手足无措。如果遇到这种情况,我们完全可以先跟对方开个善意的玩笑,试探一下对方的反应。其实,可以反过来想,也许我们担忧的正是对方所担心的,说不定对方正等着我们先开口呢。

2. 把自己当靶子自嘲一番

如果觉得跟对方开玩笑有些不合适,或者不好意思,那么,就试着自嘲一番吧。这种方法是最安全的,只要自己不生气,没有人会生气。通常情况下,我们如果先自嘲一番,倒是别人会觉得不好意思起来。

比如,跟陌生人坐在一起,一时找不到合适的话题,但又不能不说话,这个时候,我们可以先自嘲一番:“我这个人光长个子不长胆子,见了陌生人就像老鼠见了猫,你看都紧张得差点说不出话来了。”相信对方听了我们的话,不但不会笑我们,还会觉得我们很有意思,这样自然而然就跟对方搭上话了。

3. 给对方讲一些有趣的事

联系所处的场景,给对方讲一些轶闻趣事,或者讲几则自己学到的小笑话,缓解对方的紧张,同时,通过讲述,让对方先对我们有一些初步的了解。这样,接下来双方再沟通就不会觉得没话说。在讲轶闻趣事的时候,要注意说话的语气、语调,既要把故事讲得生动有趣,又不能让对方觉得我们在有意卖弄,达到效果就可以了,不要一味地讲下去,否则会引起对方更大的反

感。要记住,我们讲故事的目的只是引出话题。

年轻人由于刚进入社会,可能觉得跟对方开玩笑,或者给对方讲故事有些困难,其实,只要我们对自己非常自信,那么,即使对方听了完全没有反应也无所谓,自信的人是不会跟一个无礼的人计较的。正好,我们还可以自嘲一番,说自己讲故事的水平还有待提高啊,别人听了就像没听见一样,一点反应都没有。这样说既解除了自己的难堪,也巧妙地讽刺了别人。

幽默沟通,开拓虚拟新人脉

沟通过程中说话幽默一些。尽量把话说得让对方爱听,容易接受一些,同时还能吸引周围人的目光,让更多的人在无意中注意我们,认识我们,这样就在无形中又开拓了不少虚拟新人脉。

这其实就像我们在某个饭店吃饭,突然发现这家饭店的某个菜做得特别好吃,回去以后大多数人都会向朋友推荐。在人际交往中也是如此。当我们和某个人打交道的时候,发现这个人不仅做事利落,而且说话风趣诙谐,我们和他交往非常开心。假如这个人是名置业顾问,我们身边的亲戚朋友买房子,我们肯定第一时间会推荐他。而如果我们是一位销售人员,那么只要我们给一位顾客留下美好印象,就相当于又开发了不少新客户。所以,在沟通中适当地幽默一些,注意以下几点,这样我们做起事来就会事半功倍,幸运女神也会在不经意间降临。

1. 幽默的时候要注意内容

列宁说:“幽默是一种优美的健康的品质。”内容高雅健康的幽默,让人听了以后,觉得是一种精神上的享受,给人以思想上的启迪。在博人一笑的同时,更具有深刻的教育意义。而粗俗的幽默虽然也能给人带来欢乐,但那种欢乐终究是肤浅的,经不起回味的。真正的幽默就像一位美丽温柔的姑娘,让我们心生爱慕如沐春风,唤起我们所有美好的情感。同时,健康高雅的幽默,也是对我们内心世界的完美展现。

2. 幽默的时候要注意态度

沟通的目的是跟人交朋友，交往的过程中，千万别自恃幽默，对别人冷嘲热讽。别人态度不好的时候，我们可以婉转地回敬，但不能做得太过分。幽默的目的是增加人和人之间的信任，拉近彼此之间的心理距离，如果我们利用它来发泄不良情绪，不仅达不到交往的目的，还会伤害别人，让别人觉得我们不懂得尊重他人，而不愿意跟我们继续交往。所以，在幽默的时候，态度一定要真诚友善，这样才会获得别人的信任。

3. 不能不分场合地幽默

幽默也要分清楚场合，不能不分场合地幽默。比如，朋友已经够伤心了，我们还在那一个劲儿地嘻嘻哈哈，讲笑话，当然我们的初衷可能是好的，想讲个笑话逗朋友一笑，但也要看什么事，如果是小事，朋友自然会觉得我们是好意，说不定会破涕而笑，但如果事情比较严重，那朋友看了我们的反应，肯定会更伤心，觉得我们是幸灾乐祸。可见，就算是好心，也不一定会办成好事，幽默也是有条件的。

4. 幽默也要注意区分对象

一来要根据听话者的职业、受教育程度适当幽默，比如对学历高的人说话的时候，可以适当地多用书面语，而对一些普通职业者说话的时候，语言就要通俗一些。还要注意，一般来说，辈分低的人不宜同辈分高的人开玩笑；级别低的人不宜同级别高的人开玩笑；男性不宜同女性开玩笑。就算是在同辈人中开玩笑，也要注意看对方的性格和心情。如果对方性格开朗豁达，那么玩笑稍微过分一些也无妨；但是如果对方性格比较内向，而且对别人的玩笑比较敏感，那么开玩笑的时候就一定要慎重。

生活中不可或缺的幽默语言

幽默是人际关系的润滑剂。在人际交往中，如果我们掌握了幽默的方法，用诙谐风趣的语言跟别人交流，那么我们受欢迎的程度将会大大地提高。

幽默是一种语言的艺术，更是一种生活的态度。没有幽默的生活，就如同忘了加盐的饭菜，食之无味，弃之可惜。的确，在生活中如果缺少了幽默，就会少了很多快乐。而我们的话语中如果缺少了幽默，那么我们的人际关系将会变得更加紧张，也白白失掉了很多生活的乐趣。有些幽默的语言是生活中不可或缺的，比如一些有趣的语言，一些耐人寻味的话语，一些逗人开心的小笑话等。有了它们，我们的生活才会更加美好，在它们的滋润下，我们的人际关系才会更加和谐健康，而我们也才会越来越成功。

1. 一些有趣的语言

即让别人听了以后觉得很新鲜，很有意思的语言。通常一些形象生动的新名词，或者一些很经典能引起我们共鸣的话语，都可以称之为有趣的语言。比如，生，容易；活，容易；生活不容易。通过把字和词的意思进行叠加和对比，让人听后觉得很有意思。总之，要尽量使我们的语言富有新意，通过引起听话者的注意，间接地达到提升人际交往的目的。同时，这些有趣的语言也是生活中不可或缺的，因为它们是我们智慧的结晶。

2. 耐人寻味的话语

把话的意思有意说得很朦胧，很模糊，给别人留下无尽的遐想和诸多的回味。抑或是对语句进行重新排列，抑或改头换面，把说话者的本意巧妙地藏在话语里，使别人听了不至于过耳就忘，而是要经过一番仔细揣摩之后，方可领悟话里蕴含的意思，而觉得说话人不同凡响。

比如，古代把女儿唤作“千金”，现在把经常待在家里不出去，或者在家里上班的一些自由工作者称作“宅男”“宅女”，把不大的房子称为“蜗居”等，其实都是一种婉转、幽默的说法。

3. 经典搞笑的话

无论是从报纸、杂志、网络上看到的，还是从别人那儿无意中听来的，我们心里都暗暗为幽默者叫好。的确，在生活中如果没有这些小笑话，让我们在紧张繁忙的工作生活之余，暂时抛开一切烦恼，放松地笑一笑，恐怕很多人都崩溃了。而因为有这些现成的笑料，只要我们看过之后用心地记下来，时不时地拿出来跟别人分享一下，我们的心情就会不知不觉变得好起来，做起事来也会更加有效率。

有些年轻人由于刚踏入社会，说话的时候不敢使用幽默的语言，或者不好意思使用幽默的语言，有些甚至觉得经常使用幽默语言，会被别人看不起，觉得我们一天嘻嘻哈哈，不严肃。事实上并不是这样的，如果我们在说话的时候，玩笑不要开得太过火，说话不要晦涩难懂，让别人半天摸不着头脑，适可而止，相信大多数人都不会对我们产生看法的。特别是一些地位比较高的人，如果适当地跟自己的下级开个玩笑，或者讲个笑话之类的，更会让别人觉得他们平易近人，有利于塑造良好的形象。

第11章

电话沟通:不见面也和他顺利交流

生活中,很多时候我们无法和别人见面,可是却可以通过电话来实现沟通和交流。但是,电话沟通毕竟无法跟面对面的交流相比。如果一句话说得不合适,一个情绪表达不恰当,往往容易造成彼此之间的误会。那么,究竟如何通过电话和别人实现畅通的交流和沟通呢? 这就需要掌握一些基本的电话交流的技巧和方法。在这一章,我们将为你进行详细的讲解,相信会对你的工作和生活带来帮助。

用声音体现你的良好形象

“用声音体现你的良好形象”是说在电话沟通的过程中，多注意自己说话的语气、语调和语速，让别人感受到你的成熟和稳重，感受到你的办事风格，从而留下良好的印象，为进一步的接触和交往打好基础。

很多时候，我们在跟陌生的客户和朋友打电话的时候，别人往往会从说话的声音对我们有一个基本的形象定位。如果给别人的感觉良好，那么在接下来的接触和交往过程中会轻松很多。相反，如果给别人留下的感觉不好，那么，在接下来的接触和交往中，就会非常的困难。可见，在电话沟通中，说话的声音对彼此之间的交往有很大的影响，甚至起着关键的作用。那么，究竟如何用声音给别人留下良好的印象呢？

1. 吐字要清晰一些

电话沟通中，吐字清晰一些往往能改变音色，增加声音的魅力。一个说话含含糊糊的人，容易让别人心生厌恶，继而打消了继续沟通交流的念头。相反，一个吐字清晰的人则能吸引对方的兴趣，进而和你继续沟通和交流。这在一定程度上能弥补你声音的缺陷，事实上每个人的声音都是不一样的，吐字清晰一些则会给别人留下你办事干净利索的感觉。

比如，你通过电话和一个客户交谈，如果你吐字清楚，则会让对方觉得你办事很牢靠，也喜欢和你合作。如果你吐字不清，则会让客户觉得你办事也会拖泥带水。

2. 发音要标准一些

由于汉字的很多词发音很相似。如果发音不标准，则会给沟通带来障碍，再加上语言的区域性很强。很多人说话的时候往往掺杂乡音。如果你的发音不标准，这在一定程度上大大地降低了音色。说话发音一定要标准一些，让你所说的每一句话都能吸引别人，让别人喜欢听你说话，喜欢跟你交谈。事实上，当你的声音吸引住了别人，交流才能得以正常进行，才能达到意想不到的效果。

比如，你在和对方交谈，一开始就将“张”说成是(zang)，你的错误发音会让别人觉得你很难沟通，甚至担心无法了解你，进而对你的形象大打折扣。

3. 尽量要温柔一些

大多数人都喜欢声音温柔的人。实际上，这也是很多人征服别人的有力武器。因此，作为有涵养的人，在和别人沟通和交流的时候，不妨语气缓和一些，语调平和一些，这样，别人会觉得你懂得尊重别人，会包容他的小错误。别人和你说话自然感觉是一种享受。

比如，你在和别人交谈的时候，总是很温和，你的缓和语气会让别人感觉你很沉稳，和你交流很愉快，即使有不愉快也能很好地处理。

在电话沟通中，我们往往通过对方说话的声音来判断对方的性格。性格温和的人，说话的速度很缓和，语气也很平和，相反，性格强悍的人，说话的声音很大，语调很高，语速可能还很快。可以这么说，说话的声音直接决定着你给对方留下的印象，决定着你在别人心目中的形象。但是并不是说完全由性格决定人的声音，只要你平日里多注意一些，完全可以弥补性格上的特点在声音上表达出来的缺陷。这就需要年轻人在生活和工作中多作总结。

给对方留言需注意

“给对方留言需注意”是说打电话时对方不在的情况下，如何用简单的语言把你的意思清晰明了地传达给别人。这就需要你的意思表达要清楚，让别人听得明白。

当我们给亲戚朋友打电话的时候，很多时候会遇到对方不在的情况，往往这时候需要我们留言来告诉别人你究竟有什么事情。用短短的几句话来表明你的意思，这对很多人来说并不是一件容易的事情。有的人说了很多，依然没有表达清楚自己的意思，而有的人短短的几句却能将自己的想法告诉别人。那么，在为别人留言的时候，究竟要注意哪些方面呢？

1. 说话要有重点

如果你说话总是东拉一句，西扯一句，往往会让听话的人一头雾水，不知道你究竟要表达什么。尤其是在电话留言的时候，时间有限，而且还要表达清楚，这就需要你在说话的时候一定要有重点。

比如，你想向别人借钱，如果你一直强调借钱的用途，却不把借钱的想法说出来。别人觉得你需要钱，但是并不明白你在向他借钱。这样，你的电话留言就失去了作用。因为你没有留下重点的话。

2. 前后要有逻辑

任何事情都有前因和后果。因此，在表达的时候也要有逻辑性，让别人知道你说的话想要表达什么意思。如果你的思维比较混乱，别人听起来会感觉很费劲。这对于短短几秒钟的电话留言来说并不是一件好事。因此，电话留言的时候，说话一定要有逻辑性，先表达什么，后表达什么。

比如，你告诉朋友你要去找他，因为没有带钥匙，进不了家门。如果你表达没有逻辑性，别人会疑惑是因为进不了家门来找他，还是没有带钥匙来找他。

3. 忌说套话废话

因为是电话留言，时间非常有限，所以，在表达的时候，废话套话尽量不要说，否则会影响你的意思表达。成了真正意义上的“画蛇添足”。比如，你想向别人借书，如果你这样“不好意思啊，我想借书，因为我的书丢了，而我又不得不学习。不学习的话就不能完成作业，就会被老师批评，就有可能请家长”。事实上，你没有必要这样表达，你只要告诉别人，你想借他的书就可以了，说了过多的废话对你的表达没有任何的帮助。

很多人在电话留言的时候总是啰唆，不但自己表达得很费劲，别人听得也非常费劲，纯粹属于浪费表情。事实上，电话留言只是传达一个简单信息。如果对方收到你的留言，自然会给你打电话，到时候再细说也不迟。毕竟任何人不可能只接受你的留言就对你的信息了解得一清二楚，而不需要再打电话沟通。所以,电话留言的时候,表达一定要清晰,言简意赅,有所取舍。

让电话线帮你传递热情

“让电话线帮你传递热情”是说在你和别人进行电话沟通的时候,通过时常保持微笑,多呼喊对方的名字以及说话时要富有感情等方式方法,把你的热情传达给对方,进而激发别人与你深交的兴趣和欲望。

很多时候,如果你打电话给对方,对方对你很热情,你的沟通欲望会增强,想说的话就会多。相反,如果别人对你冷冷淡淡,你就想迅速地结束通话。同样,如果我们在电话中表达出我们的热情,则会激发别人进步沟通的欲望,如果表现冷淡,则会让别人有结束沟通的欲望。可见,你的热情与否完全可以通过电话线传达到对方的耳朵里。那么,究竟如何才能让电话线帮你传递热情呢?

1. 要时常保持微笑

一般情况下,当我们笑出声来,说明我们很开心,对彼此交往很有兴趣。同样,我们在电话沟通的时候也要时常保持微笑,虽然对方看不见你,但对方从你说话的声音,从你的呼吸中完全可以感受到你的情绪。如果你足够的热情,往往会微笑,相反,如果你很冷淡,是绝对不会微笑的。

比如,你在和女朋友聊天,如果你经常微笑,女朋友觉得你这时候很开心,很喜欢和她聊天。如果你总是板着脸,她就会感受到你很不开心,不喜欢和她聊天。

2. 要多呼喊对方的名字

通常都喜欢别人叫我们的名字,叫的次数越多,说明对我们越感兴趣。同样,在电话沟通当中,如果你能经常叫对方的名字,则在一定程度上能传达出你的热情。当然,对于长辈或者是尊敬的人,不宜直呼姓名,应该呼喊尊称。

比如,你在和客户的沟通中,如果你经常喊"王总""刘总",对方会觉得你对合作很有兴趣,你很热情。相反,如果你在沟通的时候不称呼对方,很容易让别人觉得你对他并没有兴趣,对你们的交往不抱希望。

3. 说话的时候要富有感情

人是情感的动物,内心深处对情感的渴望很强烈。那么,在表达的时候,就要让你的声音富有感情。让别人觉得你对他很有兴趣,你很热情。比如,有求于人的时候你的声音要温暖一些,表达渴望相见的声音要热烈一些,表达期待的声音要悠长一些,表达情感的声音真诚一些,往往会感染别人的心。同样,这在一定程度上也能表达你的热情。如果你对别人不热情,自然你也不会轻易表达情感。

很多年轻人觉得两个人面对一根电话线是不可能传递热情的,也不可能有过深的交往。事实上并非如此,很多人之间的交往往往就是通过电话来传递的,甚至很多生意是通过电话谈成功的,很多恋爱也是通过电话进行的。可见,电话线是完全可以传达感情的。可是,通过电话线传递热情并不是一件容易的事情。除了上面提及的几点之外,还需要年轻人多去总结生活中的经验。

谦逊的语气助你交谈成功

"谦逊的语气助你交谈成功"是说在和别人进行电话沟通的时候,要通过语气的正确把握,把你的谦逊表达出来,激发别人想要和你交谈的欲望和兴趣,从而让电话两端的你们达到沟通无阻的效果。

不可否认,我们都喜欢自信一些的人,但是如果自信过了头,就有可能演变成骄傲,就会引起别人的反感。现实生活中是这样,在电话沟通中也是这样。如果你在和别人的沟通和交流中,不懂得谦逊,总是喜欢说大话,喜欢吹嘘,别人就会觉得你不实在,你很虚伪。继而对你产生成见和看法。这对进一步的接触和交流会产生很大的影响。因此,说话不妨谦逊一些,多尊敬对方,让别人感受到你谦虚好学的一面。那么,究竟如何才能使自己的语言传达出谦逊呢?

1. 说话的语气要缓和一些

通常,我们在表达自己的强烈意见,或者强势的气场的时候,声音很大,语气很坚定,为的是让别人感受到你的坚定意志。相反,在表达谦逊的时候,语气很缓和,语调很平和。同样,在电话沟通中,要想让别人感受到你的谦逊,不妨使自己的语气缓和一些。

比如,你在和别人沟通工作中的问题时,如果你说话的声音很缓和,对方会指出你的不足和失误之处,如果你很强势,那么别人觉得你根本不需要他的帮助,同时,也会觉得受到了你的压迫,自然不肯和你再交谈下去。

2. 表达自己时一定要适度

骄傲的人喜欢不停地表现自己,让别人看到自己多么优秀,而谦逊的人则比较低调,更多的是去倾听别人。同样,在电话沟通当中,如果你没完没了地表达自己,则会让对方觉得你是在向他炫耀你多么优秀。这样无疑当中你剥夺了别人表达的权利,抑制了别人的表达欲,如果你再向对方请教,那么你们的谈话很大程度上会失败,因为别人感觉你根本不需要他的帮助和指导。

3. 多向别人表达你的请教

任何人都觉得自己是最优秀的。你是这样感觉的,别人也有这样的自信。因此,在和别人沟通和交流的时候,要多表达你的敬仰之心,多向别人请教。即使别人的意见和建议对于你来说并没有多大的帮助,但是你的请教却让对方的虚荣感得到了满足。这样你们之间的交谈才能更加顺利地进行。

比如,你在和朋友探讨恋爱方面的问题,如果你多向对方表达你的请教之意,别人自然会跟你聊很多经验和方法。当别人的表达欲望得到最大限度的满足之后,你们的交谈才能更加顺利地进行下去。

很多年轻人仗着自己年轻气盛,学习能力强,目空一切,在和别人进行电话沟通的时候,总是对自己表现得极度的自信,对别人不屑一顾,结果导

致双方的沟通和交谈迅速结束。事实上,任何人都需要别人的尊重,或许对方需要的只是你的谦虚,你的倾听。因为这样会让对方的内心得到满足。如果你在和对方进行沟通和交流的时候不懂得这一点,那么交谈失败也就是理所当然的事情了。

电话沟通要注意冷静和沉着

“电话沟通要注意冷静和沉着”是说在电话沟通的时候,要注意语言表达的逻辑性,把话说得言简意赅,更需要冷静和沉着,从而在电话的一端,把事情说得一清二楚,以达到沟通和交流的良好效果。

很多人在打电话的时候,总是火急火燎,把话说得颠三倒四,让听者不知所云。说的人着急,听的人更着急。事实上,不是打电话的人语无伦次,而是因为焦急和紧张,只把结果告诉了对方,却没有将事情的前因后果,来龙去脉说清楚。听电话的人自然感觉到唐突。这就要求我们在和别人通电话的时候,不要慌张,不要着急,要理清思路,把事情的来龙去脉讲清楚。那么,究竟如何才能做到这一点呢?

1. 表达要有逻辑性

通常我们了解一件事情,总是先了解原因,再得出结论。这是一般人正常的思维状态。如果你一会儿说原因,一会儿又说结果,过一会儿又表达情绪,东一句,西一句,你表达很费劲,别人听着更费劲。在这时候一定要理清自己的思路,先说清楚事情发生的原因,然后再表达事情的结果,之后再表达你的情绪,这样,别人就会听明白了。

比如,你告诉别人为了增加自己的发展机会,想考外省市的大学。那么,你就要先表达清楚你考外省市大学的原因,然后再说出你的计划。这样,别人就会清楚地了解你的想法了。

2. 表达要言简意赅

本来一句很简单的话,你挑重点的词,重点的话,表达出来,别人听了自然会明白。可是很多人往往为了让别人听得更清楚，更明白，会说很多没有必要的废话。让听电话的人越听越糊涂，越听越着急。在表达的时候，在说事情的来龙去脉的时候，也要拣重点的话说，别把别人都当做傻子，你的好心往往会增加别人理解的困难。

比如，你想邀请别人参加你的结婚宴会，你只需要告诉对方时间和地点就可以了。可是你却告诉对方宴席有哪些菜，典礼的程序是怎么样的等。事实上，这些都是没有必要说的废话。

3. 沉着冷静很有必要

我们表达语无伦次是因为我们紧张和慌乱，因此，要想把事情的来龙去脉讲清楚，就先让自己平静下来，只有平静下来，大脑才会正常地思考，只有你沉着冷静，你的表达才有逻辑性，才会把事情的前因后果讲清楚。可见，沉着冷静很有必要。

比如，你打电话告诉你朋友的父母，你的朋友出了车祸。如果你沉着冷静地告诉他们什么原因造成的车祸以及受伤的严重程度他们就会心中有数。相反，如果你慌乱不堪，就会说得颠三倒四，乱七八糟。本来是很轻微的伤，反而让别人误以为很严重了。

很多人在打电话说事情的时候，总是急于把事情说清楚，可是越着急，越说不清楚，越表达不清楚，就越紧张，这就给听电话的人带去了一定的理解障碍。事实上，大可不必如此，与其急于表达，表达不清楚，让双方着急，不如慢慢地把事情的前因后果说清楚。尤其是一些年轻人，性子急，做事情缺乏耐性，在电话沟通的时候，很容易出现这种情况。不妨学习和借鉴上面所列举的几点方法和技巧，或许对你的生活和工作有很大的帮助。

舒服的语调能给对方留下深刻印象

“舒服的语调能给对方留下深刻印象”是说在电话沟通中，要调整说话时的心情，尽量让自己保持心情愉悦，让自己稳重一些，谦虚一些，还要注意多用商量的口吻等，让别人从你说话的语调中感觉舒服，从而使电话沟通更加顺畅。

通常情况下，我们高兴的时候，说话的语调会上扬，会让别人感受到你很热情。相反，不高兴的时候，往往语调下沉，别人感受到的是你的冷淡。当然，如果你性格平和一些，谦逊一些，你说话的语调也会很温和，如果一个人的性格很急躁、脾气不好，说话的语调会很冲。同样，当你的说话语调给人很舒服的感觉的时候，别人会觉得和你相处很开心，很舒服，脑子里也会对你留下好印象。那么，如何让你说话的语调有让人很舒服的感觉呢？

1. 保持愉悦的心情

心情对表达有很大的影响。如果心情好，那么你表达的时候很想多说话，说话的时候语调也很平缓，可能还会出现适度的上扬，这样让别人感觉你的心情好，感觉你很热情，别人对你的印象自然是阳光开朗的。相反，如果你心情不好，那么说话的语调可能会消沉，你传达给别人的是你的悲伤和抑郁，别人怎么会舒服呢？因此，在和别人沟通的时候一定要调整好自己的情绪，即使再悲伤，也要给自己一个真诚的微笑。

比如，你和男朋友刚刚分手，心情非常糟糕，但是恰巧这时候，客户打电话过来商量签合同的事情。你接到电话后不妨让对方稍等几秒钟，强迫自己笑一笑。这样，你的心情会好很多，说话的语调也会温暖很多。

2. 稳定自己的性格

人在年轻的时候，性格不成熟，不稳重，说话容易急促，让别人产生很快想和你结束谈话的冲动。相反，随着年龄的增长，性格不断的成熟，说话的速度会慢下来，说话的口气会平缓，让别人感觉很舒服，想要继续和你聊下去。因此，要想让别人感觉和你聊天舒服，那么就要练习稳定你的性格，不管是遇到高兴的事情，还是悲伤的事情，都要淡然一些，在为人处世的时候学习圆滑一些。时间久了，你说话的口气便会让人觉得很舒服了。

3. 多用商量的口吻

一般情况下，我们在征求意见的时候，往往口气很温和，因为你在表达请求。相反，在下达命令的时候，语气会非常的坚定，因为强迫别人遵从你。同样，如果我们在与人电话沟通的时候，总是用坚定的语气，别人自然感觉不舒服，如果用商量的口吻，对方自然愿意和我们继续谈话。

比如，你在和朋友讨论工作中出现的问题，如果你能多问几个“你觉得怎么样？”你的谈话语调自然会让对方舒服很多。相反，如果你总是用“我认为”“我觉得”等字眼的时候，你的语调会让对方感觉很强硬。

很多年轻人在和人电话沟通的时候，总是表现得盛气凌人，以为这种说话语调会让对方觉得他精明能干。这话听起来也有一定的合理性。但是，大多数人听到这种谈话语调会感觉很不舒服，对你不会留下好印象。如果你能让自己稳重一些，谦逊一些，让你说话的语调缓和一些，温暖一些，多表达一些尊重，那么，别人听上去自然会感觉舒服很多。因此，作为年轻人，要想给别人留下好印象，不妨在声调上多下工夫。

让对方在电话交谈中听出你的诚恳

“让对方在电话交谈中听出你的诚恳”是说在电话交谈中，多注意语气、语调以及表达的方式，把你的尊重传达出去，你的表达听上去自然会很真诚，你们之间的交谈最终得以顺利完成也就是水到渠成的事情了。

“眼睛是心灵的窗户。”很多人觉得双方沟通会通过表情和动作来确认对方说的话是否真诚，电话沟通和交流中，别人看不到自己，真诚与否对方根本无从考察。如果你这么想，就大错特错了。一个人的真诚与否完全可以通过说话时的声音表现出来。如果你说谎，你的声音可能会颤抖，说话的速度可能会很快，甚至语调会下沉。相反，如果你很真诚，声音会很平和，说话的速度也会缓和，语调也会很平稳。那么，究竟如何让别人在电话交谈中听出你的真诚呢？

1. 语气保持平和一些

通常情况下，我们与人现场交谈的时候，平和的语气常常让别人感受到你很真诚。同样，在电话沟通中，别人也会从你说话时的语气感受你是否真诚。如果你不真诚，你说话的语气会很轻浮，声音会颤抖，反之亦然。

比如，你向经理表达节日的慰问，如果你很真诚，你的祝贺词会说得很沉稳。如果你不真诚，对方感受到的是你的急躁和轻浮。

2. 语速放得缓慢一些

说话的速度往往能反映出说话者的心态。如果你说得很快，那么表明你的心态不稳，相反，如果你说得很慢，则表明你所说的话是深思熟虑的。同样，如果你说话的速度很快，别人觉得你是在为了完成任务而赶时间，会觉得不受尊重，你的真诚自然无法表达。说话的时候，不妨把速度放慢一些，让别人感受到你的尊重，感受到你的真诚。

比如，你在跟客户打电话，聊合同的事情，你说话像子弹飞，客户觉得他跟你合作与否对你来说无所谓，自然觉得你不真诚。

3. 声调不妨平稳一些

生活中，我们在真诚地同别人表达的时候，往往声调会很平稳。平稳的语调传达的是你对别人的尊重。因为你是在和他商量，而不是用你的气场来强迫和压制对方。你的真诚自然也需要你说话时的平稳语调来传递。比如，你在和别人沟通中，始终很关注别人的心理感受，你平和地问："你觉得怎么样?""你的意见是什么"，你的尊重被传达了出去，你的真诚自然也被传达了出去。

很多年轻人觉得表达的语气越强烈，越能让别人感受到你的真诚，因为你很着急。可是，尽管你的心很诚恳，但是别人感受到的却是你的压制和强迫。真诚源于尊重，如果你只顾着表达自己的情绪而不顾别人的感受，对方没有感受到被尊重，自然也就无法感知你的真诚。因此，对于年轻人来说，要想让别人从电话中感受到你的真诚，不妨先学会尊重别人。只要你多注意表达的声音，这是完全可以做到的。

让有力的问题激发出对方的兴趣

“让有力的问题激发出对方的兴趣”是说在与他人进行电话沟通时，要拿捏好对方的各种心理，从各个方面入手，积极提一些对方感兴趣的问题，从而使彼此之间的沟通得以顺利进行。

很多时候，别人的表达欲望不强，是因为对方对你们之间的话题不感兴趣。这时候，如果你想让你们的谈话继续下去，就要想办法提一些有力的问题，激发对方的交谈兴趣。当别人对你的问题感到好奇，有兴趣表达自己的想法的时候，交谈的热情自然就被调动起来了。那么，如何通过有力的问题来激发别人的交谈兴趣呢？

1. 多提问与对方有关的问题

俗话说：“事不关己高高挂起。”说的是与自己没有关系的事情，不管不问。同样，人都喜欢关注与自己有关的事情。在谈话沟通中，如果你向对方提一些与他有关的问题，无意中调动了他交谈的热情，激发了他的交谈兴趣。因为要想让别人更多地理解自己，只有更多地表达自己。而且，对于自己熟悉的领域，往往话也比较多。

比如，你和一个老师通电话，由于不熟，很快陷入冷场了，这时候你不妨问问老师的工作是不是很辛苦，多请教几个课本中的问题，对方自然会滔滔不绝地和你聊起来。

2. 多提一些非常好奇的问题

人都有强烈的好奇心，如果你在和对方无话可聊的时候，不妨提几个非常好奇的问题，从而激发对方的交谈兴趣。比如，你和几个女孩子聊天，话题总是围绕自己的工作，让对方感觉非常乏味。这时候你不妨告诉对方，你可以用自己的意志来移动桌子上的东西，问对方想知道是怎么回事吗？对方不明白，自然会问你是如何做到的。这样，你们之间交谈的话题就多了起来。

3. 多提一些有争议的问题

对于一些有争议的问题，往往每个人都有自己的观点和看法。这些观点和看法从本质上来说并没有绝对的对和错，但是人总喜欢站在自己的立场上作出评价。如果你觉得对方在电话里似乎很沉默，对交谈没有多大的兴趣。那么，不妨提一些有争议的问题，激发对方表达他的观点。

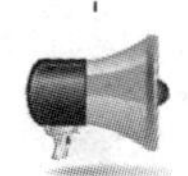

比如，你是一名老师，在和家长沟通的时候，觉得没话可说了。不妨虚设身边的一个老师在打学生。这样，对方就老师该不该打学生的问题会作出自己的评价。当然，要注意不是要你和别人争吵。

很多人总觉得在电话沟通中，有话就说，没话说就挂机。事实上，很多时候如果你觉得和对方没话说就不去争取沟通，往往会给彼此之间的交流带来一定的障碍。你们都会觉得彼此没有共同语言。事实上并非如此，是因为你们都不熟悉，双方都有所保留。只有通过激发对方的兴趣，增加交谈的机会，多熟悉对方，才能让交流和沟通更加的顺畅。当然，如果你想在这个过程中占据主动，那么就要想办法去激发别人的沟通欲望。

电话交谈中更要把话说清楚

“电话交谈中更要把话说清楚”是说在电话沟通过程中，思维敏捷一些，把问题考虑周全一些，表达更准确一些，把话听明白，理解透彻，表达清楚，以免造成不必要的误会。最终使彼此达到很好的沟通和交流。

现场沟通过程中，如果有不清楚的地方，可以随时和对方进行沟通和交流，但是，电话沟通却没有这个优势，往往打过一个电话之后，不好意思就同一个问题再次询问。这就需要我们在电话沟通当中，一定要把话说清楚。把话说清楚，在这里不仅仅要求你发音清楚，还要求你正确地理解别人的意思，正确地表达自己的意思。那么，究竟该如何做到这一点呢？

1. 思维要敏捷一些

电话沟通的时候，彼此往往交流的是思想。别人说什么，你要听明白对方究竟表达的是什么意思。千万不要表现迟钝，别人把话都说完了，你还不知道别人第一句话是什么意思。如果有不理解的，一定要及时地提问，避免出现误会和歧义。

比如，你在和父母通电话，父母说：我不同意你们。那么你就要问清楚，是父母不同意你们结婚，还是不同意你们以某种方式结婚。

2. 把问题考虑周全些

很多问题表面上看只是一个简单的事情，可是背后却隐藏着很多含义。如果你在表达的时候考虑不周全，没有把这些隐藏的事情表达清楚，那么就会埋下很多矛盾的种子。

比如，你和朋友合伙做生意，各自的责任是什么？债务如何承当？如何分配利润等都要考虑清楚，都要讲清楚，问明白，达成一致。这些问题如果你不问，对方也不说，就会留下盲区。等问题凸显出来的时候，就会产生矛盾。尤其是电话沟通的时候，更要把问题考虑周全一些。

3. 语言表达要合适准确

同一个意思，如果你用词不当，表达不准确，就会让别人产生误会和矛盾。这就要求我们在电话沟通过程中，一定要注意自己的表达，把话说得恰到好处，把意思表达准确到位，从而取得良好的沟通和交流。

比如，你给下属打电话，要他无论如何也要尽快拿下客户。那么，你的意思就是只要能拿下客户，吃点亏也无所谓。事实上，你想表达的是，要下属加大公关的力度，迅速地达成合作。你的表达不准确，往往会让下属误会你的意思。

很多人在电话沟通的时候，往往很容易和别人产生误会和矛盾。通常人们都把责任推到别人的身上，去指责和为难对方。事实上，更多的问题出现在自己的身上，没有表达清楚让别人误会了，脑子反应慢，没有跟上别人的思维节拍而理解错误了。自己考虑问题不周全，没有及时询问等。事实上，只有你多注意，在电话沟通的时候，把话说清楚、听明白，所有的问题也就迎刃而解了。

第12章

求职巧言：会说话能提高自己的竞争力

在找工作的时候，如果你不会表达，或者是表达得不够恰当，往往无法让别人了解你，无法给别人留下深刻的印象，意味着你将得不到工作的机会。所以，从这个角度上说，口才是你求职的关键，因为它会提升你的整体竞争力。但是，并不是有好口才就能增大获得工作的机会。这是因为有好口才并不等于会说话。那么，究竟怎么表达才算是会说话呢？如何说话才能让你在众多的求职者中脱颖而出呢？在这一章，我们作出了详细的讲解，如果你正在为求职表达而烦恼，那么不妨认真学习和借鉴一下。

面试时把话勇敢说出口

“面试时把话勇敢说出口”是说在求职面试的时候，丢掉自卑的心理，把自己和公司放到平等的位置上，勇敢地表达自己，用你的优秀去赢得面试官的尊重，而不是唯唯诺诺地迎合别人。

很多年轻人刚刚从学校里走出来，在遭遇找工作的一系列打击后，得到面试的机会，往往把自己的位置摆得很低，在和面试官交谈的时候不敢多说话，生怕自己的哪一句话说得不合适，惹得面试官不高兴，而丢了面试的机会。这样，反倒让面试官觉得你没有魄力，承担不了工作责任，而不给你面试的机会。

事实上，完全没有这个必要，你是来找工作，不是来乞讨的，再者，别人从和你的谈话中也会了解你的性格和办事的能力。如果你总是小心翼翼，不敢说话，你的机会被你自己弄丢了。那么，面试的时候究竟如何勇敢地把话说出口呢？

1. 大胆地对公司进行提问

很多年轻人觉得得到一个面试的机会，实在是太不容易了。因而在面试的时候，即使心里对公司的资质和规模存在种种疑问，也不敢多问，生怕问得不合适，引起面试官的反感。事实上，对于求职者来说，了解公司的情况是必需的。因而，一定要摆正自己的位置，大胆地对公司的有关情况进行提问。说不定因此而赢得面试官的欣赏呢。

比如，小李进入了面试阶段，尽管这个机会来之不易，可是他不想盲目地入职，而是想对公司的情况有个非常详细的了解再作决定。最终，让面试官觉得他对公司有兴趣，他的勇气是可嘉的，从而给予了他工作的机会。

2. 放心说出你的薪水要求

通常，面试结束之后，面试官会对面试者提出薪水要求。这也使得很多面试者不知如何回答，往往表达得很模糊。生怕说高了，会被面试官拒绝；说低了，又怕自己的利益受损。这样一来，主动就跑到了用人单位。用人单位想给你发多少薪水就给你发多少。到时候,你是哑巴吃黄连,有苦说不出。因此,当面试官对你提出薪水要求的时候,一定要有技巧地表达个人意愿,不要担心面试官不高兴。如果你总是不敢说,则会让面试官觉得你不够自信,能力欠佳。

3. 拒绝回答不合理的问题

面试的时候,还会遇到面试官问一些不合理的问题。有的面试者为了讨面试官的喜欢,总是问什么答什么,不敢轻易去拒绝。事实上,完全没有这个必要,你来找工作,需要别人尊重你的人格和隐私。说不定,面试官是故意询问,看你有没有勇气去拒绝别人。

很多年轻人在面试的时候往往不敢多说话,生怕自己说错话,给面试官留下不好的印象。这样,反倒让面试官觉得你很木讷,不机灵,是个不折不扣的书呆子,无法胜任工作,最终拒绝录用你。事实上,完全没有必要小心谨慎。面试官往往通过你的说话来了解你,如果你总是不敢说话,他们自然对你没印象了。要想加深他们对你的印象,不但要勇敢地说话,还要适当地表现自己的好口才。当然,不该说的千万别说。面试官需要你的尊重,但是更需要你勇敢的表达。

新鲜的话语让你一下子亮起来

"新鲜的话语让你一下子亮起来"是说在面试的时候,在和面试官短短的几分钟交谈中,为了给面试官留下深刻的印象,从而增大被录用的概率,要把话说得有特点一些,说得新鲜一些,吸引面试官的兴趣。

在面试过程中,面试官通过短短的几分钟来决定是否录用你,所以,这时候,你如何用这几分钟来表达自己就显得尤为重要。要想自己在面试官面前表现出色,那么就要把话说得特别一些,新鲜一些,从而引起面试官的兴趣,给他们留下深刻的印象。只有这样,才能让面试官觉得你很特殊,才能在一定程度上赢得更大的工作机会。那么,究竟如何把话说得新鲜一

些呢?

1. 表达方式上寻求与众不同

通常,面试时,面试官总是要你做个自我介绍,很多人按部就班地介绍自己的姓名和受教育程度以及工作经历等。别人听上去没有一点新意。面试官要面试很多人,每个人都这么说,他们也会乏味,如果你这样说,他们自然没有多大兴趣听。相反,如果你换一种表达方式,先通过重点的语言把自己的优势和特点说得绘声绘色,吸引面试官的注意力,然后再报上姓名,往往会取得不一样的效果。

比如,你去参加一次面试,在进行自我介绍的时候,不妨先以自己曾经成功地完成和客户谈判开始入手。让面试官了解到你的谈判能力很强,这样,当你报上名字的时候,他们会记在心里。

2. 回答问题时不要人云亦云

面试的时候,面试官会利用这段时间尽可能多地了解你,问你一些基本的问题。但在回答问题的时候千万不要人云亦云,要回答出自己的特色,这样才能吸引面试官的兴趣。

比如,你去参加一家公司的面试,因为你面试的是文秘职位,那么面试官很有可能问你:你对文秘这个职位是怎么认识的?这时候,如果你说文秘是写材料,帮助老总处理工作中的琐碎事情。自然不会引起面试官的重视,因为大多数人都是这么回答的,没有新意。如果你说:文秘就是处理公司的机要文件的人。这样,面试官自然要问你,究竟如何处理公司的机要文件。很显然,你的回答引起了面试官的兴趣。

3. 变花样主动引导开展谈话

大多数情况下,面试中都是面试官在提问,应聘者在回答。如果你能在回答问题的时候,巧妙地把你的问题问出来,在谈话中始终牢牢掌握主动,这样更有利于把你的优势之处表现出来,赢得面试官的青睐。

比如,面试官提问:为什么离开上一家公司?如果你老老实实地说出很多种理由,尽管把问题都推到了以前的公司身上,或者是不可抗拒的原因。但是却让面试官觉得很乏味。这时候,你再回到原因的时候,不妨巧妙地问:面试官,你觉得这样的原因不应该被原谅吗?应该扣我的奖金和年终休假吗?

很多面试者在和面试官交谈的时候,都非常的谨慎,面试官问什么,就老老实实地回答什么。这样,往往没有办法在众多的面试者中脱颖而出,即使你再优秀,也没有时间让你去表现。这时候就要学会把你的话说得新鲜一些,说得特别一些,尽最大的可能给面试官留下深刻的印象。这样,当面试官犹豫不决的时候,很自然地就想起了你。你的机会就比别人多得多了。

让语言帮你轻松化解面试难题

“让语言帮你轻松化解面试难题”是说在面试过程中,遇到面试官的语言刁难时,要通过一些语言技巧来巧妙地避开面试官的刁难,从而成功地通过面试,尽最大努力来赢取工作的机会。

在面试过程中,有时候面试官会问一些非常刁难的问题,如果你稍不注意,就会使自己陷入语言陷阱,从而在面试官面前出了丑。事实上,很多时候,这也是面试官故意设置的考核项目,看你的处理危机和应对别人的刁难的能力。很多人觉得面试官故意刁难人。事实上,解铃还须系铃人,语言上的障碍还需要通过语言表达来巧妙地化解。只要你足够的聪明和机智,把话说得恰到好处,你便可以轻松地化解面试难题。那么,究竟如何才能让语言帮助你轻松化解面试难题呢?

1. 用模糊的词语敷衍问题

很多面试官喜欢提问非常刁钻的问题。一不小心就会掉入他们事先设置好的语言陷阱里。这时候,要想让自己跳出面试难题,不妨学会用模糊的词语来敷衍作答。从而轻松地绕过难题。比如,有面试官问你,如果总经理和董事长发生了争吵,你会听谁的决定?这明显是个陷阱。不管你选择听谁的,都是不正确的。但是很多人往往在两者之间选择。这时候如果你足够的聪明,不妨跳出他们设置好的圈子,说:“谁的正确就听谁的。”难题迎刃而解。

2. 用概数来回答数字问题

有些时候，面试官还会出一些难题来考验你对公司的忠诚度和对职业的敬业程度。这时候，你就要巧妙地回答，切勿实话实说。否则，则会让面试官觉得你很不靠谱而不敢用你。

比如，面试官问你之前公司的年利润是多少？事实上，这属于商业机密，是不能随便告诉别人的。你应该巧妙地用概数来回答。几千万吧。这样，既回答了面试官的问题，又没有泄露公司的机密。因为这个“几千万”很模糊，是一千万呢还是九千万呢？说了等于没说。

3. 曲解问题意思转移话题

有时面试官提出的问题的确很难回答。如果你老老实实地回答，则很容易给别人留下不好的印象，不回答又失礼。这时候你就要故意曲解问题的所指，迅速地转移话题，从而巧妙地摆脱尴尬。比如，一个女孩子从西安到深圳去找工作。在面试的时候，面试官突然问：你为什么要从西安来深圳呢？女孩子如果说是为了多挣钱，就会让面试官觉得她太看重钱，有些心浮气躁。这时候，女孩子笑着说：“因为深圳能经常穿裙子。”难题就这样被巧妙地化解了。

很多年轻人在面对面试官的刁难问题的时候，往往不知所措。要么老老实实地回答问题，在面试官设置的语言陷阱里翻船；要么不知如何作答，急得满头大汗，更有甚者面试官当场发生争执。事实上，无论如何刁难，面试官无非是在和你玩语言游戏，只要你机灵一些，聪明一些，自然就会巧妙地跳过陷阱，甚至还会使面试官难堪。当然这需要一定的语言技巧。除了以上介绍的几点之外，年轻人还需要在工作中多总结。

敏感问题正是考验你的智慧

“敏感问题正是考验你的智慧”是说在面试的时候，面试官会提出一些比较敏感的问题来考查你处理问题的能力和应对危机的能力,这时候你就要灵活一些,多思考,巧妙地化解问题背后的玄机。

在面试当中,有时候面试官会故意问你一些比较敏感的问题,考查你的应对能力究竟如何。如果你这时候表现得不知所措,或者是如实回答,则会给面试官留下非常糟糕的印象。这时候就需要考验你的智慧了。如果你能巧妙地把敏感问题回答得恰到好处,很明显你能为自己赢得工作的机会。否则,等待你的只能是淘汰出局。那么,在面试的时候,究竟如何回答敏感问题呢?

1. 模糊问题的核心所指

面试官问的有些问题非常敏感,让你特别难回答。但是不回答,又觉得对面试官不尊重,显得自己没能力。所以,这时候,不妨模糊问题的核心所指。

比如,面试官问一个年轻的女孩子:你有男朋友吗?结婚了吗?如果你回答结婚了,或者是有男朋友了,面试官则会觉得你在工作中很有可能会因此而分心。相反,如果你回答没有,那么面试官又觉得你留不住。这时候你不妨笑着说:“我还年轻呢。”一来暗示面试官你会把精力用在工作上,二来也让他明白,你的发展潜力大,不会随便离开公司。

2. 适当的时候大智若愚

很多时候,在职场里太聪明了会给自己惹上一身的麻烦。同样,面试官也会拿一些比较敏感的问题让面试者回答。以此来考察他们处理敏感问题的能力。

比如,面试官出这样一题:公司的账目是公司的机密,可老板娘却向会计多次询问。作为公司的会计人员,你该怎么回答呢?如果你如实相告,那么就是泄露公司机密,增大了公司破产的风险。如果你不说,她又会在老板面前说你坏话,让你难堪。这时候,你唯一能做的就是大智若愚,装傻充愣。回答说:“账目?什么账目啊?上次的欠款已经还上了。银行没有再追问。”

3. 不妨回答得模棱两可

有些问题特别难回答,不管怎样回答,都会让面试官感觉不满意。这时候就需要你聪明地跳出圈子，既表达对一方的支持，又表达对另一方的认可。这样，你谁都不会罪。这就是很多人所说的在职场混，要学的像泥鳅一样滑。

比如，有面试官问你，如果最高决策层董事长和总经理发生争执，你究竟该听谁的。这时候你就要说："谁正确，对公司有利我就听谁的。"这样，就把敏感的问题抛了出去。

很多年轻人在求职的时候，遭遇到面试官的刁难，问了很多敏感的问题，往往脑子不够灵敏，不能巧妙地绕道而行，而是硬着头皮撞上去。结果自然撞得头破血流。事实上，很多敏感问题，只要你仔细思考，一定能看到问题背后的玄机。有的是涉及人际关系，有的是涉及公司的利益等。只要你围绕公司利益的核心，把话说得巧妙一些，完全可以跳出敏感问题背后的语言陷阱。

表现淡定，灵活的语言助你成功

"表现淡定，灵活的语言助你成功"是说在面试的时候，不要紧张，心态要淡然一些，这样你的表达会出色得多，灵活得多，你给别人留下的印象也会好得多，你的工作机会自然就得到了。

有些年轻人特别渴望早日获得工作的机会，因而，得到面试的通知往往表现得很激动，尤其在面试当中，想方设法地让自己表现得更加优秀一些，可是往往越是想表现好，越是紧张和慌乱，本来准备好的话，一时半会儿也说不出来了，回答问题也结结巴巴。让面试官觉得他们的心理素质太差，难以担当重任。事实上，在面试的时候不妨表现得淡定一些，你的冷静会让你更加的自信，你的灵活语言会让你的形象大放光彩。那么，如何才能做到沉着淡定呢？

1. 对自己进行积极的心理暗示

在面试当中，很多面试者觉得机会难得，所以总是努力地让自己表现得足够出色。往往注意力越集中,内心越紧张,结果表现得越糟糕。在面试之前,要对自己进行积极的心理暗示,塑造自己强大的自信心,这样,你会非常冷静,表现得更加淡然,你的表达也会比之前出色得多。

比如,你在和面试官交谈的时候,如果发现心跳加快,那么不妨对自己说:我很优秀,我是最棒的。在这种心理暗示之下,你会信心大增,表现得自然很不错。

2. 放轻松,营造良好交流氛围

面试时,很多人觉得场合非常正式和严肃,所以神经也绷得很紧。不敢随便说话,也不敢随便开玩笑。这样,导致交谈的氛围非常紧张。这种紧张相应地会促使你心跳加快,冷汗直流。事实上,面试官也很难受。这时候,你不妨笑一笑,或者是向面试官轻松地问个好,或者随便说点什么,这样,交谈的氛围就会轻松很多,在这种轻松的氛围之下,你表达起来自然大方,面试官和你聊起来也会轻松很多。你获得工作的机会就会增大。

3. 不受小错误的负面影响

人在表达的时候,难免会犯小错误。某一个字发音不准确,某一句话逻辑上有些错误等。在犯了这些错误之后,很多人的注意力就会迅速地聚焦在这些小错误上,从而情不自禁地对自己进行了消极暗示,觉得自己会失败,这就是征兆。事实上,这时候千万不要被这些小问题所纠缠,只要你总体的表现很优秀,面试官自然也不会在小失误上对你有想法。

比如,你在面试的时候,把自己曾经工作过的公司名称说错了,恰好那个公司又非常的有名。你如果自责和内疚,那么接下来的表达你就会走神,还有可能出现更大的失误,而对你造成更加严重的影响。

很多年轻人在面试的时候,表现得非常紧张,本来巧舌如簧,但却瞬间变得拙口笨舌。给面试官留下了极其不好的印象。事实上,不是你不优秀,只是输在了心态上。你的拙劣表现是由你自己造成的。因此,在面试之前,要安慰自己,让自己淡然一些,你淡然了,你的表现就会优秀了。这样才有可能获得工作的机会。

面试最后的提问要重视

"面试最后的提问要重视"是说在面试结束之后,面试官要求面试者提问,面试者千万不要轻视这个提问,把问题提到关键部位,切中要害,从而给面试官留下良好的印象,以提升自己的竞争力。

在面试结束的时候,面试官往往会向面试者询问"还有什么问题吗?"很多时候,面试者都是摇摇头,或者说"没有",更有甚者随便找个问题搪塞。或许你觉得这不过是面试官想要结束面试的一句客套话而已。其实并非如此。在最后的这句提问中,往往面试官通过你提出的问题能够了解你的学习欲望和理解能力。可见,面试最后的这个提问非常重要。那么,究竟如何提问最后这个问题呢?

1. 抓住重点提问

在你和面试官的交谈中,谈到了很多的问题,面试官也问了你很多与你有关的信息,那么,作为平等交谈的另一方,你也要向面试方提问有关企业的问题,比如企业的资质,发展的前景等。当然在这些需要了解的问题中,你要抓住最重要的问题提问,因为你提问的机会可能只有一次。比如,你在最后提问的时候,切忌提出企业的发展等无关痛痒的问题,而是提出与你工作有关的问题。如工资待遇或者是否有保险等。

2. 问题要提到关键部位

在面试最后的提问当中,即使提对了问题,但是没有提到关键,那么你提的是一个没有水准的问题。因为你没有切中要害。

比如,你向对方提问,公司给办理保险吗?对方回答是肯定的。包括哪些险种?怎么办理的?你什么也没有问到。而且最后这个提问的机会往往只有一次。你提问了,结果跟没有提问是一样的。因此,在提问题的时候,一定要提到问题的关键部位。

3. 要注意问题的提问方法

即便是同一个问题，如果你提问的方式方法不对，那么对方的回答也会千差万别。因为你的问法不对，回答的侧重点也不一样。比如，你是饮料销售员，在顾客入座之后，你问："来杯饮料吗?"顾客可能会说："不需要"。如果你换种问法："你需要A饮料，还是B饮料呢?"顾客可能会选择其中之一。因此，在提问题的时候，要多注意问题的提法，才能更好地把问题提得恰到好处。

很多人觉得面试中表现得很优秀，所以对面试结束后的提问不屑一顾。觉得没有必要，而实际上，在面试官的眼里，你的面试并没有结束，最后的提问也是其中重要的一项。对于这一点，一定要引起面试者足够的重视，千万不要轻视最后的提问而给面试官留下不好的印象，错失了机会。当然提问题也要提得有水准，提出的问题让面试官感到棘手，才算好问题。否则，提了很多没有水平的问题还不如不提。

教你将语言陷阱变成语言天梯

"教你将语言陷阱变成语言天梯"是说在面试当中，面对面试官设置的语言陷阱，积极地动脑筋，把陷阱当做天梯，在回答问题的时候，抓住机会表现自己，从而为自己赢得更多的机遇。

在面试当中，很多时候，面试官会设置一些语言陷阱，通过面试者的回答来了解他们潜意识里对工作以及对公司的态度。如果面试者稍不注意，话说得不合适，让面试官产生不好的感觉，势必会影响你的面试效果。但是，任何事情都有两面性，如果你能洞悉面试官的心理，就会在面对语言陷阱的时候，回答得恰到好处，而且还可以借着这个机会表达你的决心，给面试官留下好印象，让语言陷阱变成语言的天梯。那么，究竟如何做到这一点呢?

1. 弄明白面试官的真实意图

面试官既然想要提问，一定是想要从你的回答中知道你的想法和抉择。

由于是一些语言陷阱的问题，如果回答得不够巧妙，面试官势必会给你贴上标签。在回答问题之前，要多动动脑筋，弄明白面试官为什么要问这个问题，他们想要了解什么。等你想明白了这些之后，自然知道该怎么回答了。

比如，面试官问应聘者：在悬崖边有三叠钱，一叠两万，一叠五万，一叠八万。钱数越多，越危险。如果要你拿，你将会拿哪一叠。如果你应聘销售，一定要回答拿八万的那叠，如果你是会计，则要回答一叠都不拿。原因不言而喻。

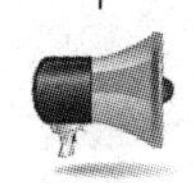

2. 借着问题表现你的优势所在

很大程度上，面试官给你出难题，给你设置语言陷阱，往往是想考查你处理问题的能力。这时候你要想清楚你的优势在哪里，然后用你的优势巧妙地回答问题。这样，既回答了问题，又将自己的优势表现了出来，从而给面试官留下深刻的印象。

比如，面试官问：如果经理不在，客户来找麻烦，作为员工，该如何去应对，如果你的优势在于口才好，善于表达，那么就要说，尽自己最大的优势，分析利弊，让客户心平气和、心满意足地离开。如果你的气场足够的强，那么就要冒充领导，以强大的气场控制客户，让客户知难而退等。

3. 回答问题的时候及时表忠心

你去参加面试，无非想要进入公司，获得工作的机会。而面试官给你设置语言陷阱，自然是想检验你对公司是否忠诚，对工作是否尽心。所以，在回答问题的时候，不妨及时地向面试官表忠心，让他们觉得录用你是安全的。

比如，你作为一名会计，无意中发现公司的账目少了一笔资金，你要告诉面试官，你会及时地汇报给老总，而且想办法尽快地查清楚这笔资金的走向。同时，你还要说一些客套话，如公司就是我的家，维护公司的利益不受损失，是每个员工的职责所在等。

很多人在面试的时候，遇到面试官设置的语言陷阱，往往觉得非常难回答。事实上，面试官不会毫无目的为你设置这些语言陷阱的。任何事情都具有两面性，同样，如果你把语言陷阱当做机遇，那么，在回答问题的时候就能变被动为主动，把语言陷阱变成表现自己的机会，从而使自己脱颖而出，给面试官留下好印象，积极地增加自身的竞争力，为自己赢得工作机会。

推荐自己有技巧

“推荐自己有技巧”是说在面试中推荐自己的时候，要注意一些基本的方法和技巧，从而给面试官留下深刻的印象，增大自己被面试官认可的概率。

毛遂自荐的故事想必大家都不陌生。在面试的关键时候，如果你能及时地站出来推荐自己，这在很大程度上便增加了被选中的概率。对于面试官来说，在众多的面试者中间挑选出一个合适者也不是一件轻松的事情，如果你足够的优秀，对于他们来说，也省去了不少的力气。但是，同样是推荐自己，有的人的自荐能很快得到面试官的青睐，而有的人的自荐却遭到面试官冷遇。那么，究竟如何推荐自己才能得到面试官的认可呢?

1. 要适当对面试官进行恭维

任何人都喜欢被夸奖。同样，面试官也不例外，在你站出来推荐自己的时候，除了表达你的歉意之外，还要适当地对面试官进行恭维，让面试官内心愉悦，对你充满好的期待。

比如，你在自荐之前，要说:“感谢面试官给我这个机会，你们日理万机，真是太辛苦了，注意休息，多保重身体。”你的关心和恭维及时地传达到了面试官的耳朵里，温暖了他们的心，他们自然也会对你有更多好感。

2. 着重在你的优势上费口舌

在自荐的时候，不能盲目地说，否则你就是浪费时间，自取其辱。自荐之前，要弄明白面试官录用员工关注点在哪里? 然后弄明白自己有没有这方面的优势。如果有，那么就要勇敢地站出来，向面试官推荐自己。当然，重点要放在你的优势上，让面试官切实地认可你的优势。这样，你的机会就会大大的增加。

比如，你的写作能力很强，而面试官在面试秘书的时候，对写作的要求很高。那么你不妨站出来推荐自己，把自己曾经发表的作品拿给面试官看，还要适当地临场表现。如果你真的很优秀，面试官自然会对你青睐有加。

3. 介绍自己的时候要有特色

很多人在介绍自己的时候，往往很平淡，即使在你自荐结束之后，面试官依然不知道你叫什么名字，多大年龄。这样的自荐就很失败，即使你真得很优秀，面试官想要录用你，可是却找不到你，也叫不上你的名字，对你来说就没有任何的意义。因而，在介绍自己的时候，不妨介绍得有特色一些，加深面试官的印象。比如，你在介绍自己的姓名的时候，不妨说："我叫杨帆，杨是杨家将的杨，帆是一帆风顺的帆。"这样，就会让面试官轻松地记住了你。

近几年大学毕业生找工作非常困难，只要一有机会，不管是否适合自己，都盲目地到处推荐自己，结果不但没有把自己推荐出去，还被别人耻笑和羞辱。之所以如此，是因为他们没有认清楚自己，没有找到自己的优势所在。事实上，这是推荐自己的前提和基础。你自己不优秀，还怎么让别人认可和肯定你呢？找工作时，不是越好的工作就是最好的工作，只有适合你的工作才是最好的。这一点，年轻人一定要认识清楚。

适当应对面试官不合理的说法

"适当应对面试官不合理的说法"是说在面试的时候，要用适当的方式来表达对面试官的不合理行为和言语的伤害，以达到最大限度地维护自己，从而提高自身的竞争力，获得更大的机会。

很多人在面试的时候，总是把自己的位置摆得很低，面试官即使说错了也不敢辩驳。而正是这种卑微，让很多人在面试官面前黯然失色。一个不敢坚持真理，坚持原则的人怎么可能成为一个优秀的员工呢？事实上，也是如此。这就要求我们在面试当中，勇敢地为自己对面试官的不合理的做法和说法作出辩解，在维护你的尊敬的同时，也要把你敢作敢为的勇气表现出

来，事实上，这也是成为一名好员工的基本前提。

1. 辩解之词要说得言之有理

在面试当中，如果面试官的做法和说法有不合理的地方，作为面试者要勇敢地站出来捍卫自己的尊严和人格以及利益。当然，你所说的辩解之词一定要言之有理，让面试官理屈词穷。如果你只是义愤填膺，而又说不出什么道理来，那么面试官便觉得你无理取闹，继而有可能把你逐出面试现场。

比如，面试官在面试当中，因为你是女孩，在言语上有轻视你的意思，这时候你要站出来以“男女平等”为理由，反驳他。

2. 辩解时要展现出义正词严

有的面试者总觉得面试官决定着自己的求职命运，所以即使他们的所作所为有悖常理，也不敢站出来辩解，即使有的人忍不下去，站出来辩解，也是卑躬屈膝，努力讨好面试官，将辩解变成了乞求。事实上，这样已经失去了辩解的意义。要知道，是别人在伤害你，辩解的时候要抬头挺胸，义正词严，只有这样才能让面试官认识到错误。

3. 辩解的时候别忘了表达尊敬

很多面试者一味地表达自己的不满情绪，却忘了言语上最基本的尊敬，结果面试官一反驳，站在了理的一方，自己反而成了无理取闹的一方，这样就完全被动了。因此，在和面试官辩解的时候，一定要注意你的言辞，尽管你在表达不满，但是也要把你的尊敬表达出来。这样，即使面试官不高兴，也不好意思对你发火。

比如，你在和面试官辩解的时候，要先鞠躬，然后说：“尊敬的面试官先生，我不同意你刚才的说法……”这样，你们之间的争辩也仅仅是对事不对人。即使辩解有误，面试官也不会因此而对你有偏见。

很多人仗着自己年轻气盛，在面试中遇到不合理的待遇时，往往火冒三丈，将辩解变成了争吵。结果失去了机会。事实上，完全没有必要这样。俗话说：有理不在声高。你要表达你的不满，完全可以心平气和地表达出来，让别人意识到你的利益受到了伤害，你很不满，希望他能尊重你。而你在表达不满的时候，如果掺杂了激动的情绪，事情的性质就发生了变化。

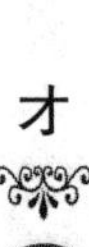

能让面试官点头的好口才

“能让面试官点头的好口才”是说在面试当中，通过语言表达，用三寸不烂之舌，对面试官进行说服，让面试官顺着你的思维认可你、欣赏你，继而为自己赢得更好的工作机会。

在职场中，很多面试者本身的条件并不符合招聘方的要求，可是他们依然前去参加面试，而且凭借着三寸不烂之舌，说的面试官频频点头，从而从众多的面试者中脱颖而出。他们之所以能获得工作的机会，是因为凭借着优秀的口才把自己的劣势说成是优势，从而获得了面试官的肯定和欣赏。那么，究竟如何才能做到这一点呢？

1. 找到面试官的要害之所在

生活中的每个人说话都不是绝对的严谨，只要你认真仔细地揣摩，都能找到对方的语言漏洞。同样，在面试的时候，面试官所说的话也有漏洞所在。如果你能找到要害之所在，然后出言反驳，往往会让面试官哑口无言。

比如，某企业招聘一位秘书，面试官当场宣布，所有面试者必须具有英语四级证。如果你没有四级证，而又想应聘，不妨对面试官说：“当秘书为什么要有四级证？难道证书能处理公司事务吗？”事实上，公司要的是有一定外语能力的人，那么，你再问一句：“有四级证外语能力一定好吗？”这样，面试官自然作不出肯定的回答了。

2. 善于应用语言的逻辑关系

世界上没有任何绝对的事情，同样，面试官说话也是有一定的前提的，只是他自认为大家都知道，所以不用再去强调。如果你想说服面试官，不妨在语言的逻辑关系上做文章，从而获得面试官的认可。

比如，在面试现场，面试官要求面试者必须具有本科的学历，你不符合这个要求，而又想参加这个面试，这时候你就要对面试官说：“本科学历就要求是高素质吗？”然后再追着问：“高素质就一定是本科学历的人吗？”这样，颠倒几次逻辑关系，面试官就被搞糊涂了，自然就没话说了。

3. 表达时不妨强势一些

要想让别人顺从你，听从你的意见和建议。那么，就要在言语表达上强势一些。质问别人的时候要连连质问，不要给对方思考的时间，往往很多人经不住你的言语攻击而哑口无言。同样，在面对面试官的时候，不妨抓住机会，连续质问，让面试官反应不过来，进而顺从和应允你。当然，在质问的同时，一定要注意言辞，不要让面试官觉得受到了羞辱。

很多人在面对面试官的时候，往往不敢说话，这样，只能听凭面试官的处理。事实上，你完全可以变被动为主动，用你的良好口才赢得面试官的欣赏和认可。当然这不仅需要在表达方式上做文章，还需要掌握一些基本的语言技巧。把每一句话说到面试官的心里去，让他们不得不认可你。对于年轻人来说，除了掌握以上的方法和技巧之外，还需要平日在职场上多总结和积累相关的经验和教训。

第13章

同事密语:会说话的人受人喜欢

身在职场,和同事打交道是避免不了的事情。但是,有的人却能在职场左右逢源,人际关系处理得非常好,而有的人却处处受人排挤,人际关系非常糟糕。为什么同样身在职场,有的人能善结人缘,而有的人却举步艰难呢?究其原因是前者口吐莲花,能很好地和同事进行交流和沟通,而后者对待同事则恶语相加,无法和同事进行正常的交流。可见,会说话能换来好人缘。那么,身在职场,如何用说话换来人缘,在这一章,我们将为你详细地解答。

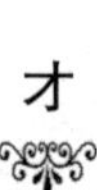

把话说进同事的心里

“把话说进同事的心坎上”是说在职场，与同事相处的时候，多说赞美的话，多理解同事，不要和同事作无谓的争辩，把话说到同事的心坎里，进而赢得同事的友善，换来和谐的人际关系。

在职场里，同事之间由于存在着利益争夺，所以人际关系比较复杂。有些年轻人刚刚步入职场，不懂得圆滑世故，结果同事关系处得一团糟，要么屡受伤害，苦不堪言，要么四面楚歌，孤立无援。事实上，这一切都源于你不会说话，一切是非源于口舌。一句话说得不合适，往往会得罪同事，从而为难于你。因此，和同事说话的时候，一定要多加注意，要把话说到他们的心坎上，说到他们的心窝里，用你的良好口才赢得好人缘。那么，究竟如何才能把话说到同事的心窝里呢？

1. 不妨多表达你的赞美之情

通常情况下，我们都喜欢听赞美的话，因为赞美意味着得到了别人的肯定和欣赏。别人欣赏你，向你传达的是友善，这样，你也会对别人表示友善。同样，在同事之间，如果能多表达你对别人的赞美之情，则能迅速地拉近和对方的心灵距离，你也能获得更多的朋友。

比如，你第一天到公司报到，同事们和你不熟，让你感觉很难受，这时候，你不妨主动去赞美身边的人，赞美他们会穿着打扮，赞美他们工作非常认真等，这样，你很快就能和同事人打成一片。

2. 站在同事的立场表达理解

工作中，往往每个人所站的立场不同，所以对问题的认识也不尽相同。这样，难免会产生隔膜和摩擦。当你和同事产生意见分歧的时候，不妨站在同事的立场上，表达你的理解，这样会温暖同事的心，进而和他们搞好关系。

比如，你是一名销售人员，客户要发货，可是库房却百般阻挠，让你非常的生气。这时候你不妨说：“我知道你们很辛苦，工资又不高，所以工作的时候难免有情绪。我们都是打工讨生活，谁也不容易，你又何苦为难我呢?”这样，库房的工作人员觉得你理解他们的苦衷而感到温暖，自然会给你行方便。

3. 不要和同事做过多的争辩

很多事情没有绝对的对和错。你觉得你是对的，别人觉得自己也是对的。所以，在工作中与同事产生矛盾之后，千万不要和对方做过多的争辩。即使你压倒了对方，别人也不会对你心服口服，你的人际关系不但没有得到好转，还会因此而恶化。这时候，不妨求同存异，换来彼此之间的和解。少一分阻挠就是多一分帮助。

比如，在业务问题上，你坚持多进行电话沟通，然后在合适的时间上门拜访，可是同事却坚持要多上门拜访才能做好业务。争辩下去没有任何的意义，这时候你要做的就是息事宁人，和对方和解。说不定在工作中你们还会互相帮助。

很多职场新人总是觉得同事之间的关系非常难处。因而在办公室里很少跟同事去交流，也很难和同事做朋友，结果由于得不到别人及时的帮助，尽管你很努力，工作表现仍是相当平平。事实上，这种想法和看法是错误的。同事也是人，也需要彼此之间的情感，需要彼此之间的合作，只要你在说话的时候，把话说到同事的心窝里，同事也能成为你很好的朋友。你周围的人际关系就会健康很多。

你是如何和同事打招呼的

“你是如何和同事打招呼的”是说在同事交往的时候，要注意一些表达，学会跟同事打招呼，从而传递你的友善，和同事之间建立和谐的关系，为你的工作营造良好的人脉和环境。

生活中，打招呼是彼此沟通和交流的开始。同样，在职场里，每天都要和同事见面，同他们打好招呼往往是获得好人缘的前提。可是，同样是打招呼，有些人满腔热情却遭到了别人冷脸相待，而有些人不过是点头微笑，却能获得别人的友善。这究竟是怎么一回事呢？原因很简单，前者尽管很热情，但是却不懂得如何正确地表达，而后者仅仅是点头微笑，却传递了真诚的问候。可见，同事之间打招呼也有一定的学问。那么，究竟如何同同事打招呼才能获得他们的友善呢？

1. 多注意对同事们的称呼

同事之间由于年龄有差别，以及来公司时间的早晚也不同，因此，打招呼的时候一定要注意称呼。你的称呼不合适，就会引起对方的反感。

比如，见到年龄比你大的人，要多称呼“哥”和“姐”，打招呼的时候，多说“张哥早”或者“王姐早”。这样别人受到了尊重，自然会很高兴，如果你称呼比你年长的老员工为“小刘”“小马”，别人觉得你看不起他们，不给你好脸色也是正常的事情。除此之外，在称呼领导的时候，一定要带上他们的职位，如“王主管”“张经理”，这样会让对方觉得有优越感。

2. 表达要注意场合和身份

有些场合打招呼可以随便一些，但是有些场合就需要正式一些，而且对于不同的人，打招呼也要有所区别。如果你不分场合，随心所欲地向别人打招呼，那么被别人冷眼相待也就再正常不过了。

比如，上班的时候，你刚好看到经理在批评王姐，你却走上前大声说：王姐，早上好。承想王姐能给你笑脸吗？你和公司的刘总关系非常好，私底下你叫刘总为“老刘”，可是在别的员工面前，你如果再叫老刘，刘总肯定不会高兴的。

3. 嘴巴甜一些，多问候人

有些人在公司里见了同事，满脸堆笑，热情打招呼，可是在公司以外的地方再碰到他们，便当做陌生人一样，擦肩而过。这样，你的同事知道你在逢场作戏，自然也不会给你好脸色看。不管是在公司里还是在公司外，遇到同事都要嘴巴甜一些，多问候人。不要觉得你是在浪费表情，你不经意的一个问候往往会赢得同事们的好感，你周围的人际关系也会随之变得和谐了。

很多人觉得同事之间就是简单的协作关系，没有必要浪费感情去刻意地讨好他们,因而打招呼的时候总是敷衍一下。通常人与人之间的交流都是互相的。你对别人敷衍,别人也会敷衍你,你表达你的热情,别人也会热情相待。从这个角度上看,善待别人就是善待自己。所以,要学会跟同事打招呼,用你的热情换回别人的友善,慢慢地,你就会拥有很好的人缘,工作上也会得到更多人的帮助。

同事关系要用人情话来维系

“同事关系要用人情话来维系”是说在职场里与同事相处的时候,要适当地说一些温暖同事心的话,和同事建立友善和谐的关系,从而赢得好人缘,为你的工作带来最大限度的便利。

很多人觉得同事之间更多的是利益合作,所以没有多少真情实意。事实上并非如此,生活中的很多朋友都是曾经工作过同事。即便真的只有利益,那也要用人情话来维系,因为你要想在公司里继续待下去,要想把工作做好,离不开同事的帮助和协作。同事也是人,也有情感的需求。那么,如何用人情话来维系同事之间的关系呢?

1. 多表达对同事的关心和问候

尽管在公司每天都见面,但是未必有时间聊天和沟通,因此,在平时见到同事时,抓紧时间,多表达你的关心和问候,以温暖同事的心。

比如,你见了公司的刘姐,不妨问:“你好,刘姐,最近怎么样啊?你儿子考上大学了吗?你妈妈的病好点了吗?”尽管只是几句简单的问候,但是却让同事感觉非常温暖。你对别人好,别人自然也会对你好。

2. 要记得及时为同事送出祝福

在你的同事遇到喜事,或者是逢年过节的时候,要及时地把你的祝福送出去。这样,让同事感觉你是他们身边给予他们温暖的人。当然,如果不方便上门拜访或者现场表达,不妨打个电话,发个短信。

比如,有同事要结婚了,如果对方邀请你参加婚礼,你一定要去,并且把祝福的话带给他。如果不方便去,也要打电话祝福他。过年过节,都不忘给同事拜个年,不方便的话也要打电话。这样,你在同事的生活中不知不觉扮演着朋友的角色。在工作中,同事自然也会给予你帮助。

3. 在适当的时候表达你的真情

在工作中,同事之间互相帮助,但是在生活中,同事之间却很少联系。这样,即便对方不会在工作上设置障碍,但是也不会给予你太多的帮助。在适当的时候,请同事吃个饭,适当地表达出你的真情。当你的同事觉得你把他当一回事的时候,他们也会把你当一回事。

比如,你是一名销售员,需要司机的大力配合,适当的时候邀请司机去吃饭,拉近和司机之间的距离。这样,司机在工作中便会真心实意地帮助你。这对你的工作来说帮助很大。

很多年轻人把握不好和同事之间交往的度,往往把同事当作朋友一样,可是当和同事发生利益冲突,被同事出卖了之后,又常常懊悔不已。尽管同事有可能成为你的朋友,但是他们毕竟不是你的朋友,所以在和同事相处和交往的时候,一定要掌握好感情投资的度,适当地用一些人情话来维系和同事之间的友好关系。但是不要随便掏心窝子,以免成为利益的牺牲品。

是非只能听,不能说

"是非只能听,不能说"是说在职场中,面对身边的是是非非,你可以从耳朵里入,但是千万不要从嘴巴里出,避免因为你的一句不合适的话,而给你的人际关系带来灾难性的毁灭。

有人的地方就会有是非。同样,办公室里也是个容易滋生是非的地方。很多同事闲暇之余便会在一起聊天,家长里短,是是非非总要说上一番。或许你只是无意间说了两句,可是很快,你所说的话就会迅速地传到当事人的耳朵里,期间,再加上别有用心者的挑拨离间,一场有关是非的争吵也就在所难免了。可见,在办公室里,是非只能听,不能随便说,否则,你就会惹上意想不到的麻烦。那么,如何避免卷入是非之中呢?

1. 不要随便去评价身边的人或者事

通常,我们都会以我们自己的标准去衡量他人的言语和行为。如果觉得别人的言语和行为不符合自己的衡量标准,便会作出"好"或者"不好"的评价。同样,同事之间也是如此,总是聚在一起说这个的不好,说那个的不是,你一不小心就会被别人抓住小辫子,从而给自己带来不必要的麻烦。

比如,小李和同事们在聊天的时候发泄了对经理的一些不满,她也就随便说了两句。两个月后,小李在竞选主管的时候,突然被淘汰出局,后来才知道把她曾背地里说经理的坏话传到了经理的耳朵里。

2. 要学会远离是非之地、是非之人

在办公室里总有一些人喜欢说别人的闲话,对于这些人,要与他们保持一定的距离。否则会殃及池鱼。如果你与他们走得太近,别人想当然地以为你也在说闲话,如果找不到是非之人的麻烦,就会找你的麻烦。这时候,你是无论如何也说不清楚的。要学会远离是非之人,远离是非之地。

比如,同事小宇最近离婚了,据说是因为老公有了外遇。同事们便闲话连篇,尤其是一个叫小红的女孩,到处传播闲话,而公司的明明跟小红关系很好。后来,小宇进行了报复,由于小红非常泼辣,不好惹,最终明明成了替罪羊。

3. 别人找你说是非时要学会敷衍人

生活中,总有一些人会主动找你说闲话。这时候,千万不要随便发言,而要学会敷衍他们。同样,在公司里,如果有同事主动找你说闲话,也要学会敷衍他们。比如,有人找你说话,没说几句,就开始指责小王不应该那样说话,小李穿的衣服很难看等。这时候你不妨三缄其口,不要说话,当对方问你:"你觉得怎么样?"或者:"你难道不觉得吗?"你只要看着他笑一笑就行,或者说"挺好的""挺不错的"。这样就成功地敷衍了别人。

很多身在职场的年轻人不懂得职场的生存之道,往往在不经意间卷入了各种是非之中,从而为自己树立了很多的敌人,严重地影响了工作。事实上,只要你多注意一些,完全有可能避开是非,避免成为别人攻击的焦点,你的人际关系也不会变得那么紧张。所以，对于身在职场的年轻人来说，平日里的言谈举止一定要多注意，不要给别人留下话柄，也不要随便说人是非。

怎样在同事间接话题

“怎样在同事间接话题”是说在同事之间交流和沟通的时候，要多注意别人的语言情感的表达，不要和别人在表达上产生摩擦，努力营建良好的人际关系。

同事之间沟通和交流是在所难免的事情，可是有些人能和同事相处得非常好，沟通和交流非常顺利，而有些人却和同事沟通不来，只要一说话，便要和别人发生争吵，甚至势不两立，常常我们把这说成是性格不合，或者是不搭调，事实上并非完全是，还有一个重要的原因，那就是不会在同事们之间接话题，一张嘴便引起别人的反感。可见，要想和同事搞好关系，就要学会在同事之间接话题。那么，在同事之间究竟该如何接话题呢？

1. 不要随便否定别人

任何人都不希望自己被别人否定。同样，在职场中，同事们也不希望被人否定。所以，在接话题的时候，不要随便否定别人，即使对方的观点和说法你不是很同意，也要适度地表达出你的赞赏。这样，无疑把你和别人拉到了一条战线上，是战友关系，而不是敌对关系。

比如，在公司会议上，同事对于公司的管理提出了意见，轮到你提意见的时候，要表示同事的意见在一定程度上很合理，能给公司的管理带来实质性的帮助，然后再谈出自己的想法。

2. 多找和别人的共同点

任何人之间都有相似的东西，同样，在你和同事之间，也有很多相似点。因此，在接同事的话题的时候，不妨多找找你们的共同点。

比如，同事所说的是想表达要爱护公司的财物，而你发言的主题是节省公司的财政开支。表面上看两个话题没有什么关联，实质上，只要你细心想想，就会发现，你和别人之间有着很大的相似之处。如果不爱护公司的财物，势必会增大公司的财政开支。那么，在接话题的时候，要学会从同事的话题上跳跃到你的话题上，以得到同事的共鸣。

3. 学会在语言上“和稀泥”

有些时候，同事之间语言表达不合适，势必会引起彼此之间的矛盾和摩擦。这就需要你在接同事的话时学会“和稀泥”。把话说得含蓄一些，说得“糊涂”一些，从而淡化你和同事之间的明显分歧，而不至于和别人产生心理对抗。

比如，同事在总结工作的时候，对自己上个月的表现很不满意，而你却想要表达你对自己上个月的表现很满意。尽管你和同事的能力差不多，业绩差不多，但是如果你这么说，势必会显得同事能力很低。这时候，你不妨用“非常满意”“表现还行”淡化语言的感情色彩，“和好稀泥”，避免让同事产生尴尬。

和同事聊天的时候，彼此接话是在所难免的，可是在接同事话的时候，往往很多人不注意别人的表达，一句话说得不合适，让同事对你产生想法，引起了矛盾和误会。事实上，大家在一起聊天，说明彼此之间还有共同语言，只是每个人的看法想法以及感受不一样，很多时候，会产生相左和抵触，你在接话的时候，要多注意别人说过的话，注意语言的表达，不要轻易和别人发生对抗。这样，你的人缘慢慢就会好了。

职场新人乖一点，小心祸从口出

“职场新人乖一点，小心祸从口出”是说刚来的新人要学会保持低调，三缄其口，尽量少说话，避免因为说错话而给自己带来不必要的麻烦。

通常，我们到陌生的地方，往往觉得很拘谨，说话和做事都有所顾忌，以免引起别人的不满而遭到排挤。同样，在职场上，新人也要乖巧一些，沉默一些，避免因为说错话，引来不必要的麻烦。对于老员工来说，即使说错话了，大家之间关系很熟，自然不会计较。但是对于新人来说，就完全不一样了。俗话说：“强龙不压地头蛇。”即使你很优秀，气场很强，也要适当地保持低调一些，不要乱说话，以免引起老员工的反感和抵触，否则，你根本没有办法待下去。那么，职场新人如何保持低调呢？

1. 不要随便发表意见

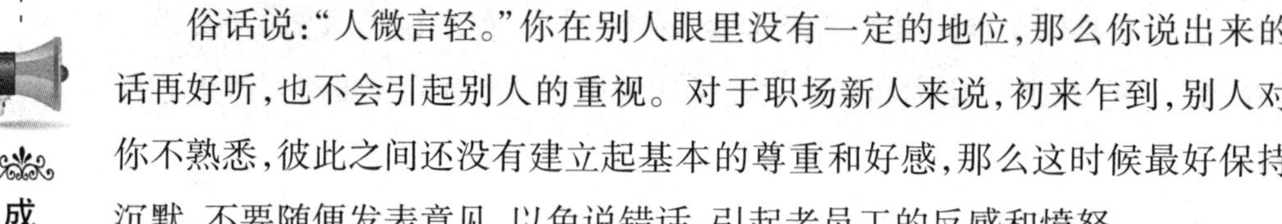

俗话说：“人微言轻。”你在别人眼里没有一定的地位，那么你说出来的话再好听，也不会引起别人的重视。对于职场新人来说，初来乍到，别人对你不熟悉，彼此之间还没有建立起基本的尊重和好感，那么这时候最好保持沉默，不要随便发表意见，以免说错话，引起老员工的反感和愤怒。

2. 不要和老员工争辩

有些人非常恪守原则，只要发现别人错了，一定要指出来，要和别人进行一番争辩。对于职场新人来说，这是最忌讳的，你初来乍到，最好不要与别人进行争辩。如果你一味地恪守原则，则很有可能遭到老员工的排挤。

很多年轻人觉得自己能力强，看不起公司里的老员工，刚到公司便到处张扬，结果遭到老员工的挤兑，最终失去了施展才华的机会，被迫离开。可见，对于职场新人，在你还没有正式地被大家接受之前，一定要学乖一些，低调一些，不要随便说话，避免因为你的不当言辞而引起别人的反感和抵触，给你的职业生涯设置障碍。

从言谈中发现对你有帮助的贵人

“从言谈中发现对你有帮助的贵人”是说在职场中，别做只低头拉车，不抬头看路的老黄牛。在平日里，从和同事的言谈中发现对自己的发展有帮助的贵人，然后借梯登天，为你在职场的发展赢得更多的机会。

通常，我们都觉得要想在职场上有所作为，就要拼命地努力，让自己表现得足够出色，从而赢得晋升的机会。但是，我们不得不承认，有了人脉，往往可以缩短奋斗的时间，要想站得高，只有站在巨人的肩膀上。所以，在不断努力奋斗的同时，还要在平时的言谈中，发现那些对自己有帮助的贵人，然后想办法与他们结交，为自己的职业发展带来一定的帮助。那么，究竟如何从言谈中发现对你有用的贵人呢？

1. 明白自己需要什么

人要想获得自身的发展，就要对自己有个清晰的认识，你究竟需要什么？如果连这个都不清楚，你自然不会轻易发现对自己有用的贵人了。

比如，你在一家文化企业里做策划，上升的空间不是很大，要想取得发展，就要投资创业，或者是寻找更大的文化企业集团。因此，在平日里的言谈中，就要多留意谈话，敏感一些，从别人的言谈中捕捉到对自己的发展有帮助的信息，从而锁定这个人。

2. 仔细聆听别人的表达

要想从谈话中感受到对自己有发展的敏感信息，那么就要耐着性子，认真地倾听别人的表达。把对方所说的每一句话都在脑子里过一遍。如果对方表达不到位，你不妨去引导，从别人的表达中判断对方是否是你的贵人。

比如，你去参加经理的婚庆筵席，期间和很多企业家和社会名流相聚一堂，在和别人交谈的时候，就要多了解对方的事业、对方的人脉等，如果发现对自己发展有帮助，那么就要想办法结交。

3. 从别人的嘴里探知

在这个社会人，人的关系是一张网络，任何人不可能孤立地存在。要想了解对方是不是你的贵人，除了在和对方进行交谈的时候感知外，还要从对方身边的人嘴里去探知。他们往往能告诉你更加真实的信息。当然不能直接去向对方询问，要察言观色，多留意这些人的言谈举止。比如，你代表公司参加商务会议，要想知道别人是否是你的贵人，除了和他们本人交谈之外，还要多留意身边的秘书和随从。他们的谈话往往能给你带来有用的信息。

很多职场人士总想凭借自己的努力为自己赢得机会，可是同事中不如自己的人频频得到了晋升，而自己这头默默耕耘的老黄牛却常常被人遗

忘。这时候才感叹自己上面没人。事实上,人脉是自己缔结的,只要你用心一些,在平时的谈话中,多留意一些,你会发现很多对你有帮助的贵人,只要你结交他们,时间久了,你的人际关系也就广了,得到帮助也是迟早的事情。

第14章

对话上司：巧言巧语博得好印象

能和上司建立良性的沟通，是一个职场人生存发展的必备条件。如果你会说话，把话说得恰到好处，会给他们留下好印象。相反，如果你不会说话，给上司留下不好的印象，那么你很可能做一个默默无闻的奉献者了。那么，到底如何和上司沟通和交流才能给他留下好印象呢？如果你觉得迷茫和困惑，不妨看一看我们这一章的讲解。

你的反对怎么说才会成立

“你的反对怎么说才会成立”是说身在职场，向领导表达你的反对之意的时候，要注意说话的方式和方法，既要把你的反对之意表达出来，又充分地照顾到领导的面子，这样你的反对之意才能成立。

身处职场，作为下属的你，面对领导的不合理总是极度为难。如果表达反对之意，万一因此而得罪领导，势必会给你的职场生活带来不必要的麻烦。如果默不作声，不表达你的反对之意，你则会饱受委屈。如何让你的表达之意被领导所接受和认可，又不至于因此而驳领导的面子，是身为职场的你需要考虑的问题，那么究竟如何才能做到这一点呢？

1. 含蓄表达你的意见

在向领导表达你的反对意见的时候，要把你的含蓄充分地表达出来。事实上，这是在向领导示弱。一般情况下，领导都会尊重你的想法。

比如，下班的时候，领导突然要求你周末加班，这让你很不高兴，你在表达你的反对之意的时候要这样说：“领导，实在不好意思啊，我周末要去照顾生病住院的奶奶，所以……”领导听你说有事，自然会考虑取消加班的决定。

2. 有意见不妨私底下提

作为领导，在下属面前势必要维护尊严，如果你当着别人的面提反对意见，无疑让领导为难，如果接受你的反对意见，势必颜面无存，威严扫地，如果不接受，你又有情绪。这时候，领导一般拒绝你，尽管他很想接受你的反对意见。所以，提反对意见的时候不妨私底下提，维护领导的尊严。比如，领导安排你去接待客人，可你最近却在忙着结婚，与其当着同事拒绝领导，不如悄悄地溜进领导的办公室，把你的苦衷说出来，领导自然会特殊照顾你。

3. 找个合情合理的理由

对方是你的领导，要求你做事情也是应该的。尽管不合理，但是你拒绝的时候一定要找个合情合理的理由，这样无疑给自己，也是给领导找个台阶下。当然，你的理由一定要合情合理，要让领导相信你是真的不能答应他，而不是不愿意答应他。这样，即使被拒绝了，领导也会欣然接受的。

比如，领导要求每个员工都去参加拓展训练，你不想去，不妨这样对领导说："领导，我最近身体不舒服，我不想参加拓展训练了，可以吗？"当你不好意思低下头的时候，领导自然体谅你，不好意思再要求你了。

很多身在职场的年轻人，面对领导的不合理要求时，要么乖乖地听话，委曲求全，要么直言反对，动不动拍桌子走人。事实上，你完全没有必要这样，只要你在表达反对意见的时候注意方式方法，通常领导不会强迫你做你不想做的事情。千万不要觉得在领导面前就矮人一头，不敢说话，也不要觉得自己有学历，有才能就摆错位置。向领导提反对意见，既不能做"软柿子"，也不能做"刺头"，这样才能既维护了自己的权益不受伤害，又不至于伤害领导。

与上司的关系关键看你怎么交流

"与上司的关系关键看你怎么交流"是说在职场中，作为下属要想跟领导拉近关系，就要在说话上多下工夫，多尊敬上司，而且一定要怀着一颗真诚的心，给领导留下好印象，让领导记住你。

身在职场，很多人跟同事的关系处得很好，却始终跟上司无法拉近关系。事实上，不是他们不喜欢上司，而是因为他们和上司之间位置的不平等造就了不平等的心理。但是，要想在职场生存和发展，上司决定着你的一切，和他们搞不好关系，意味着你的职场生涯充满了危机。那么，究竟如何和上司拉近关系呢？

1. 言语间表达出你的尊敬

身在职场，在谈话的时候，言语间一定要表达出你对上司的尊敬。这样才能让上司对你产生好印象。只有得到上司的认可，才有可能和你进行交

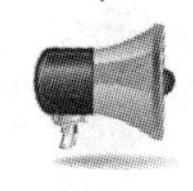

谈。交谈的机会多了,你和上司之间的关系自然就好了。

比如,你刚到销售部,和主管说话的时候,要表达自己对其的敬仰和渴望向其学习以及自己干好本职工作的决心,只有这样才能表达自己的真诚,你和主管的关系便在交流当中得到了加强。

2. 适当地表达出你的恭维

作为领导,心里或多或少都有一些摆官威的情绪,都喜欢被下属恭维。作为下属,你要明白领导的这种心理,在和领导相处的时候,适当地把你的恭维之语表达出来,满足领导的这种内心需求,这样,领导会更加关注你了。

3. 言谈要真诚,切记敷衍

有些领导喜欢和下属之间沟通和聊天,以便更多地了解下属的工作状态。有时候遇到难以抉择的事情,还会征求下属的意见。那么,作为下属,在和领导谈话时,言语一定要真诚,千万不要敷衍你的领导。你的真诚自然会换回领导的重视,如果你敷衍领导,领导自然不愿意和你多说话。

比如,领导询问你最近工作中有什么困难?你不妨找个问题来和领导交流,谈话的时间长了,你和领导的心理距离就会缩短。

很多身在职场的人缺乏和领导必要的交流和沟通,结果和领导的关系越来越远。当晋升的机会被别人得到了之后,当奖金被别人拿走了之后,又去抱怨领导不公平,又去说别人走后门了。事实上,你和领导几个月都不说一句话,领导怎么可能记得你呢?所以,要想在职场有所发展,就要和领导搞好关系,当然,关键在于平时你怎么和领导相处和沟通。只有你和领导搞好关系,你的职业生涯才会越来越顺利。

加薪问题让领导先开口

"加薪问题让领导先开口"是说在提加薪问题的时候,要学会通过暗示,巧妙地把你的意愿移植到领导的脑子里,让领导主动说出来,从而避免给领导留下不好的印象。

对于职场人士来说，在一个岗位上工作了好多年，工作能力越来越强，为单位创造的价值也越来越高，可是薪水却没有任何的提高。有的人不好意思开口提出加薪要求，而选择了自动离职，另谋高就，而有的人却直接向领导提，结果遭到了领导的批评。事实上，加薪也是为了维护自己的利益，并不是什么可耻的事情，关键在于你如何提。如果你先提，会让领导觉得你要求过多；如果让领导自己先提，那么你既满足了加薪的愿望，又处理了领导的情绪，可谓是良策。但是，如何让领导主动为你加薪呢？

1. 在领导面前说出你的付出

俗话说："一分辛苦，一分回报。"在一般人看来，你付出的多就应该多得。所以，如果你想让领导给你加薪，不妨在领导面前说出你的付出。让领导明白你为公司做了不少的贡献，应该在收入上得到补偿。比如，你认真仔细地完成了工作，在向领导汇报的时候，要多说说你的艰辛付出，多说说取得的成就大小。这样，领导自然明白你的良苦用心。在薪水上会有所增加，以作为对你的付出的回报。

2. 在领导面前表示想要跳槽

如果你足够的优秀，那么在领导面前不妨表现出你有跳槽的念头。对于企业来说，优秀员工是财富，如果流失了，势必会给企业带来巨大的损失。当你把故意流露出来的跳槽念头转移到领导的脑子里的时候，领导自然会想办法挽留你，当然，加薪也就是理所当然的事情了。

很多年轻人对加薪问题都不好意思表达，有的人默默无闻地工作着，等着领导的发现，结果没有等到任何的结果。有的人则直言不讳地向领导提出来，从而让领导觉得员工在要挟他，留下不好的印象，要么借故开除你，要么在工作当中为难你。事实上，如果你足够的聪明，千万不要任人宰割，也不要自己提出来，而要通过暗示和旁敲侧击，让领导主动提出给你加薪。

作决定是领导的事，你不要插手

“作决定是领导的事，你不要插手”是说在一些公司大事上，要多去征求领导的意见，让领导作出具体的选择和决定，从而让领导觉得你是个懂事的下属，对你产生好印象。

很多时候，公司大大小小的很多事情需要作为下属的你去处理，但是在遇到两难选择的时候，一定要及时地向领导请示，把选择的权利交给领导。千万不要自以为是地随便作决定。否则，你会莫名其妙地被领导批评，或者给领导留下不好的印象，对你的职业发展非常的不利。很多年轻人不懂得其中的道理，结果自己作了决定，最终失去了领导的重用和信任而后悔晚矣。那么，作为下属，如何做到不干涉领导作决定呢？

1. 遇事多征求领导的意见

平日里，工作中遇到困难时，要学会多征求领导的意见。这样，时间久了，你就会养成做一个好下属的习惯。在大事上多去征求领导意见，让领导拿主意。事实上，这样做，不但让你的领导受到了充分的尊重，而且避免了因为失误而承担的责任。

比如，公司派你去买车，现场你难以决定究竟是买便宜的，还是买质量好的，这时候不妨打电话向领导询问，领导说买啥就买啥。即使买得不好，领导也不会怪罪于你。

2. 千万不要教领导作决定

很多时候，作为下属的你明明知道该如何作决定，但是也要去征求领导的意见，很多人觉得这是多此一举，事实上并非如此。你要明白只有领导才有决定权，你是下属，你只有绝对地执行领导的决定。如果你在请示领导的时候，把你的意思强加给领导，那么很有可能会引起领导的反感。

比如，领导让你去和客户谈合作，客户提出了新的要求，要增加回款，你觉得能接受，但是在领导面前要装作没主意，让领导选择该怎么办。

3. 让领导作决定要有选择

一些年轻人懂得领导才有权作决定，所以总是不管大事小事都要去征求领导的意见，结果让领导极度反感，一样给他们留下不好的印象。因此，让领导来作决定的时候，一定要选那些重要的事情，鸡毛蒜皮的小事自己看着处理就行了。

比如，领导让你去谈客户，在去往客户公司的路上，可以做公交，可以打的。这时候你根据实际情况自己作决定。如果有公交，而且时间来得及，那么就乘公交，相反、就打的，如果你去请示领导，很有可能被领导臭骂一顿。

很多年轻人非常有能力，有主见，但在公司里却得不到重用。这让他们大为不解。事实上，之所以如此，是因为他们太有主见，总是爱自己拿主意，结果篡夺了领导的决定权，让领导大为不悦。可见，在一些重要的事情上，让领导作决定，你做好听话的下属就可以了。

向领导抱怨，你得动动脑

“向领导抱怨，你得动动脑”是说作为下属的你在向领导表达不满和抱怨的时候，要拿捏好领导的心理，学会转移嫁接，把话说得委婉隐晦一些，让领导听着舒服，既能达到你抱怨的目的，又能给领导留下好印象。

身在职场，对工作的环境不满意、对工资待遇不满意等都可能使得下属产生抱怨。但是，同样是表达不满情绪，有的人抱怨，让领导觉得他是诚心实意地为公司着想，不但不会受批评，还会给领导留下极好的印象。有的人却让领导觉得他嫌弃公司，嫌弃工作，而遭到领导的批评和责骂。究其原因，是因为前者抱怨的时候把话说得刚刚好，而后者抱怨的时候却不动脑筋，一味地表达情绪。可见，得到两种不同的结果也是理所当然的了。那么，在向领导抱怨的时候，如何表达才算合适呢？

1. 把抱怨的矛头对准自己

很多聪明的人在抱怨工资待遇低，工作环境恶劣的时候，往往选择把矛头对准自己，通过对自己的抱怨表达对公司的不满。这样，领导听了自然不好意思再让下属受委屈。

比如，公司领导安排你开车接客户，可是由于车破旧不堪，坏在了路上，让你非常的尴尬。你不妨回到公司，对老板说："今天倒霉透了，你说说我在学习驾照的时候也学了汽车维修呢，怎么今天就派不上用场了呢？"听上去是在抱怨自己没有学好汽车维修技术，实际上却在表达公司的汽车实在太破了。

2. 抱怨的时候对事不对人

当你的领导安排你去办事情，结果事情一波三折，而领导又处理得一团糟，让你这个下属吃尽了苦头。按理说，你对领导非常的不满，但是你在表达对他的抱怨的时候千万不要针对他，而要针对你们今天遇到的事情。

比如，你和领导一起去参加客户谈判，对于谈判地点，客户有意见，最后，费尽了口舌，客户终于被说通了，而经理又把客户晾了台，在晚上安排客户吃饭的时候，喝醉了酒，又骂了客户。在这种情况下，你抱怨的时候就要这样说："这叫什么事情啊，我这一整天的都在给人家装孙子，事情怎么就这么不顺利啊？"当然，经理明白，这个不顺利是因为他引起的。

3. 愤怒时也要注意言辞

往往人在愤怒的时候才会抱怨。但是，即使是抱怨，也要注意你的言辞，切不可因为情绪激动而得罪你的领导，否则，给领导留下不好的印象，势必会影响你职场的发展。

比如，你在同对方谈合作事项的时候，屡次打电话征求了经理的意见，最后经理决定提高商品的价钱。结果导致合作的失败，而你把这个消息告诉经理的时候，却遭到了经理的责骂。你在抱怨的时候，不要直接指责领导，而要这样说："我到底该怎么做才合适啊？这可真是件为难的事情。"你的质问往往让经理坐立不安。

很多年轻人往往脾气比较大。在遭到指责之后，当着领导的面，就开始不停的抱怨，结果让经理非常尴尬，因而给经理留下了不好的印象，在工作中或多或少地给自己设置了障碍。事实上，身在职场，抱怨是不可避免的。

但是在抱怨时，要动动脑子，学聪明一些，让你的抱怨之词能达到改变现状的目的，而不要变成带来麻烦的借口和由头。当然，这需要一定的技巧和方法。

与领导说话也可以很风趣

“与领导说话也可以很风趣”是说在跟领导交流的时候，要通过心理和语言上的风趣来营造和领导之间轻松愉快的谈话氛围，继而激发彼此交谈的兴趣，拉近和领导之间的心理距离，给领导留下好印象。

很多人觉得，领导是上司，和上司说话就要严肃，要认真。否则，是对领导的不尊重。话虽说得没错，可是领导也是人，和他们相处的时候，总是一副作报告的口吻，换成你，你也会反感透顶。可见，在跟领导沟通和交流的时候，不妨把话说得有趣一些，以拉近你们之间的距离，缓解交谈的气氛，事实上，这样更加有助于你和领导之间交谈的顺利进行。那么，和领导说话，怎样把话说得风趣些呢？

1. 讲一些生活中的有趣事情

由于你和领导之间身份地位等方面的不平等，因而，在交谈的时候，往往毕恭毕敬，小心谨慎，这样，反过来会增加领导的压力。要想和领导之间轻松沟通，那么不妨讲几个无伤大雅的笑话，缓解一下紧张气氛。

比如，你在和领导谈工作上的事情，觉得很累，不妨说：“我上周遇到一个特别可笑的事情，想起来就忍不住想笑。我见到了我初中时的数学老师，一激动竟然把老师喊成了妈妈。”领导听了，自然会变得放松。

2. 讲话随意一些，营造轻松氛围

在彼此交流的时候，你轻松一些，对方也会放松，你很紧张，对方会感觉到很紧张。在和领导沟通的时候，不妨把话讲得随意一些，营造轻松的氛围。当然，除了要保持微笑之外，还要把领导当成你生活上的朋友，表现出人的本性来。

比如,你在和领导沟通的时候,不妨拉拉家常,或者把你经历过的一些有趣的事在领导面前直接表达出来,这样领导觉得你很直接,但是一定以玩笑的形式说出来。

3. 不妨暴露缺点,调侃自己

每个人都有缺点,一般情况下,我们都不会和别人主动谈及自己的人性缺点。比如,贪吃、懒惰、爱占小便宜等。事实上,这些是每个人身上都有的特点。如果你把自己的这些缺点直接暴露在领导面前,那么你在领导面前便是真实的,而且领导也因为你的坦诚而和你拉近了距离。这样,你和领导就是生活中的朋友,而不是公司里的上下级。当然,如果在正式的场合,有其他同事在的时候,不要随便。否则会让领导觉得很没面子。

作为下属,在跟上司谈话的时候不是受批评,就是聆听领导安排工作上的事项。这种情况下,氛围会很严肃,所以,很多人觉得跟领导谈话就应该一本正经。事实上,这样只能让领导感觉你很呆板,你是个机器,而对你没有任何的印象。事实上,你是个有血有肉的人,因此,在跟领导谈话的时候,展现你的真性情,让领导因为你的真性情,而对你印象深刻。

上司的话不一定要照单全收

“上司的话不一定要照单全收”是说在听从领导的命令的时候,要拿捏和把握好上司的心思,听清领导每一句话的真实意图,然后分轻重缓急地去处理,把事情办得让领导满意,继而对你产生良好的印象。

很多下属觉得,领导的话就是命令,要严格地执行。结果不折不扣地执行了领导的命令,最终却遭到了领导的批评。原因很简单,领导也是人,他们的话你要有所取舍地听,关键时候还要灵活一些,不能生搬硬套。可见,领导的话不一定要照单全收,要先经过自己的思考,什么是必须执行的,什么是有所保留的,还有哪些是绝对不能顺着领导的意思去做的。这样,你才能算一个机灵懂事的下属。那么,究竟如何做到这一点呢?

1. 要听明白领导的话的虚实

有些时候，领导所说的话或许只是向你传达一种态度，或许是在生气的时候发泄一种情绪。如果你听不出什么是实话，什么是虚话，一味地照单全收，则会让领导觉得你不开窍，很木讷，从而给他们留下不好的印象。

比如，领导把奖金发给了你，引起了同事的不满，于是领导说话了：我这个月没有发奖金啊？谁多发了钱给我返回来。事实上，领导说这话只是为了安抚同事们的情绪，说的是面子上的话，如果你真的返回去了，领导不笑话你愚笨才怪呢！

2. 对于不重要的事要先斩后奏

很多事情，领导吩咐你去认真的做，可是并没有要求你一定要按着他要求的去做。在执行的过程中，如果你觉得领导的想法和说法有问题，或者并不是最好的。那么，不妨丢掉领导的话，先按照自己的意愿把事情做了再说。即使领导知道了，顶多问问，也不会深究。

比如，领导不允许员工随便请假，但是你这天刚好帮客户办点事，于是就没有去公司上班。第二天，你再给领导补张假条。即使领导再不愿意，你为了公司请假的事实已经发生了，再深究也没有多大的意思，自然就不了了之了。

3. 在所交代事的尺度上做文章

很多下属非常的聪明，特别会揣摩领导的心思。有时候领导交代一定要把事情做好。那么无非告诉他们去做这件事情就可以。至于做到什么程度没有硬性要求。因为把事情做“好”，这个“好”只是一个概念，却没有具体的标准。这样，就给你留下了富有弹性的空间。即使你做不好，领导也没什么可说的，因为对你来说已经是好了。只能说明你的标准低，而不能说你没有尽力。

比如，领导要你花点心思作个项目策划，结果你因有事耽误了，临时作了一个应付了事，领导很不满意，但是却哑口无言，不能说不好，只能告诉你要做得再好一些。

作为下属，习惯把领导的话当作圣旨一样，不折不扣地去执行，结果却

没有揣摩好领导的心思，在事情上过于纠结，让领导很不满意。很多时候，领导说的话并不是他的真实意图，或者只是为了在下属面前树立官威，或者只是表明自己的一种态度而已。要想把事情办得让领导心满意足，那么就要学会揣摩领导的心思，千万不要领导怎么说，你就怎么做，否则让领导感觉你是个愣头愣脑的傻瓜就不好了。

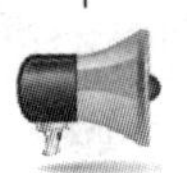

跟领导不开过分的玩笑

“跟领导不开过分的玩笑”是说在跟领导相处的时候，要多揣摩领导的心思，照顾领导的感情，关于一些忌讳不要随便开玩笑，以免给领导留下不好的印象，给自己带来不必要的麻烦。

很多下属和领导的关系非常的好，所以平日里总是随意开玩笑，互相调侃。当然这并没有什么不好，而且还有助于促进领导和下属之间的沟通和交流。可是，有些时候，你随便开了个玩笑，领导突然脸色大变，让你丈二和尚摸不着头脑。事实上，不是领导善变，而是因为和领导之间开玩笑也要有所取舍，有些玩笑可以开，但是有些玩笑不适合随便开。你不懂这些，引起领导的不悦也就是在所难免的了。那么，跟领导沟通和交流的时候，究竟哪些玩笑不能随便开呢？

1. 领导的忌讳千万不能拿来开玩笑

俗话说：矮子面前别说短话。说的是任何人都有忌讳，一旦提到别人的忌讳，势必会引起对方情绪的激烈反应。同样，领导的忌讳就更不能提，更别说拿来开玩笑了。当然这些在和领导相处的时候就要有所了解。否则，触犯领导的雷区，让领导觉得你是故意揭他的伤疤，你就麻烦了。

比如，领导离婚了。你们在聊天的时候，看到走过来一个大美女，如果说：领导，要不领回家把嫂子换出来？如果领导没有离婚，可能是句玩笑话，大家哈哈一笑了事，可是你却偏偏赶到领导离婚，这真是哪壶不开提哪壶啊！

2. 男女之间的荤段子不能随便聊

一般情况下，男女之间的恩爱情仇往往是闲聊的谈资，可是在和领导闲聊的时候，要注意身份，千万不要随便开这种玩笑。因为这有损领导的威严。就好比你在跟长辈聊天的时候，自然不会聊男女之事是一个道理。如果你无意间跟领导开了这种玩笑，在工作中领导不为难你才怪呢？

比如，你和领导在一起聊天，突然说："领导，我那天在市场看到你了，旁边的帅哥很有型啊，你不会把姐夫扫地出门了吧？"本来，这是女人之间经常开的一个玩笑，可跟领导说出来，就变成对领导的讽刺和挖苦了，严重地损坏了领导的形象。

3. 不要拿领导的家人随便开玩笑

通常，我们都不愿别人拿自己的家人说事。尤其是领导的家属，更加不能随便调侃。因为对领导而言，家属的情感是最重的，是不允许有任何的轻薄之言的。如果你拿领导的家属开玩笑，势必会惹怒领导。

比如，领导的女儿非常胖。你在看舞蹈表演的时候，这样说："领导的女儿上去，那一定是地动山摇啊。"要是一般人，肯定会趁机打趣说："所以啊，为了避免受到地震灾害，赶紧交保护费，否则灾难就要降临了。"可是领导听了，觉得你在笑话他的女儿，会非常生气。

很多下属跟领导之间是无话不谈的朋友，所以开起玩笑来也会任意妄为，不假思索，结果伤害了领导的面子和感情，让领导对你产生了不好的印象，在工作中给予你"特殊"的照顾。事实上，如果你在和领导的沟通和交流中，多注意一些，不随便开玩笑，不随意调侃，就不会踩到领导的雷区。

第15章

同性私聊:跟对方互称兄弟姐妹

往往,我们觉得同性之间更容易交流感情,更容易信任彼此,可是实际上,同性之间由于相似,所以存在着更多的攀比,更多的竞争,也是矛盾更容易发生的交汇地。可能你会认为是同性的性格特点造成了这种结果。事实上,并非如此,同性之间之所以不能互相信任和理解，主要是因为双方没有良好的沟通,彼此之间的关注点发生了转移,继而扭曲了双方的心。那么,究竟如何沟通和交流,才能和同性之间互称兄弟姐妹呢?在这一章,我们作了细致的解释和说明,想必会对你有所帮助。

多句话多个朋友

“多句话多个朋友”是说在与陌生人相处的时候,要积极主动地和别人说话,进行交流和沟通,尤其是同性,展开交流以获得友谊和帮助,从而获得更广阔的人脉。

很多时候,在一个陌生的环境里,如果你跟旁边的人主动搭话,或许你很快就能结识一个朋友。反之,如果你不说话,身边的人永远都是陌生人。可见,在与同性相处的时候,多一句话就能多交一个朋友,因为你的主动说话向对方传达了你的友善,别人自然也会对你传达友善。这样,双方的心理戒备自然就解除了。那么,在面对陌生人的时候,如何说好第一句话呢?

1. 不妨拿天气来寒暄

由于陌生人彼此不熟悉,所以有很强的心理戒备。如果不说话,那么这种内心的抵触和戒备很有可能会一直持续下去。这时候,就要主动和别人说话。如果不知道说什么,不妨拿天气来寒暄。

比如,夏天外出,你碰到几个同路人,不妨说:今天的天气实在是太热了。这才几月份啊,咋这么热呢?这时候,如果别人也有类似的感受,就会附和你。当你们搭上第一句话之后,彼此的心理戒备就会慢慢地解除。

2. 询问对方是哪里人

我们在碰到陌生人,想要和对方沟通和交流,又不知道说什么的时候,会问对方是哪里人。籍贯对于很多人来说并不是秘密。询问也不会引起别人的心理反抗。而且双方在互通籍贯之后,还可以寻找到更多的共同之处,这是彼此交谈的基础和话题。比如,你在火车站等候火车进站,无聊之余,你同旁边的人搭话,问:老家哪里的?对方说:山东的。这时候你会说:山东可是个好地方,我几年前还去过一次呢……这样,你们之间的陌生感便消除了。

3. 适当地赞美和恭维

每个人都喜欢被别人赞美和恭维。事实上,当你接受别人的赞美和恭维的时候，表明别人很欣赏你，很喜欢你。那么，既然别人对你有好感，自然你也要对别人传达友善。因此，在同陌生人不知道说什么好的情况下，不妨主动地说两句赞美的话，把你的友善传达出去。

比如，你去参加总公司的春季旅游，旅途中大家都不认识，你不妨赞美旁边的女士，穿着打扮很时尚。这样，对方觉得你欣赏和认可她，自然会主动和你聊起来。

很多人觉得跟陌生人没什么好说的，往往表现得很沉默，从不尝试和陌生人沟通和交流。结果需要别人帮助的时候，又不好意思开口。如果你之前和别人聊上几句，那么这时候别人自然就会伸手帮助你了。可见，多说一句话就多交一个朋友，人与人之间不交流永远都是陌生的，事实上，只要开口说出第一句，彼此就会成为朋友了。

多谈兴趣少谈人

“多谈兴趣少谈人”是说在与人交谈的时候，要多从兴趣上去寻找共同点，以增强交往的欲望；少谈人，以免引起分歧，影响彼此的美好感觉。

人与人接触和交往，尤其是同性之间，共同的兴趣爱好往往是侃侃而谈的前提和基础。多谈兴趣，让双方更加欣赏和喜欢对方，从而产生心心相惜的感觉。可是我们都生活在一个社会当中，免不了要谈及身边的人。谈论别人免不了要去评价别人的人品和言语行为，这样，很容易在双方之间产生分歧，甚至还会因此而产生严重的矛盾。导致彼此之间的关系走向恶化。可见，要想和别人成为知心朋友，那么就多谈兴趣少谈人。那么，究竟如何做到这一点呢？

1. 表达你在兴趣爱好上的热忱

每个人都有自己的兴趣爱好。在兴趣爱好上，很多人凝聚的情感往往非常的深厚。只要提及便会滔滔不绝，心花怒放。因此，在与人交谈的时候，不妨多谈谈你们在兴趣爱好上的热忱。这在很大程度上能迅速地拉近双方心理距离。

比如，你听说某个人非常爱好下棋，当你拜访他的时候，则要告诉对方你也很喜欢下棋，激发对方的交谈欲望，同时，别人觉得你是他的知音，就会迅速拉近双方心理距离。

2. 谈及与兴趣有关的轶闻趣事

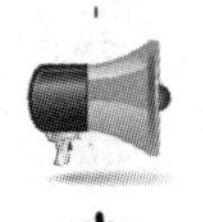

既然是兴趣爱好，那么自然有自己的一段故事。在与人交谈的时候不妨把你的这段故事拿出来和别人分享，你重温了自己的往事，这样别人会更加的喜欢你，欣赏你，和你闲聊起来就会越来越轻松。

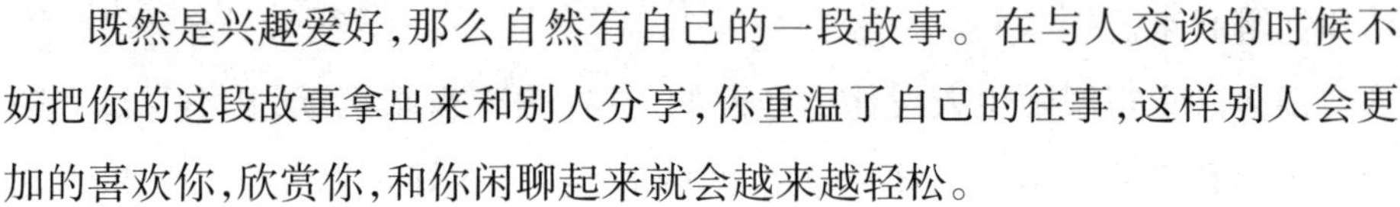

比如，你在和一个同龄人聊 CS，说你一次正打得激烈，突然停电了，导致你整整一个晚上没有睡好觉。对方听了，也会和你谈及与兴趣有关的轶闻趣事。这样，你们之间的心理距离便会越来越近。

3. 探讨对兴趣的认识达成共识

在聊兴趣的时候，难免会聊到与兴趣相关的人。只要谈及人，难免会作出不同的评价，如果你和对方的认识一样，那么还能和谐地相处，如果你和对方的认识不一样，势必会发生争吵，影响彼此之间的关系。在交谈的时候，如果发现话题谈及了人，那么一定及时地转变过来，在兴趣爱好上多取得共识，巩固两人之间的这份缘分。

很多人在与人交谈的时候，往往从彼此相同的兴趣爱好入手，有种相见恨晚的感觉，可是谈来谈去，却谈到了人，最终发生了分歧，最终不欢而散。这是交谈的大忌。由于彼此之间并不熟悉，一旦发生分歧，基本上很难消除隔阂。所以，与人交谈的时候，要记得多谈兴趣，少谈人，尽量多从兴趣上寻找双方的共同点，避免谈及人所带来的分歧而影响两人之间的交往。

女人何苦为难女人

“女人何苦为难女人”是说女人在人际交往当中，要善待同样作为女人的陌生女人，多去关心和帮助她们，让她们感受到你的温暖和爱。因为，在善待她们的同时也是在善待自己。

很多女人往往受了生活的伤害之后，会把愤怒迁扯到别的女人身上，总觉得自己受了这么多的苦，也要让别人受点苦，才能心理平衡。殊不知，她处心积虑折磨的人恰恰是另外一个自己，作为女人更应该理解女人，更应该去帮助别的女人解除痛苦，消除伤害。谁也不容易，女人何苦为难女人呢？那么，作为女人，究竟该如何善待身边的女人呢？

1. 在情感上多表达理解和安慰

作为女人，往往情感比较细腻，比较认真，这就导致了她们更加容易受到伤害。作为女人，当你发现身边的女人一样饱受情感的折磨的时候，一定要表达出你的善良，给予她们适当的理解和安慰，减轻她们心灵的痛苦。要知道善待她们就是善待自己。

比如，王小姐是公司销售部的经理，当她发现销售员娜娜最近情绪不好，于是她猜测可能是感情出了问题。她主动找娜娜聊天谈心，使得娜娜的情绪得到了很好的缓解。

2. 在生活上多给予适当的帮助

作为女人，是这个社会的弱势群体，更加需要别人的理解和帮助。作为女人，如果你发现身边的女人生活很艰难，不妨及时地伸出援手帮助她们。因为你也是女人，知道女人生活的艰难，知道她们多么渴望得到别人的帮助。

比如，你一个人在外地摸爬滚打几十年，终于创建了自己的公司，你招聘的员工中，有女孩子不会做销售，感觉工作的压力很大，这时候你不妨给她们减轻工作压力，一步一步地引导和培养她们，帮助她们成长。

3. 要尊重女人的人格以及尊严

作为女人，在男权社会里普遍不受尊重，很多时候，在男人看来，女人就是男人世界的附庸品。因而，很多时候，女人的人格和尊严受到社会的践踏。作为女人，遇到这种情况之后，一定要给予身边的女人足够的尊重，因为同样是女人，你不尊重别人，实际上就是不尊重你自己。

同性谈话时间宜短不宜长

“同性谈话时间宜短不宜长”是说同性之间有相同的心理倾向，有相似的思维模式，能更好的获得理解，而不至于花费大量的时间去解释和沟通，在同性沟通的过程中能少说的话要尽量少说。

我们发现，生活中同性之间交流相对来说更加容易一些，因为更能理解对方的情绪和语言。这也就是很多男人觉得“女人心，海底针”，琢磨不透；而对于女人来说，她们更加能理解女人的善变。因此，同性之间谈话和交流往往花费的时间比异性之间谈话要少很多。这就是我们所说的同性谈话时间宜短不宜长。

1. 从同性的相同心理去理解他人

一般情况下，同性的人往往有相同的心理倾向。对于女人来说，她们内心深处更加渴望矜持，但是又希望受到别人更多的宠幸。因此她们总是在男人面前说反话，把喜欢说成是“讨厌”，这在很多男人看来真是高深莫测。但是，同样作为女人，自然能听懂。

2. 把自己当成对方，试着体会他人

通常，同性之间有过相似的经历，所以只要你把自己当成是对方，你就会明白别人的情感和感受了。因为同样作为男人或者是女人，在遇到相同的情景时，情感是一样的。

比如，有个男人的妻子出轨了，他很愤怒地要和妻子离婚。作为旁人你觉得他太不冷静了，心胸太狭隘了，可是如果你把自己换成是对方，你就明白对方的感受了。不需要做过多的解释，你只需要拍拍他的肩膀就行了。

3. 更具同性的思维趋向去探知别人

往往，作为同性人，在面对相同的问题的时候，所思所想是一样的。因此，作为同性人，你不需要过多地和对方进行言语交谈，就能理解和明白对方内心的迷茫和彷徨。

比如,有一个女孩子和男朋友结婚的时候,几次三番地反悔,让男方非常尴尬,作为男人觉得女孩的做法实在是太不可理喻了。作为女人就能明白,她只是紧张和害怕,觉得迷茫而已。因此,不需要说过多的语言,作为女人的你已经明白了对方。

很多人觉得同性之间相互排斥,异性之间相互吸引,觉得同性之间沟通起来更加的困难,异性之间沟通起来会轻松容易得多。事实上,恰恰相反。这是因为男人和女人的心思和思维方式有很大的差别,往往在男人看来很正确的事情,在女人看来却是无法理解的。同样,女人的很多离奇表现让男人无法理解,作为女人却能明白。可见,同性之间谈话时间宜短不宜长。如果你在跟同性之间进行沟通的时候,做过多的解释,则会让他们觉得你在说废话。

像了解自己一样去理解对方

"像了解自己一样去理解对方"是说在和同性人沟通的过程中,把别人当成自己一样去仔细地感受他们的情绪、去了解他们的所思所想,从而达到亲密无间交流,和他们成为兄弟姐妹。

我们每一个人最了解的人莫过于自己。而面对同性人的时候,要把自己当成对方,理解他们的情感,他们的习惯,他们的爱好,以及他们所做出的种种行为,以及表达情感时的各种复杂的心情。这些是异性无论如何也理解不了的,即使理解了,也只是皮毛而已,作为同性,则能更好地理解他们,继而和他们更加容易取得沟通和交流。这就是我们所说的像了解自己一样去了解对方。那么,面对同性,究竟如何做到这一点呢?

1. 从自己的心理上去了解别人的心理

作为同性之间,心理倾向上有很大的相似性。同性之间,只要你从自己的心理上去想,就能很容易地了解别人的心理。这样,你能知道别人在想什么,才能在沟通的时候把话说到别人的心坎上,才能让彼此的情感更加情真意切。

比如,同样作为男人,你能理解对方失去妻子后为什么那么痛苦。因为

你没有尽到相应的责任。对于男人来说，责任比生命更加重要。只有你明白了这个道理之后，你才能体会对方内心的那份痛苦和愧疚。

2. 从自己的情感上去了解别人的情感

通常，同性之间的内心情感彼此有很大的相似性，很大程度上，你觉得别人的所作所为让人无法理解的时候，不妨从自己的情感上去了解别人的情感。

比如，有个女人结婚后，丈夫对她很不好，你觉得她应该离婚，可是对方却坚决不同意离婚。你不理解她为什么会这样，如果你把自己当作她，你就会明白，对于女人来说，离婚意味着什么。你就能理解女人宁可受尽折磨也不选择离婚。

3. 从自己的思维上去了解别人的思维

很多时候，同性人之间的思维方式有很大的相似性。如果你觉得对方有些时候让你琢磨不透，不妨从自己的思维上去了解别人的思维。这样，你就能更加容易理解别人，从而和别人沟通和交流的时候变得轻松和容易了。

比如，作为女人，总是把婚姻当作一辈子的赌注，所以比较谨慎，比较小心，甚至在婚姻来临的时候，感到恐惧和迷茫。当你把别人当作你自己来想的时候，对方的所有表现似乎都合情合理了。

很多年轻人总是觉得别人的行为和言语实在不可理喻，怎么想对方也不应该有那样的表现。你之所以不能理解别人，那是因为你没有遇到和别人相同的情景，自然无法理解别人的心情和情感。因此，要想和同性人进行更加亲密的交流和沟通，那么就要像了解自己一样去理解对方，把别人当做自己，把自己当做别人，这样，你就能完全了解对方了。

亲切微笑，能更快拉近距离

“亲切微笑，能更快拉近距离”是说和同性进行交流和沟通的时候，要通过亲切的微笑传达友善，让别人感受到你的真诚和友善，继而消除心理的堡垒，达到拉近彼此心理距离的目的。

通常情况下，我们和陌生人在一起，由于不熟悉，彼此之间有很强的心理戒备。这时候，如果你能给对方一个亲切的微笑，那么彼此之间会感觉不一样。因为你的亲切微笑传达了友善，彼此之间的心理对抗和戒备开始慢慢缓和了，心理距离也就拉近了很多。尤其在同性之间，一个真诚而亲切的微笑，往往能打开彼此的心扉。那么，怎样把你的亲切微笑传达给同性？

1. 微笑的时候要伴随着点头

当你对别人报以微笑之后，对方觉得你在欣赏他，认可他。但是尽管如此，还是不那么确定，这时候你再点头，暗示别人，他的感觉是对的，你是在欣赏他，你在传达友善。这时候，别人从你的微笑和点头中得知你的真诚，自然会给予你相应的友善。或许走过来和你握手，或许向你问好。

比如，你在火车站等车的时候，和周围的陌生人站到了一起，这时候，如果你表情僵硬，那么双方就是陌生人，如果你露出真诚的微笑，别人会主动问你："打算去哪里啊？"

2. 微笑时伴随着真诚的眼神

往往我们在判断别人是否真诚的时候，是通过捕捉对方的眼神来确定的，因为人的眼睛是心灵的窗户，是不会骗人的。在露出亲切的微笑的同时，要伴以真诚的眼神，让别人从你的眼神中判断你的微笑是真诚的，你的友善是真实的。这样，他们才能放心地把他们的友好传达给你。例如，你在拜访一位多年未见的老朋友，在打招呼的时候，要一边寒暄，一边微笑，并和对方及时地进行眼神的交流。

3. 亲切微笑要发自内心

通常人的微笑是否发自内心，从笑容上是完全可以看出来的，如果你的微笑是真诚的，笑容会很亲切，很自然，你的眼神，你的行为动作也会非常的协调，反之，笑容比较僵硬，眼神闪烁，行为动作会严重的不和谐。用微笑拉近彼此心理的距离的时候，要打心眼里去高兴，把你的微笑由内到外表达出来。例如，和你产生矛盾的老朋友在比赛中取得了第一名，你在为他喝彩的

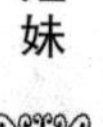

时候，就要打心眼里为他感到高兴，你的高兴能赢得别人的尊重。

很多人总是不喜欢与陌生人接触，总觉得彼此不熟，感觉不舒服。事实上，只要你及时地露出一个亲切的微笑，降低彼此心理的对抗，拉近彼此心理之间的距离。慢慢地，你会发现和别人沟通、交流是一件非常愉悦的事情。当然，给予别人微笑的时候一定要真诚，在表情和动作上表达出你的诚恳。否则，你的微笑便是僵硬的，毫无感情可言。

同性间的话题更易产生共鸣

“同性间的话题更易产生共鸣”是说在和同性沟通和交流的时候，可以通过聊很多同性之间都曾遇到的话题，从而迅速地拉近彼此的心理距离，最终和对方成为亲密无间的朋友。

由于彼此性别相同，所以有着相同的心理倾向，相似的生活经历，甚至遇到的问题和面临的烦恼也有很大的相似性，所以，对于同性来说，彼此之间的交流更能引起心灵的共鸣。可是，现实生活中，很多同性沟通起来存在障碍，不是彼此之间互相攻击，就是产生误会和隔阂，但闻鸡犬相闻，老死不相往来。究其原因，是他们彼此都能从别人身上看到自己的影子，对于自己的缺点和不足很宽容，对于别人却非常纠结。事实上，对别人纠结就是看不起自己。那么，同性之间如何产生共鸣呢？

1. 对别人的烦恼和痛苦表示理解

由于是同性人，别人遇到的烦恼和痛苦或许你也曾经遇到过，即使没有遇到过，说不定将来也有可能遇到。所以，可以这么说，别人的烦恼和痛苦就是你的烦恼和痛苦。当你的同性朋友烦恼不已，痛苦不已的时候，你要表示理解和及时地安慰他们。

比如，你看到朋友为婚姻和爱情烦恼不已，这些烦恼你也许经历过，也许正在经历，要对他们表示理解，安慰他们，如果可以再给予他们你的意见和主张。

2. 多谈彼此之间相似的问题和情感

一般情况下，同性人都会遇到相似的问题，或者遭遇过相似的情感。当一个人发现自己面临的问题别人曾经也遇到过，或者正在经历，这样他就不会感觉到孤独，进而和你迅速拉近心理距离。你们之间的关系也会迅速地亲近起来。

比如，作为女人，当你发现你身边的女人为老公的花心而痛苦的时候，你不妨告诉她，曾经你也遇到过这样的问题，并且告诉她如何处理才不伤和气。这样，别人觉得你就是知心大姐，和你的关系自然就会亲密起来。

3. 互相探讨人生路上的心酸和快乐

由于是同性人，在生活中会遇到相同的心酸和快乐。在与同性人聊天的时候，不妨多谈谈你们曾经的故事。这样，能迅速地引起心灵的共鸣，拉近彼此之间的心理距离。

比如，你曾经在北京生活过，你和身边的同龄人聊天的时候，不妨说说在外地生活的种种艰辛。别人或多或少都有在外地生存的经历，这样，别人觉得你说出了他的心声，也会说说他的经历。你们之间的心理距离迅速地得以拉近。

很多人总能在同性朋友身上找到自己的影子，因而他们总是害怕面对自己，于是对自己的同性朋友采取不友好的态度，以免面对真实的自己，这就是人的虚伪性。事实上，善待同性人，也就是善待自己。和他们就曾经的迷茫和现在的困惑多进行交流，引起彼此心灵的共鸣，拉近心理的距离，和他们成为亲密无间的朋友。

没有异性相吸原则也可跟同性对手巧开口

"没有异性相吸原则也可跟同性对手巧开口"是说和同性之间的对手，放下对抗，真诚表达友善，做朋友的时候如何开口交流的方法和技巧。能帮

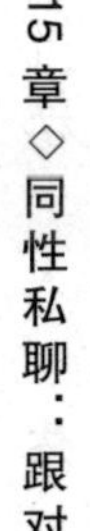

助你和对手和睦相处,最终成为亲密无间的朋友。

俗话说:好男不跟女斗。说的是男人不要轻易跟女性发生争执。事实上,却表明了一个事实。异性之间一般不会发生争斗,不会成为对手。相反,在同性之间更容易产生争斗。因为彼此之间的情况相似,更容易进行比较,产生心理不平衡也是在所难免的事情。别人比你强,容易引起你的妒忌,别人不如你,又容易遭受你的歧视。那么,如何和同性对手进行沟通和交流,和他们成为亲密无间的朋友呢?

1. 要尊重你的同性对手

由于是对手,很多时候,你和对方之间存在着竞争,也正是由于这个原因,你对对方有很强的对抗心理。但是,对手不是你的仇人,他(她)和你的目的和想法都是一样的。因此,要想和对手成为亲密无间的朋友,就要学会尊重他们,这是你们之间展开沟通和交流的前提。

比如,你是学校的舞蹈冠军,可是新来的女孩舞跳得也非常的棒,无意之中,你们就是对手。你不妨为她的优秀鼓掌,当对方出现失误的时候,及时地给予支持和帮助。这样,你们之间的关系便会越来越亲密了。

2. 放下内心的反复纠结

很多人和对手对抗,就是放不下内心的反复纠结。担心别人比自己优秀,害怕别人赢了自己。事实上,你的这种心理往往让你看不清前进的方向,当别人越来越优秀,你却停滞不前。不妨放下内心的反复纠结,和对手做亲密无间的朋友,这样你们才能共同进步。

比如,你的乒乓球打得很棒,可是同宿舍的一个男生比你打得好,这时候,你要放下内心的反复纠结,和对方进行真诚的交流,别人自然没有理由拒绝你的友善。

3. 表达你的欣赏和认可

既然能和你做对手,那么说明对方的水平和你相当。很多时候需要你的欣赏和认可。这样才能打开和同性对手交谈的大门。因此,当你的对手表现优秀的时候,一定要把你的欣赏和认可表达出来,传递你的友善,赢得别人的尊重。比如,和你一起参加演讲比赛的男生表现得非常出色,你不妨走过去拍拍他的肩膀，竖起大拇指。这样，对方也会对你表示出欣赏，当互为对手的你们彼此欣赏的时候，可以交流的话题自然就多了。

很多人觉得对手就是敌人，因而和对手之间总是对抗关系。事实上，这种看法是严重错误的。对手往往是你进步的动力，没有了对手，你也就失去了继续奋斗的力量。所以，一定要和你的对手做亲密无间的朋友，互相鼓励，共同进步，这样才能铸就你人生的辉煌。但是，和对手做朋友，并不是每一个人都能得到的。关键在于如何和对手沟通和交流。上面介绍的几种方法或许能帮助你。

第16章

异性谈话:把话说得恰到好处

不要觉得对方是你的男(女)朋友,说话就可以无所顾忌,往往很多时候,恋人之间的争吵就是由于说话的时候不注意所引起的。所以,在你和恋人或对象聊天的时候,一定要多注意说话的方式方法,通过恰当的表达让对方正确地理解你的情感,继而增加彼此的情感,避免产生不必要的误会和麻烦。那么,究竟如何说话,才能把话说得恰到好处呢?在这一章里,我们为你作了介绍和说明,如果你认真地学习和借鉴,相信会对你的恋爱和婚姻大有裨益。

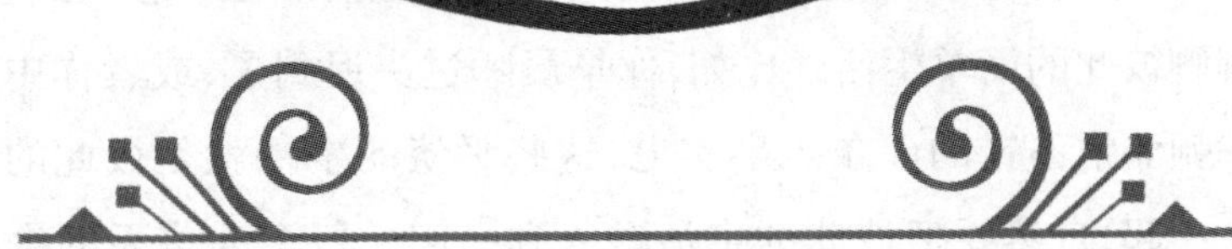

谈情说爱也要有新鲜的话题

“谈情说爱也要有新鲜的话题”是说恋人之间交流的时候，多谈些彼此生活中不一样的事情、不一样的人，避免总是谈及一个话题而让对方产生厌烦情绪，从而达到和谐交谈的目的。

在很多人看来，恋人之间谈情说爱，往往就是卿卿我我，表达爱慕之情。事实上并非如此，两个人在一起更多的是交流思想和感情，当然话题也要新鲜，如果总是就一个话题讨论无数遍，即使耐性再好的人也会感觉到厌烦。弄不好还有可能将对话题的厌烦延伸到对彼此的厌烦。从这个角度上说，恋人之间能否选择新鲜的交谈话题，直接影响着两人情感的稳定。那么，如何选择新鲜的交流话题呢？

1. 多谈生活中的逸闻趣事

男女之间谈恋爱，简单地说，就是把自己的开心跟对方分享，把自己的悲伤跟对方分担。因此，在两人相处的时候，不妨多谈点生活中的逸闻趣事，把双方的情绪调整到最佳状态，这样两个人在一起才会轻松、快乐。

比如，你和女朋友约会的时候，如果没有合适的话题，不妨说说你下午看到的一个笑话，也可以聊聊你听到的一个故事等。

2. 多谈些彼此的简单生活

我们都是普通的人，过着平凡而又简单的生活。在与恋人约会的时候，不妨聊聊彼此的简单生活。比如，你早晨睡过头迟到了，或者你中午在哪里吃了一顿非常不错的面条。事实上，这些平淡的事情就是彼此的生活。和恋人在一起，自然要把彼此的生活融入到一起。每个人每天的生活看似一样，可实际上却有不同的心情。这样，在谈及彼此简单平凡的生活的时候，话题自然会层出不穷。

3. 多谈彼此亲戚朋友的事

社会中的每个人都不是孤立存在的，我们每个人都有自己的亲戚朋友，每一天或多或少地和他们发生着联系。和恋人在一起不妨谈谈彼此的朋友，聊聊他们的生活，说说他们的事情。事实上，他们也是恋爱双方生活的一部分。接受对方就要接受他们的亲戚朋友。

比如，你在和男朋友约会，期间男友提到他的好朋友最近结婚了，那你可以问问什么时候结的婚、朋友的老婆是做什么工作的等。这样，你们之间自然就找到了新鲜的话题。

很多年轻人在谈恋爱的时候，总是不知道说什么。要么就是提及一个话题说个没完没了。这样，很容易让对方感到厌烦，觉得你们之间没有默契，从而不喜欢和你在一起相处。事实上，不要把谈恋爱当成是一件任务去完成，去刻意地寻找话题，你的恋人也是生活在社会中的正常人，在交流的时候不妨谈谈彼此身边发生的事情，在互相交流意见和想法的同时增进感情。

唠叨会让你早早走进婚姻的“坟墓”

“唠叨会让你早早走进婚姻的‘坟墓’”是说走进婚姻的男女，在表达不满的时候，要学会沟通和交流，不要随便地唠叨，以免使彼此之间的感情变质，影响婚姻的稳定。

结婚后，由于两个人在一起生活，所以生活中的很多事情总觉得对方做得不够好，因而很多人开始不自觉地唠叨。尤其是一些女人，总是唠叨个没完没了，让男人痛苦不堪。最终彼此之间的感情在不停地唠叨中被消耗殆尽。因而，很多人在谈恋爱的时候感情非常好，可是一旦结婚，就开始了没完没了的纠结。事实上，不是性格不合适，而是相处久了，彼此身上的毛病和缺点暴露出来了，让你感觉到很不舒服，就开始苛求对方。可见，唠叨会让你早早地走进婚姻的坟墓。那么，如何避免婚姻中的唠叨呢？

1. 婚姻中不妨多谈谈爱

你之所以和你的爱人走进婚姻的殿堂，更多的是因为你们之间有爱情。

否则，你为什么要和一个与你毫无关系的人结婚呢？因此，夫妻双方多谈谈爱，很多问题就迎刃而解了。否则，彼此之间纠结的东西可就多了。

比如，你的丈夫总不爱干家务，如果你多付出一些，或者用爱感动丈夫，让他心疼你，他自然就会多做一些。如果你唠叨丈夫应该多干家务，势必会让丈夫觉得你不爱他，不懂得付出，才会要求他。这样，两人之间的情感就会大受影响。

2. 接受一个不完美的爱人

俗话说："人无完人，金无足赤。"任何人身上都有很多毛病和缺点。这一点，作为丈夫或者妻子的你一定要清楚。既然和对方走进了婚姻的殿堂，就要学会接受另一半的缺点和毛病。不要总是挑对方的毛病，总是唠叨这个，唠叨那个。时间久了，会让另一半觉得你开始嫌弃他（她）了，觉得你们之间不合适了。这样就会影响你们之间的感情和婚姻的稳定。

比如，你总是叨唠你的丈夫不讲卫生，不爱洗衣服，不爱洗脚。这会让你的丈夫觉得你嫌他脏。如果你足够爱他，为什么不帮助他改掉这个不好的习惯呢？

3. 通过沟通交流解决不满

很多人结婚后，总觉得另一半应该怎么做，觉得他（她）要是做得不合自己的心意，就把自己的不满情绪通过唠叨表达出来，从而对另一半进行精神强制，让对方所说的话、所做的事满足自己的心意。事实上，如果你把你的不满情绪通过交流和沟通表达出来，则会引起对方的注意；相反，如果你通过唠叨来发泄，往往容易引起争吵，影响彼此之间的感情。

比如，你希望丈夫更加努力多赚钱，如果你心平气和地告诉丈夫你的想法，丈夫会觉得你尊重他，自然会努力，如果你总是唠叨他没本事，挣不到钱，则会让丈夫很愤怒，因为你在笑话他，侮辱他的尊严。同样是表达一个意思，不同的表达方式却可以产生两种截然相反的效果。

很多人走进婚姻之后，对对方的要求逐渐多了起来。因为彼此之间的关系近了，相应承当的责任也就多了，这是再正常不过的事情。可是，你要注意表达的方式方法，不要随便地用唠叨来表达你的不满，这让对方觉得你在强迫他(她),谁又愿意受人的强迫呢?长此以往,婚姻就会走向坟墓。如果这时候,你换一种方式表达,平静地和对方进行沟通和交流,让对方感觉到你的尊重,往往事情就会变得简单多了。

贴心话语让爱情绽放出绚烂光彩

“贴心话语让爱情放出绚烂光彩”是说在经营爱情的时候,要懂得说知冷知暖的贴心话,从而温暖对方的心,增进彼此之间的感情,最终让爱情绽放出绚烂的光彩。

同样是经营婚姻,有的人能把婚姻经营得有声有色,即使结婚很多年了,夫妻之间仍然像刚结婚时那样幸福甜蜜,而有的人则把婚姻经营得千疮百孔,面目全非,最终走到了尽头。究其原因,前者的婚姻健康美好,是因为他们彼此之间懂得用言语表达情感,懂得说贴心话,让爱情绽放出绚烂光彩,而后者则不懂得表达,致使婚姻中的爱情慢慢消失,没有了爱情,婚姻出现问题也就不足为怪了。那么,在婚姻中,究竟如何说贴心话,让爱情放出绚烂光彩呢?

1. 多表达对对方的关爱

两个人走到一起,是因为彼此之间有感情,这也是婚姻稳定的基础。作为婚姻中的男女,要多表达对爱人的关怀和爱护,让对方感受到来自你的浓浓的爱,以此增进彼此之间的感情。

比如,作为妻子,你的丈夫劳累了一天,很晚才回家。这时候你要说:“累坏了吧,工作再忙,你也要注意身体啊!”让你的丈夫感受到你很关怀他,很爱护他。如果这时候你说:你怎么这么晚才回来啊?就知道工作,你怎么不在乎我的感受啊?试想,这时候你的丈夫会多么愤怒。

2. 适当对你的爱人表达关心

即使结婚了,夫妻之间也需要情感的表达。从而让对方知道你在乎他(她)。尤其是在遇到失败和挫折的时候,更需要对方的一句贴心话,在这个时候，人的情感往往比较脆弱，作为夫妻双方，几句贴心的话，往往会让另一半走出阴影，彼此之间的情感自然就会更加深厚。

比如，你的妻子最近心情不好，走过去抱着她，轻轻地说一声："亲爱的，有我在一切都不是困难。"你的妻子听后一定感动得泪流满面。觉得你是个贴心的好男人。

很多年轻人走进了婚姻，可是越走路越窄，最终不得不选择离婚。事实上，不是他们的缘分尽了，也不是他们的性格不合，而是因为他们都不会说贴心话，而让爱情枯萎了。这是婚姻经营中的大忌。彼此在一起不仅仅是生活中的伴侣，还是人生路上的依靠，是心灵的港湾，是需要爱情来补充新鲜血液才得以维持的。如果你不会说贴心话，为爱情保鲜，那么，婚姻走向坟墓也是在所难免的事情。

情侣之间的小建议也要用巧话来提

"情侣之间的小建议也要用巧话来提"是说情侣之间在沟通的时候，一方不要直接把自己的建议和意见提出来，而是通过巧妙的转移，让对方主动说出来，从而避免争吵而伤害感情。

很多人觉得，两个人谈恋爱要表现得真实，所以提意见和想法，总是直来直去。可是时间长了，你就会发现，两个人的争吵不断增多，不是对方不接受你的真实，而是你在表达的时候没有顾及对方的感受。你在提建议时无疑让对方不断地看到一个满是缺点的自己，试想，谁不希望自己是一个优秀的人呢？所以，即使是情侣之间，提建议的时候也要把话说得恰到好处，才能让对方接受。那么，究竟如何做到这一点呢？

1. 借助爱人的嘴说出你的建议

一般情况下，谁都不希望别人给自己提意见和建议，因为这意味着别人在要求自己。相反，谁都愿意别人遵从自己的意愿。因此，当你对你的另一半有意见的时候，不要直接提出来，要通过引导，巧妙地让对方主动说出来。

比如，你想要接乡下的父母到家里来住，你不妨为对方付出，然后把情感转嫁到父母身上，再谈父母的不容易，这样对方就会产生要接父母一起住的念头。看起来是对方的主意，实际上却是你的建议。

2. 采用暗示表达你的建议

俗话说："打鼓听声，说话听音。"很多时候，如果不方便直说的话，不妨用各种方法暗示对方，让对方接受你的建议或意见。这样，避免了彼此之间的要求和对抗的尴尬。

比如，你想还好朋友钱，但是担心爱人会反对。这时候你不妨说："我那个朋友借钱给别人，结果对方老不还，又不好意思要，让他很郁闷。"你的爱人听出你的话外之音，就会把钱准备好，便于你还账。

3. 巧设情境，提出你的建议

有些时候，不管你是动之以情，还是晓之以理，你的爱人就是不听你的建议，还因此和你产生矛盾。在这种情况下，你不妨巧设情景，把你的建议巧妙地提出来，从而改变对方的主意。

比如，你的妻子花钱大手大脚，与其你提意见，不如让她来管钱，然后你们一起去买东西，这样，妻子看着手里的钱花销得太快，自然就懂得省钱了。这远比你苦口婆心地劝说有效得多。

很多情侣之间总是因为彼此都不肯妥协而常常发生争吵，结果感情消耗殆尽而分道扬镳。事实上，不是他们之间性格不合，而是他们提要求的方式方法不对，使彼此之间的情感无法接受，自然不肯随便示弱和妥协。如果这时候，你不直接提出你的想法和建议，而是把你的想法建议巧妙地移植到对方的脑子里，让对方觉得是自己的主意和想法，而实质上是你的意见和建议。这样，在一定程度上既避免了彼此之间的较劲又增进了感情。

浪漫爱情多用聪明话来加温

"浪漫爱情多用聪明话来加温"是说在恋爱当中，制造了浪漫之后，要学

会说一些适合气氛的聪明话来温暖对方的心,增加爱情的温度,从而达到提高爱情的质量,延长爱情寿命的目的。

有些人在恋爱当中非常善于制造浪漫,往往能让你的爱人感到快乐,让他们对爱情充满期待,可是往往浪漫过了,彼此之间的感情却没有增加多少。事实上,这样的浪漫也就失去了意义。在制造了浪漫之后,一定要多说些适合情景的聪明话,让对方在开心快乐之余,感受到你浓浓的爱,明白你的一份真情,使彼此之间的情感不断地升温。那么,如何在浪漫之余说些聪明话呢?

1. 及时地表达你的真情

一般情况下,恋爱中的人处在浪漫的氛围之中,往往非常开心快乐。这时候,你要及时地借着浪漫表达你的真情,让对方在高兴之余感受到你浓浓的爱。

比如,你在恋人的生日那天,亲自做了一个糖果戒指送给她。当她打开盒子的时候,你要说:“让爱甜在你的心里,变成永恒。”由于是糖果做的,所以会甜甜蜜蜜,再加上是戒指,寓意着永远不变。当你的爱人收到你的祝福的时候,会感动得直流眼泪。

2. 要学会适当赞美和恭维

爱情中需要赞美,尤其是在浪漫的氛围当中更是如此。因为你的赞美再加上浪漫的气氛,会让你的爱人感觉甜甜的幸福。

比如,你精心准备了一次烛光晚餐,营造了浪漫的气氛。这时候你不妨拉起爱人的手,含情脉脉地说:“你真是太美了,让我的心不由自主地在你面前狂跳不止。”试想,当你的女朋友看到这样的烛光晚餐,听到你的赞美和表白,将是多么的幸福,说不定还会深情地吻你呢。

3. 让对方明白你的用心良苦

在恋爱当中,双方谁都希望自己在对方的眼里是唯一的,是特别的。因而,当你制造了浪漫之后,一定要让对方明白你是特意为他(她)做的,你的良苦用心往往会让爱人感动得热泪盈眶。比如,你为你的女友买了一套十二色的玫瑰花。你的女友接到鲜花非常兴奋。这时候你悄悄地凑上去说:

"我是特意为你买的。忙了整整一个星期才凑到。"你的付出,会让你的女友知道她在你的心目中有多么的重要的地位。

很多年轻人在恋爱的时候,只懂得制造浪漫,却不懂得抓住和利用浪漫的氛围来表达你的感情。从而让你们之间的爱显得很空洞。事实上,要经常地表达爱才能增加它的温度,尤其是在浪漫氛围当中表达,往往会让你的爱人深受感动,从而更加爱你。你们之间的情感才能持久。对年轻人来说,这一点尤其重要,因为它关系着爱情的质量和寿命。

年轻的朋友千万记住:在恋爱当中,制造了浪漫之后,要学会说一些适合气氛的聪明话来温暖对方的心,增加爱情的温度,从而达到提高爱情的质量,延长爱情寿命的目的。

情话说得要如潺潺流水

"情话说得要如潺潺流水"是说在表达情话来感动爱人的时候,除了饱含真情,用你的心去说话之外,还需要你的表达富有逻辑,要追求立体的效果,最终让你的爱人深受感动,更加爱你。

同样是谈恋爱,有的人的恋爱如火如荼,常常让恋爱中的双方感动不已;而有的人的恋爱却平淡如水,让双方都感觉无趣无味。简单地说,是前者会谈恋爱,在说情话的时候,说得如潺潺流水,让爱人的心为之感动,后者不会谈恋爱,情话说得无法进爱人的心。很显然,前者的爱情质量高,更加稳定;后者的爱情质量差,寿命短。可见,在爱情当中,情话的表达非常重要。那么,究竟如何才能把情话说得如潺潺流水呢?

1. 表达要饱含真情

有些人说情话的时候,往往没有感情,只是说一些经典的台词,或者背出别人说了很多遍的情话。由于不是你的心里话,没有感情,表达出来如同死水一般,不能让爱人感动。要想让你的情话如潺潺流水,就要用你的真心去表达你的真情。

比如,你想要表达你很想念你的恋人,你就要这样说:“我也不知道自己是怎么了,总是走神,想起的总是你,强迫自己忽视你的名字,可是你的脸却始终在我的眼前浮现。”尽管语言平淡,但是却能触动爱人的心。这远比“我想念你的笑容,想念你的身影”有效得多。

2. 表达要有理有据

任何事情,要想让别人相信你,就要表达得有理有据,否则,别人不相信,你的话就没有任何的意义。同样,在说情话的时候,也要说得有理有据,让别人感受到你的真诚。

比如,你要表达你爱慕对方很久了,可以这样说:“事实上,我在上学的时候就特别的喜欢你,只是那时候,你的心有所属,我只能默默地爱着你,祝福你。还记得那次我送给你的生日礼物吗?那是我跑遍了整个城市为你买的。”提及了生日礼物,再加上那时候你确实对对方很在乎,对方自然相信你很早就喜欢她了。

3. 表达要追求立体

在表达情话的时候,要学会立体表达。要将过去、现在和将来都表达出来。这样让你的爱人觉得你就是他(她)今生的唯一。

比如,你想要表达你会一生一世地爱着她,就要这样说:“你的过去我来不及参与,但是我想你的将来会有我的存在,因为我要给你幸福。我要一辈子给你幸福,如果这辈子不够,那么下辈子,下下辈子我都等你,等你爱我。”试想,你的爱人听到你这样的情话能不感动得流眼泪吗?

很多人在说情话的时候,总是很平淡,没有起伏,最终不能引起爱人的情绪波动。事实上,这样的情话就是失败的,没有任何意义的。既然说情话,就力求感动对方,让他(她)更加爱你。当然这除了需要你的真情之外,还需要你会表达,把你的满腔真情用适当的言语传达给你的爱人。当然这需要一定的技巧和方法。年轻人要想让你的情话表达如潺潺流水,那么就要去认真地学习和揣摩。

对不爱的人要用恰当的话语让他离开

“对不爱的人要用恰当的话语让他离开”是说在恋爱当中,如果你不喜欢对方,在不伤害对方情感的前提下,用恰当的言语来拒绝对方,从而对自己的感情负起责任。

人与人之间的爱情有时候真的很奇妙。有些人你感觉到爱他,就想方设法地要和对方在一起,如果你感觉不爱他,就会迅速地选择逃离。爱和不爱都没有任何的理由。对于你不爱的人,要用恰当的语言告诉他你不爱他,让他离开你的视线范围。尽管对方很爱你,但是你本着要对自己和对方的感情负责的态度,要诚实地告诉对方。当然,被人拒绝是一件很难过的事情,这就需要你在表达的时候要拿捏好语言。那么,究竟如何用恰当的语言拒绝对方呢?

1. 以需要安静为理由

恋爱当中,总有一些人很喜欢你,但你却对他们没有感觉。在这种情况下,别人会想办法靠近你,而你又不喜欢他们在你面前出现。这时候,你不妨告诉对方,你很累,需要安静。这样,别人便不好意思再闯入你的生活了。

比如,你不喜欢同乡,可是他却老是以和老乡沟通为理由而接近你,你不妨说:我最近有些累,需要安静。对方就会知趣地离开。

2. 以自己很忙为借口

当你不喜欢的人总是在你的生活中不断地出现的时候,往往让你非常的反感,又不能直接表达。这时,你不妨说自己很忙,没有时间搭理他,从而让对方主动离开。

比如,你不喜欢的男生不管是上班还是下班,总是在你公司门口等你,你下班后就告诉他,最近工作很忙,需要加班。这样,对方便没有理由再占用你的业余时间了。

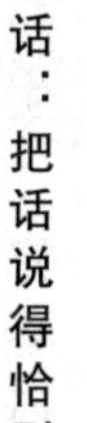

3. 告诉他你还不习惯

很多年轻人非常执着,总是固执地认为日久会生情。别人不喜欢自己,却要想方设法地去和对方接近,希望有朝一日,别人习惯有自己在身边,而开始改变主意。当你希望对方离开的时候,不妨以自己不习惯为借口,让你不喜欢的人离开。

比如,有个女孩子总是对男孩紧追不舍,早上送早餐,周末替他打扫屋子。这让男孩很痛苦。这时候男孩不妨这样说:“我习惯了一个人生活,你这样会让我非常的不习惯。”女孩听到后自然不好意思再纠缠这个男生了。

很多人总觉得别人喜欢你是别人的事情,他的情感不用你管,所以对于身边不爱的人置之不理,可是,时间久了,你真的会习惯对方的存在了,你就会慢慢地接受他。可是实质上你不喜欢对方,你只是习惯了。当有一天你发现你根本不喜欢对方的时候,就是对他人最大的伤害。所以,如果你不喜欢别人,就要想办法远离他,千万不要让对方在你的身边随便逗留,以免最终伤人又伤己。

如何巧妙拒绝他人的示爱

“如何巧妙拒绝他人的示爱”是说在恋爱当中,遇到自己不喜欢的人时,要巧妙表达,把话说得恰到好处,从而把你的拒绝之意传递给别人,以最大限度地保护对方的心免受伤害。

生活中,拒绝别人的示爱往往是一件非常难做的事。因为别人遭到了拒绝,心灵会受伤害,对方爱着你,你却伤害他,因而你心存不忍。但是不拒绝,又会让自己很委屈,因为你不喜欢他。这往往会让年轻人觉得两难。事实上,只要你在表达拒绝的时候,不要把话说得太直接,巧妙地让对方明白你的拒绝之意,这在一定程度上会保护对方的心免受伤害。那么,究竟如何巧妙地拒绝他人的示爱呢?

1. 以时机不成熟为理由

很多时候,我们听到有人这样拒绝别人:“我现在没打算谈恋爱”,事实上,这就是以时机不成熟为由拒绝别人。这句话的言外之意就是,恋爱的时机不成熟,因为我还没有遇到自己喜欢的人。这样不但表达了你的拒绝,也避免了对方受伤害。

比如,一个女孩不喜欢追她的男生,当男生向她表白的时候,她说:“我现在想努力学习,等大学毕业之后再考虑恋爱的问题。”男生听了,自然不好意思再去追求她了。

2. 不妨找个莫须有的爱人

有的时候,你不好意思去拒绝对方,可又不能就此答应对方。这时候,你不妨为自己虚构一个莫须有的爱人。让追求者不好意思再打扰你。

比如,有个女孩特别喜欢班里的体育委员,于是屡屡暗送秋波,后来见没起作用,直接找到那个男生,告诉他自己喜欢他,想要做他的女朋友。男生不喜欢她,说:“我已经有女朋友了,我们有好几年的感情了。”女生只好就此罢休。

3. 真诚地为对方扣大帽子

在生活中,我们每个人都有自己的事情要做,但是恋爱又不能割舍。这样,在遇到你不喜欢的人的表白之后,不妨以工作和学习为由,来为对方扣一个大帽子,让对方自动放弃。

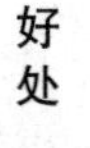

比如,你是一个非常要强的女孩子,在遇到不喜欢的男生追求的时候,你告诉他:“现在学习这么重要,你要好好学习,争取把学习赶上去,等将来毕业了,找个好工作。”这样,男生觉得没意思,只好放手了。因为你说的确实在理。

很多人,尤其是女孩子心地善良,不忍心去伤害喜欢自己的男生。所以总是不知道如何拒绝别人,结果让自己饱受委屈。事实上,只要你学会表达,完全可以巧妙地拒绝他们的示爱,又最大限度地保护了对方的心免受伤害。当然这需要一定的方法和技巧,包括以时机不成熟为理由、为自己虚构一个莫须有的爱人以及真诚地为他人扣个大帽子等。当然,除了以上几点之外,还需要年轻人在实际的恋爱当中多总结。

第17章

禁言禁语:不做人前“长舌妇”

每个人说话都有自己的风格,但并不是每种风格都是受人们喜爱和欢迎的,要想在人际交往中使自己成为一个让别人喜欢的人,是需要在说话的方式和内容上进行斟酌的。这其中需要注意的问题大多比较细小,经常会被人们遗忘或者忽略。例如,不要让自己成为说闲话的人、要为他人保守秘密、不要总是说别人不愿意听的话……如果能将这些细节把握得十分到位,那么,你就不会遭到对方的反感,这时通过自身的努力,赢得对方的欢迎和喜欢就容易得多了。

不要让自己成为说闲话的小人

所谓静坐常思己过，闲谈莫论人非。在背后议论别人，本身就是一种不道德的行为，为人所不齿。所以，在生活中我们说话的时候一定要注意，对那些没有证实的事，千万不要乱说，免得让别人对我们产生看法。

闲暇之余不要拿出别人的一些问题说个不停，尤其是当你津津乐道的时候，你已经成为一个说别人闲话的小人，这样的人在人际交往中是不会受到欢迎的。所以在交往中要注意什么该说什么不该说，尤其是关于别人的闲言碎语，这些闲话虽然有时候能够调动他人的一些兴趣，能够吸引人们的注意力，但是，反观人们对你这个人的印象却是一个喜欢说闲话的小人，从而对你加以提防，以免背后说自己的闲话。

1. 闲话真真假假坏人名声

其实说人闲话是一个非常不好的习惯，尤其是人们在无聊之余往往不由自主地拿别人的一些琐碎小事讲个没完，东家长西家短，消磨时间，殊不知，这种做法很卑鄙。

老郑是一名退休工人，小伟是一家商贸公司的职员，两个人住得很近，所以经常在一起闲聊，开始一般聊国家大事，然后上到天文下至地理，可是聊着聊着话题就转移了。老郑指着不远处的一个人说："那人都30多岁了，怎么还没结婚?"小伟狡黠地一笑说："谁知道啊!"老郑说："听隔壁王太太说，前几天还看见他和情人在那片树林里散步呢!"

两个人的谈话无形中达成了一种共识，那就是不远处还没有结婚的人是个有问题的人，这样一来，他们二人就会非常自然地和周围的人讲那个人有问题，时间久了，大家就会形成一种刻板印象：这个人有问题。这个人自己还没有来得及辩解，就已经被贴上了"有问题"的标签，名声在无形中被损坏了，而他自己却不知道。

2. 闲话损坏自身形象

说闲话可以消磨时光，寻找一种乐趣，而且不用负责任，所以可以不着边际地说，然而这种行为不但损害了他人的形象，而且无形中也让自己的形象受损。很多时候，一个说闲话的人会招来越来越多的听众，他就更起劲了，会把小事无限夸大，甚至口沫横飞，殊不知，这些听众已经流露出鄙夷的眼神了。闲话过不了多久就会被人们忘得一干二净，但是这个被说的人的形象却一直存在于人们的内心中，自己的形象也在潜移默化中被丑化了。

3. 趣味高雅不落俗套

"闲话"二字给人们的印象就是贬义词，因为说闲话的人往往会通过贬低别人来抬高自己，显示自己有多么能耐。所以这样的趣味显然是低俗的，低俗的趣味往往难登大雅之堂，所以要想在人际交往中获得欢迎就不能总是用低级趣味去迎合他人，而是要做到高雅，这样才能让别人感到你的层次，从而愿意与你交往，这样才能提高自己的人气。

4. 要时刻提醒自己

任何人都希望能从别人那里获得好的评价，但是也可能成为别人闲话的对象，所以平时要时刻提醒自己，不要讲别人的闲话，要想听到别人对自己作出"能干"、"好人"、"值得信赖"之类的评价就要对别人给予同样的评价。总之，不要让自己成为说闲话的小人。

要为别人保守秘密

一般来说，如果别人愿意对我们袒露心扉，就说明在别人的心目中，我们占有很重要的位置。最起码我们让别人觉得可以信任，所以，别人才会把自己的心里话说给我们听。如果我们再把别人的秘密说出去，就相当于辜负了别人对我们的信任。

每个人都是有秘密的，一个人如果肯把自己的秘密告诉你，那么说明他对你有很高的信任感，另外，既然是秘密，就是不希望更多的人知道，所以你作为知情者一定要替他保守这个秘密。如果你在未经允许的情况下将这个秘密告诉了更多的人，那么你就出卖了那个对你给予高度信任的人，你就成了罪人，成了一个不受欢迎的人。

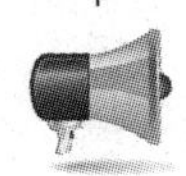

1. 泄密心理

人们之所以会不顾一切把得知的秘密说出去是有原因的，因为人们在不同的时刻所处的环境不同，心理活动就会有差异，行动的方式自然就会因时而异，那么泄露秘密的心理往往有以下几种：

首先，欲望和利益。很多时候人们会面对着各种诱惑，这时候人们内心的活动是十分复杂的，不过因为欲望的膨胀和利益的追求，人们的理性往往会被感性所代替，所以最后选择了把秘密告诉诱惑自己的人。

其次，选择释放。保守秘密本身是一种非常有难度的行为，因为一个有秘密的人偶尔会有很大的压力。无论是男性还是女性，在面对形形色色的社会关系时，他们难免会有想把秘密说出来，释放压力的冲动，所以很多时候说出秘密是他们缓解压力的一种选择。

最后，好奇心强，责任感弱。一些人总是有很强的好奇心，再加上责任感相对较弱，就会拿自己掌握的秘密去换一些自己感兴趣的东西。

2. 保守秘密与健康有关

保守秘密不仅是一个人的品德问题，还可能关系到一个人的健康问题。

心理学家们一直在研究保守秘密的能力在一个人心理健康发展的最中心位置问题。通过不懈的努力发现，儿童在 6 ~ 7 岁时就学会不要提前泄露送给妈妈的礼物。在青春期和成年后，一个人能不能在社交中流利地说无伤大雅的谎话，经常关系到他的精神健康。研究者们还发现，保守秘密的能力能加强一个人的吸引力。就像英国文学家奥斯卡 · 王尔德说的那样：“最常见的事物，只有当你把它藏起来的时候才会叫人高兴。”

可以看出，习惯于保守秘密的人会用一种处世不惊的态度来面对问题，所以，这样可以练就良好的心理素质，对人的身心健康是非常有益的。

3. 泄密可能触碰法律

不能够保守秘密的坏处不仅在于会损害他人的利益或者让自己的名声受损，而且很多时候会触碰法律，会犯法。

李硕的邻居邓某因患不孕症，10 年前经李硕收养了一个不满两岁的女孩。邓某夫妇把这个女孩视若己出，一家人生活得亲亲热热。邓某希望这件事成为永远的秘密，邻居们也都守口如瓶。可是有一天，邓家已经 11 岁的女孩子忽然来找李硕，询问她的亲生父母是谁。李硕从小姑娘的问话口气里推断出她已经了解了部分真相，与其遮遮掩掩，还不如彻底透明了好，于是就把整个过程都告诉了小姑娘。不料过了一段时间，李硕忽然接到了法庭的传唤书，说邓家夫妇把他告了，说他侵犯了他们的“隐私权”。我国有关法律规定：“收养人送养人要求保守收养秘密的，其他人应当尊重其意愿，不得泄露。”李硕作为“其他人”之一，有义务为其保守秘密。

从这个案例中不难看出保守秘密的重要性，很多时候在自己的想法的驱使下说出的秘密往往会触碰法律，所以，要三思而后行。

一个人要学会为他人保守秘密，这样才能做一个值得别人信赖的人，否则只会降低自己的信誉度，是不会受到欢迎的。

别让自己冠上“挑拨离间”的名号

有些时候，我们并不是有意破坏别人之间的关系，只是因为看不惯别人的所作所为，或者不忍心看着弱者受人欺负，所以才站出来说话。但是，说者无意听者有心，管的闲事太多，也会给自己冠上“挑拨离间”的名号。

有些人有一种不良的习惯，那就是喜欢传坏话，搬弄是非，使本来没有大过节的两个人之间产生矛盾，使彼此间不团结，这样的行为是非常不讲道义的，是遭人们鄙视的，所以，在背后要说人好话，不要让自己冠上“挑拨离间”的名号。

1. 为了目的不择手段

很多人选择挑拨离间不是没事找乐趣，而是为了一些有利于自己的目的。

郑伟是一家商贸公司的部门经理，他在读了一些关于领导者的书籍后，学会了一种自命为“制衡”的管理方法，大体的意思就是让职员不能太团结，这样不利于自己的领导，也就是说他要通过一种方式让职员之间存在矛盾，从而使他们没有精力来反对自己，而是通过讨好自己来赢得先机，从而打败对方。于是，郑伟开始在职员之间散布一些流言，让人们捕风捉影，结果公司上下人心惶惶，大家都不得安宁，部门效益也直线下滑。

从这个例子中不难看出，郑伟的目的很明确，那就是通过挑拨员工之间的关系从而达到让大家都服从自己的目的，这样的手段虽然从某种层面上讲是有策略性的，是能够起到一定作用的，但是正面作用是微乎其微的，负面作用是非常明显的，这也是公司部门不能团结，效益严重下滑的直接原因。而且这样的做法从道义上，从道德上讲都是非常差劲的，是会遭到人们鄙视的，见不得光的。

人与人之间同样的道理，很多人在看到两个人关系非常好时，自己的利益不能最大化或者获得不了利益，于是开始想办法破坏两个人的关系，这样一来，即使自己不会取得最大的利益，也不利于保持现在利益最小的境况。可是这样做的结果往往是让一些本无瓜葛的人之间的关系恶化，这是一种非常不道德的行为。

2. 挑拨离间破坏正常生活

人们之间的生活本是非常平静或者有序的，可是当挑拨离间者出现的时候，人们之间的关系会莫名其妙地变坏，正常的生活也被打乱了。

小成和刘政在同一个单位工作，平时两个人接触不多，不过关系还好，彼此在对方心中的印象都不错。两个人工作都很努力，都获得了上级的好评，两个人的工作状态也在领导的鼓励下稳中有升，两个人的感情生活也都非常融洽，这使他们的工作和生活非常顺利和美好。可是天有不测风云，新来的小赵是一个非常上进的青年，但是他有些不择手段，他发现要想在公司中占有自己的一席之地就必须超过小成和刘政，可是这又谈何容易？于是小赵开始在两个人中间挑拨，结果小成和刘政之间开始产生误会，再加上平时交流很少，又是彼此的竞争对手，所以误会越来越大，最后两人不问青红皂白大打出手，结果两败俱伤，公司的效益受到了极大损害。

新来的小赵利用挑拨的方式使本来没有任何瓜葛的小成和刘政之间产生了误会，挑拨离间可以产生无缘无故的恨，伤害人们的感情，破坏人们正常的生活。

3. 挑拨离间之人自食恶果

挑拨离间的人或许可以从中获利，但是有矛盾的两个人终究会有和解的一天，那么这个挑拨离间的人就会变成小丑。所以，当一个人要挑拨离间的时候，一定要提醒自己总有一天被发现，所以要把握好自己的思维和语言，不要被冠上“挑拨离间”的名号。

熟知人际交往的禁忌话

人际交往中禁忌话不能说。所谓禁忌话，通俗一点说，就是这些话是别人最不愿意听到的，或者根本不想提及的，说出来会让对方觉得很尴尬，也让双方的谈话无法再进行下去，甚至别人还会对我们产生反感，认为我们不会说话，缺乏修养。

人们之间交往有很多话是不能随便说的，即使是熟人之间聊天也需要注意一些问题，不是想说什么就能说什么。

1. 开玩笑要有度

朋友之间聊天，开个玩笑是非常正常的，因为开玩笑可以调节气氛，能够使彼此间的关系更加融洽，可以增进友情。但是开玩笑是讲究艺术的，要因人而异、因时而异、因地而异。

首先，拿说话的对象来说，要视其性格、脾气开玩笑，要保证你的玩笑都在他们的接受范围之内。像那些活泼开朗的人，豁达、大度的人，可以把开玩笑的程度加重一些，也就是尺度可以大一点。而对那些平时不怎么讲话，较为内向，对什么事都比较认真的人，就不能够随意开玩笑，因为很可能你的一个无心之举就影响了他的心情，另外，他会因为对凡事都非常认真而与你计较，这样对你来说就得不偿失了。

其次，同样的一个玩笑对这个人可以开，对另一个人可能就不适合开。另外，一个人在不同的时间情绪是不同的，所以他在心情好时不会计较，但是在心情不好的时候保不准会和你计较，所以开玩笑要因时而异，以免弄巧成拙。

最后，在一些比较庄重的会议或者活动中，或者一些悲伤的氛围中，都不适合开玩笑。例如，你去看望病人，去参加追悼会等，切忌开玩笑。所以开玩笑要因环境而异。

2. 讲话情调要高雅

人们在一起聊天，难免要讲一些能够吸引他人注意力的段子，这时要注意的一点就是所讲的内容一定要健康、高雅，富有情调。有些人喜欢用一些比较低俗的段子来吸引人们的注意力，或者拿别人的生理缺陷或者一些其他的短处来开玩笑，以博得大家一笑，可是事后人们会觉得非常低俗，对这个讲段子的人印象很不好。所以要在讲段子时注意所选择的内容要能够使听众受到教育、陶冶情操，这样的谈话才能够给他人留下高雅隽永的印象。

3. 不要用恶语伤人

很多人因为受到刺激而控制不住自己的情绪，失去理智，然后说很多污言秽语来辱骂或者挖苦让自己出丑的人。其实这样做的坏处是非常多的，首先，会伤害人们的感情。其次，是非常不礼貌的。最后，是会严重影响自身形象的。使自己成为一个不受欢迎的人。

俗语说："良言一句三冬暖，恶语伤人六月寒。"所以社交活动中要尽量控制自己的情绪，要做到三思而后言。在生气或者发怒时，让自己冷静三秒

再说话。每说一句话都要过脑子，要思考，这样才能消除误解，才能够让对方看到你的度量，从而对你佩服有加。

4. 言而有信要牢记

自古就有“一诺千金，一言百系”、“一言既出，驷马难追”的说法。在社会交往中，要记得自己说出的每一句话都是需要自己负责的。所以不要因为一时的高兴就随便讲话，要知道自己的话语关系到自己的声誉，要懂得做一个言而有信的人，进而让别人相信你，尊重你。

社交中还有很多的禁忌，需要人们多多注意，即使是很熟悉的人，在讲话时也不能口无遮拦，想说什么就说什么，要以促进彼此的感情为目标，好好地斟酌自己的话语，使人际交往更加成功。

他人不愿听的不要说

我们说话的时候，随时留意对方的反应，如果对方脸上表现出不悦，切忌继续说下去，因为对方的表情已经告诉了我们，我们刚才说的他不想听，如果继续不管不顾地说下去，别人就会对我们感到厌烦。

在与人谈话的时候要注意一些话语的运用，很多时候人们并不喜欢你所说的话，如果你意识到了那就不要再继续了，因为这无疑会招致人们的反感，更不要说让人们喜欢你了。

1. 知道别人什么话不爱听

人本身就是情感动物，对不同的话语会产生不同的情感，很多话人们爱听，但是一些话人们就不爱听，就拿女人来说，很多话是不愿意从男人的口里听到的。下面就一一来解析一下：

首先，“我没时间”。在女人看来，这句话就是为了推脱某些事而选择的借口，无论说这句话的男人和女人是什么关系，女人都不愿意听到这句话。如果是情侣，这句话更会伤害到女方，因为一个男人真的忙到没有时间陪自己的女朋友的时候，那么女性往往会理解成男人已经不爱自己了。

其次,"你真没意思"。很多时候男人会觉得女人很无聊,尤其是在情感问题上纠缠不休时,男人们会觉得很没有意义,非常无聊,所以这时往往会说"你这人真没劲",这样的一句话是非常伤人的,女人内心会有阴影的。

最后,"滚蛋"。情侣吵架之后,男人会在不理智地说一句"滚",这时男人最不像个男人,会让女人彻底绝望。

还有一些例如"对不起"、"你真开放"、"我们分手吧"等都是女人不喜欢听的话,男人在说话的时候要特别注意。

那么哪些话是男人不喜欢听的呢?下面就来一一分析一下:

首先,女人说情话很必要,但是不要滔滔不绝,不要反复地说自己有多么爱他有多么在乎他,这样做,他会觉得腻烦,此时他的心理压力较大,所以说情话要有所节制。

其次,不要每时每刻在他身边说今天发生的琐事,因为时间长了,男人会觉得你没什么事干,只会不停地唠叨。

最后,不要总是和他说一些"化妆"之类的他并不感兴趣的事,这样时间长了,他会极度反感的。

另外,不要在他面前总是夸别的男人的优点等,要选择性地和他交流。

2. 转变说话方式

要想让自己受到欢迎,首先要学会说话,说的话要让别人爱听,这样才能使自己深受欢迎。

老虎梦见自己所有的牙齿都掉了。一觉醒来,它召来羚羊为它解梦。羚羊说:"大王,你很不幸,每掉一颗牙齿,你就会失去一个亲人。"老虎大怒:"你这个大胆狂徒,竟敢胡言乱语,给我滚出去!"老虎另外找来狐狸,向它叙述自己的梦。狐狸听完,灵机一动说:"尊贵的大王,你真幸福啊,这是一个吉祥的梦,意味着你比你的亲人更长寿。"老虎听完后,命令奖赏狐狸 10 只鸡。狐狸走出宫殿正好碰见羚羊,羚羊说:"真是不可思议,其实你和我说的都是一个意思,为什么你会得到奖赏?"狐狸语重心长地说:"很简单,我只是以老虎喜欢听的方式表达了同样的意思。"

从这个小故事中不难看出，同样的一句话采用不同的说法便会产生不同的效果。所以，在说话时要看讲话的对象是不是喜欢你的说话方式和讲话的内容，不要只是顾着自己的想法。如果提前觉察到对方有所反感，那就转变一种方式，这样往往会产生不同的效果。

总之，不要总是说那些别人不喜欢听的话，要想受到别人的欢迎就说些别人爱听的话，这是社交中比较重要的一点。

不要以为朋友之间就可以无话不谈

朋友之间说话也要注意，即使是好朋友之间，也一定要想好了再说，不要以为你们是朋友，想说什么就说什么，想怎么说就怎么说，不注意说话的语气、语调，这样很可能让朋友觉得你不够尊重他，而不愿意再继续和你深交。

朋友之间可以很随便，可以不用那么拘束，可以很放松。可是，在说话时并不是无话不谈的，这不是说有什么事不告诉朋友，而是为了你们的友谊更加长久，感情更为真挚。

1. 不知哪句会犯禁

朋友再好也是你的朋友，不是你自己，所以难免有你不了解的地方，这样一来，你就不能保证自己说的话不会触碰朋友的禁忌。

小静和小李是同班同学，两个人平时可以说无话不谈，所以关系很近。小静是班里的学习委员，学习成绩一直名列前茅，所以班里很多人都找小静帮忙写作业，但是同样学习成绩不错的小李并不知情，他平时总是自己独立完成作业，有一次，班里的一个同学和他说可以找人写作业时，小李非常反感，于是就找到小静说起来。小李先是把那些找人写作业的同学数落了一遍，然后又开始说替别人写作业的人有多么不好，这让小静心里一颤，她并不确定小李是不是知道自己替别人写作业，所以，不知道小李是不是在说她，也不敢去问，就这样小静的心里蒙上了一层阴影，之后两个人的交往就变得越来越生疏了。

从这个例子中不难看出，朋友间一些话题也是需要三思而言的，正是因为不知情所以会出现问题。虽然这个例子中的主人公是两名高中生，但是在他们之间发生的事情是具有普适性的。所以，一个人在与朋友交谈时，一些拿不准的问题就不要随意拿出来说，或者在说之前先试探一下朋友，如果确定不会触碰朋友的禁忌那么再和朋友说，这样就可以避免无意中伤害朋友，可以促进彼此间的感情。

2. 不说是一种保护

很多时候朋友之间的一些话不说是最好的，因为从某种角度看，这种不说的行为是可以保护你和你的朋友的，是可以保护你们之间的友谊的。

小杨酷爱网球，在她 18 岁那年参加了全国网球比赛，她一路过关斩将，幸运地进入了决赛，在决赛的前一天晚上，她的爸爸不幸遭遇车祸去世了。这时，她家里的人和她身边的朋友已经知道了这个噩耗，可是她的朋友的第一反应是先不要告诉小杨。就这样，小杨在毫不知情的情况下轻松上场，并在决赛中击败对手获得了冠军。之后朋友将家中的噩耗告诉了小杨，小杨在悲痛之余对朋友非常感激。

试想，如果朋友在第一时间把事情告诉了小杨，那么，小杨一定没有状态好好参加比赛，结果就会非常遗憾地输掉比赛，不仅不能取得好成绩，而且不能及时地处理父亲的事情，所以，朋友的做法是非常得当的。

3. 距离产生美

结识几个非常真诚的朋友是自己的一笔财富，朋友喜欢向你倾诉，说明朋友是信任你，但是如果你把自己的所有全盘托出，那就大错特错了。如果你被你的朋友看清了全部，那么你就会变得平庸无奇，不会被人尊重。所以，要保持一定的距离，这样才能使你们之间保持良好的状态，才是真正的美。

所以，不要和朋友无话不谈，要给你们之间留有缓冲的地带，这并不是阻挡你们进一步亲近，而是促进你们的感情，所以切记不要把自己的所有都和朋友分享。

流言蜚语最该烂在肚子里

"谣言止于智者。"我们管不了那些散播流言蜚语的人,但我们可以在听到别人的闲言碎语时,把闲话烂在肚子里,就当自己什么也没听到。这样既不会给别人造成伤害,也不会让别人对我们产生误会。

俗话说"闲言碎语不要讲"。这是一条真理,因为那些并没有被明确的信息很可能会给某人带来一些不必要的麻烦,也可能会给自己增添很多烦恼,所以流言蜚语最该烂在肚子里,永远不要说出来。

1.流言可畏

流言蜚语往往起初并没有人相信,但是它玄就玄在那些不可思议的地方能够吸引人们的注意力,从而使人们乐于参与传播,一来二去,一些本来不着边际的事情最后演变成真实的事情,让当事人跳进黄河也洗不清。

魏国大臣庞葱,要陪魏太子到赵国去当人质,临行前对魏王说:"现在有一个人说街市上出现了老虎,大王可相信吗?"魏王道:"我不相信。"庞葱说:"如果有第二个人说街市上出现了老虎,大王可相信吗?"魏王道:"我有些将信将疑了。"庞葱又说:"如果有第三个人说街市上出现了老虎,大王相信吗?"魏王道:"我当然会相信。"

从这个故事中不难看出:虽然一个人有自己的识别能力,但是人们在面对没有任何可靠消息时会选择依赖一些捕风捉影的信息,即使这些信息不靠谱,也不会影响人们去依靠这些信息。人们常说:"流言止于智者,以魏王之智、曾母之明,尚且被流言所蒙蔽,可见流言可畏。"

从前,曾参住在鲁国费地,费地有一个人与曾参同名同姓,杀死了一个人。有人就跑来告诉曾参的母亲说:"曾参杀了人!"曾参的母亲说:"我的儿子是不会杀人的。"说完,便只管织自己的布。过了一会儿,别人又跑来说:"曾参杀了人!"曾参的母亲还是照常织着自己的布。又过了一会儿,又跑来

一个人说："曾参杀人了！"曾参的母亲便害怕起来，连忙丢掉织布的梭子，爬墙逃走了。

从这个故事中也可以看出谎言流传千遍往往就会被认为是真理。所以，人们禁不住话语的重复，流言蜚语就是这样形成的。

2. 损人不利己

喜欢散布流言蜚语的人往往是喜欢掺和闲事的人，这样的人往往无所事事，在接触了一些流言蜚语之后觉得非常有意思，于是也不管这些事情是否真实，是不是会给当事人造成不良影响，直接就把这些流言蜚语散布开来，在传播的过程中往往还会有夸张的成分，这样一来，很多事情就加重了其本来性质的严重程度，甚至危言耸听，激起人们去倾听的欲望。结果，当事人的名声往往被严重损坏，一旦当事人找到了这个散布流言蜚语的人，也不会让这个人有好日子过的。从这个人本身来讲，倾听他讲那些不靠谱的事的时候，也会觉察这个人并不真实，喜欢吹嘘，从而也不再信任，甚至会厌恶这个人，因此，可以说传播流言蜚语是损人不利己的。

3. 要管住自己的嘴

一个人不要去传播流言蜚语，即使听到了也要管住自己的嘴，让它烂在肚子里面。流言之所以会愈演愈烈，是因为人们管不住自己的嘴。很多人传播流言是基于一种唯恐天下不乱的心理，是不值得人们去模仿和学习的，是需要人们去抵制的。

切记流言蜚语不要讲，要让它们烂在肚子里。

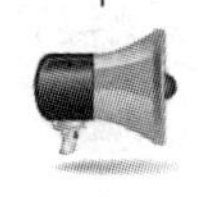

第18章

善言求助:别让话到用时方恨少

一个人能够独立完成很多任务能力当然很强,但是很多时候人们不能只是靠自己，因为求助不仅能够促进你们的感情，而且能够让你在求助的过程中学会如何和他人交流,能够让你在平时注意锻炼话语。更为重要的是你的口才好,能够把话说到别人的心坎里,人家才更愿意帮助你,并且是发自内心的。俗话说“求人磨的是一张嘴皮子”,要练就一张能够说服人的嘴，这样无论对你的事业还是生活，或者是感情都是非常有益的。平时就注意练习,不要话到用时方恨少。

好口才让求人变得不再困难

求人的时候要有好口才。求人本来就是一件难事,我们的处境又很尴尬,如果我们再不会说话,不但自己很难堪,也会让对方觉得很别扭,不想帮我们。而如果我们能说会道,把对方说得心花怒放,让对方觉得他非帮我们不可,求人就不再是一件难事了。

很多时候,好口才就像一把钥匙,能够打开人们的心锁。谁也不是万能的,所以不管是在工作中还是生活中,我们总会有请人帮忙的时候。这时候,如果连求人的话都说不好,那么求人就更难以谈及了。所以练就好口才,让求人变得不再困难。

1. 说话方式要斟酌

说话的方式不同,产生的效果就不一样,就拿下面这个例子来说吧。

现在的大学生就业已经成为一个让全社会关注的问题,很多大学生会在临毕业的时候请求曾经的学哥学姐给他们介绍一份工作。那么一些大学生会直接找到自己的学长,说:"学长,帮我找个工作吧!"得到的回答是"我尽力帮你留意一下。"一般这样的情况下,对方的话语中隐含的意思就是拒绝,尽力帮你留意十之八九就是没什么指望了。

小郑的朋友开了一家公司,要找个英文比较好的程序员,要精通 php 的。小郑在为朋友寻找合适人选时,一般都会把曾经跟他说过"帮我找个工作吧"的人忽略。因为在小郑看来,要优先筛选谁的英文比较好,谁精通 php,如果符合条件的话,小郑不用其多说,自然会推荐过去。

从这个例子中不难看出,一个人不能只说求助的话。在这样的情况下可以从某些方面入手,例如可以首先认清自己的优点和缺点,有什么擅长的,对什么感兴趣,未来的方向是什么。将这些情况跟你的朋友说一下,对方心里便有了底,有合适的工作机会的时候,自然会想到你。

2. 语气与用词的选择很重要

在向人求助时，一定要注意自己的语气，因为如果你太高傲，那么即使对方有意帮助你，但不会十分情愿地帮助你。再加上你跟对方并不是很熟，或者压根就没见过面，你语气上非常强硬或者高傲，那么对方即使表面上平淡无事，心中也会忍不住咒骂，更不要说帮助你了。因此，不要上来就说"请你帮助我吧"，这句是非常没有意义的，人家凭什么帮你，而且你没有提供任何信息，人家怎么帮你。所以，要和人家搞好关系，说话时一定要注意自己的语气和用词。切记把你的长处展示一下，这样才可以得到人家的认可，从而获得帮助。

3. 行为方式要得当

不仅是说话，一些行为方式的得当是可以很好配合你的好口才的。在一些情况下，你可以请别人帮忙，有点交情的朋友是不会拒绝你的。可是，在交情不是特别深厚的情况下，如果你做事不当，行为方式太自我，认为别人帮助你是理所当然的，那很有可能你将得不到这种帮助。

口才并不是天生的，不是一种天赋，而是经过刻苦的训练练就的，所以那些历史上有名的演说家、雄辩家都是靠着刻苦的训练而获得成功的。

美国前总统林肯为了练口才，徒步30英里，到一个法院去听律师们的辩护，看律师如何论辩，如何做手势，他一边倾听，一边模仿。他看到那些云游八方的福音传教士挥舞手臂、声震长空的布道，回来后也学他们的样子。他曾对着树、树桩、成行的玉米练习口才。日本前首相田中角荣，少年时曾患有口吃，但他不被困难所吓倒。为了克服口吃，练就好口才，他常常朗诵、慢读课文，为了发音准确，他对着镜子纠正嘴和舌根的部位，严肃认真，一丝不苟。

这些名人都不是天生就有好口才的，他们都是经过了不懈的努力才获得的。

连话都说不好，还怎么去说服别人，怎么有求于人？所以不要怕麻烦，要能够顶住压力，迎难而上。要有信心，相信自己一定能够练就好口才，让好口才助你事业顺利。

让对方体会到你急切的心情

要让对方体会到你急切的心情。有些时候，我们自己急得像热锅上的蚂蚁，而对方却一点反应都没有，这个时候，我们先不要急着骂对方，一定要把自己着急的原因说出来，让对方明白我们内心的感受，争取获得对方的理解和帮助。

要想让别人帮助你，不仅要在话语上能够说服别人，而且要在表现上让对方体会到你的急切心情，这样才能促使人们从心里愿意去帮助你。

1. 要表现得很着急

一个人在想得到别人的帮助时，一般会向对方说明自己想要获得什么样的帮助，那么这个时候对方会视情况来对你进行帮助，在帮助时间的急缓上，很大程度上取决于他对你的观察。如果你表现得怡然自得，不慌不忙，那么他自然觉得你不是很急，那么在帮助你的时候行为动作相对也会缓慢。相反，如果一个人在向别人求助时，表现得非常急切，那么对方就能够意识到问题的急迫性，就会迅速帮助你。

小明从超市买了很多东西，集中放到一个大箱子里，此时，他站在楼下发现自己根本无法搬到5层的家中，他住的这个楼没有安装电梯，于是他打电话给自己的邻居，请邻居帮忙。他在电话中说："我这里有一个大的箱子，搬不上去了，请你下来帮我一下吧。"邻居的答复是"好的，你等一下啊，我把手里的事情处理一下就下去"。于是，小明等了近20分钟邻居才下来。后来，小明又有一箱东西需要邻居帮忙搬上5层，这次他说："我家里人等着急用，这个东西对他们很重要，我就在楼下，你稍微快点，麻烦啦。"在电话中，小明的语气很急促，给人一种很急迫的感觉。这次，邻居很快就下来了，搬完东西，邻居还说了一句："我走了，正做着饭呢。"

从这个例子中不难看出当小明很平淡地向邻居求助时，邻居过了很长时间才下楼帮忙，而当小明表现得非常着急时，邻居不顾锅里的菜饭就来帮忙。所以当你请求别人帮忙时,如果自己都不着急,别人就更不会着急。因此,在请求他人帮助时,想要让对方快点帮助自己,可以把自己急切的心情通过话语、语气、肢体动作表现出来,从而使对方能够迅速地帮助自己。

2. 心中不要乱

想要别人更加迅速地来帮助你,可以表现出着急的样子,可以流露出急切的心情,但是不要因为这种急切而使自己手忙脚乱,虽然表面上着急,但是心里一定要有数,不能乱。在足球比赛中,总是会有因为各种各样的原因受伤的球员,这时,就有两个人从场外抬担架过来把受伤的球员抬走。不过偶尔可以看见其中的一个救护员在催促另一个快点帮自己转移球员,而且经常可以看到这样一种景象,那就是那个催促别人的救护员手忙脚乱,没两下就把受伤的球员从担架上摔了出去,这样的场景往往非常搞笑,可是却真实地反映了人们生活中的一种现象,那就是平时在求人帮忙时,可以表现出一种急迫的样子,但是心中不能乱,要做到有条不紊。

3. 可以作为必要的手段

有的时候人们会为了让别人快点来帮助自己,即使事情并不是很急,也会装出一副非常着急的样子,从而使别人能够快速地帮助自己。其实,这样做并不过分,只要帮助你的人手上没有很多的事,不会耽误他做一些事,那么就可以表现出一副很急的样子,从而使其迅速帮助你,这样能够促使你顺利完成一些事。

有求于人时不要太淡定,即使内心很平静,也可以表现出一副急切的样子,这样别人会被你感染,会更愿意快点帮助你。

开口求人要有好态度

求人全靠一张嘴。会说话的人,根本不会说一个求字,更不会直截了当地求别人帮他什么忙,但他说的话让别人听了,却觉得非帮他不可,而不会说话的人,就算别人最后答应给他们办事,心里也一定是别别扭扭的。这就是区别。

求人帮忙，本身就是一件磨炼耐心的事，尤其是与求助对象并不熟悉的时候，或者被求助的对象趾高气昂的时候，求人帮忙是非常困难的，可是这时候如果你放弃，就前功尽弃了。所以，在求人帮忙时一定要有一种韧劲，如果你想达到自己的目标，那就不要管前方的路有多曲折，用你的嘴去说服那些人，因为求人本身磨的就是一张嘴皮子。

1. 不要怕麻烦

求人是一件麻烦的事，这不可否认，很多人在求人的时候无论嘴上说什么，送什么礼物都感觉很麻烦，如果自己不说、不做也没什么，最多不求了。这种情况尤其是在你求助的对象并不热心的时候，你会感觉希望非常渺茫，感觉没有了动力，可是大部分人并不想放弃，所以这时候要怎么继续呢？答案就是不要怕麻烦。

考研对于很多人来说是一个梦想，在中国，儒家文化本身就很重视教育，对学者有一种崇拜的情结。郭东就是考研大军中的一员，他为了实现自己的研究生梦想努力很长时间了。他对于初试还是很有信心的，因为他能够努力地看书复习，可是当谈到和导师见见面请教一下就开始犯愁了。他觉得求老师帮忙是件非常麻烦的事，再加上自己不善言谈，所以更是难上加难，这注定了他的考研路一直很艰辛。

从郭东的例子来看，他能够努力复习是非常难能可贵的，但是他因为怕麻烦不能和未来的导师进行进一步的接触，这就使他丧失了很多宝贵的资源，这也是他考研路上十分艰辛的重要原因。试想，如果他能够很好地和老师接触，请老师帮忙提供一些复习的信息，或者能够让老师给予自己一些指点，想必他的考研路就会少很多的艰辛。所以，想要实现自己的梦想，怕麻烦是不行的，尤其是求人帮忙时，磨的就是一张嘴皮子，要把心里话和求助对象说出来，只要能够说到点上，是能够获得帮助的，这就看你的努力了。

2. 态度要诚恳

在求人帮忙时，一方面要敢于说，另一方面要在态度上下功夫，要有一个诚恳的态度。如果你总是一种无所谓的态度，表现得并不重视这个事情，那么你说得再多，嘴皮子磨得再薄，对方也不会热情的，因为你的无所谓让对方感觉不到对他的尊重。因此，在向对方求助的时候，把一些自己心中的话说出来，一定要有一种坚定的表情和眼神，尽量多地用“真的”、“很想”、“非常愿意”之类的词语，这样能够让别人感受到你的迫切和诚恳，从而愿意帮助你。

3. 不要烦人

在求人办事的时候，免不了说话，这是很必要的，但是有的人一开口就收不住了，一讲到兴头上更是不能控制自己的情绪，什么该说的不该说的都说出来了，根本无法制止。这样做的结果就是别人的思考被他的说话方式干扰，从而对他产生一种厌烦。也许这个人说的都是一些对方爱听的话，但是也要有个度，因为这些话听得多了，就虚伪了，再继续说下去，往往会让人们感到厌烦。所以，既要磨嘴皮子，又要能伸能收，张弛有度，这样才能把话说到位，说到点上，从而使对方愿意帮助你。

不是每个人都会求人办事，但是这个事是可以通过不断的锻炼掌握的，嘴皮子就是磨出来的，所以，不要怕麻烦，不要怕失败，因为求人磨的就是一张嘴皮子。

能屈能伸才能让对方看得起你

说话也要能屈能伸。不要被别人抢白一句，就掉头走人了，或者跟对方吵起来了，这种行为是要不得的，会给别人留下不成熟的印象，显得我们软弱可欺，一定要学会巧妙地回敬对方，让对方言语间不敢再造次。

俗话说“能屈能伸才是真英雄”，在求人帮忙时免不了会遇到挫折，对方不愿意帮忙，就是不给面子，这时着急是没有用的，很多人因为一时憋屈而选择了错误的解决方式。所以要想真正做成事情，就要在困境中放低姿态，寻找合适的时机再展现自己，不能一遇到困难就自动放弃，真正做到能屈能伸，对方才会对你另眼相看，才会更加尊重你，愿意帮助你。

1. 适时地“屈”是为了更好地“伸”

在最后一次北伐中，司马懿无视女衣的侮辱，坚壁不战，以柔克刚，以忍耐作为最强大的资源，致使精于兵法、博学而明智的诸葛亮以无功而告终，不战而退敌人之兵。要想“伸”得更远，忍耐是必要的。

司马懿正是能够忍耐，能够忍辱负重，才成就了他最后的成功。同样的道理，求人办事并不是一帆风顺的，很多时候被拒之门外是非常正常的，这时候如果你放弃了，那么你就前功尽弃了。所以，在求助对象并不热心或者根本不把你放在眼里时，不要因为一时的丢面子而无法忍耐，做出傻事。“大江东去，浪淘尽，千古风流人物”，这是成功者的低吟，是成功者的浅唱，同时更是成功者的辉煌。

2. 用好“屈”这一计谋

很多人在求人不顺利时会放低自己的姿态，不是继续说好话，就是上门拜访，似乎不达目的不罢休，即使别人瞧不起自己，也不会轻易放弃。这种人就是在碰到挫折时能够直面，在他们眼里，颓废是可耻的，是让人鄙夷的，所以他们胸怀远大，能够把屈作为一种手段，能够做到暂时的忍辱负重，从而获得最后的胜利。

当然，“屈”并不是一味地低三下四，而是要有自己的气节，否则就与投降没什么两样了。另外，就是在“屈”的时候注意观察，利用能够利用的资源和优势，这样才能逐渐形成有利于自己的形势，为最后的“伸”做好铺垫。

3. 好心态好状态

并不是每个人都能在劣势中做到能“屈”的，因为这些人平时强势习惯了，或者由于身份等原因做不到屈服，不过归结于一点是心态的问题。

想想人生没有一帆风顺的，人总是要经历磨难，在这个充满着形形色色的人的社会中摸爬滚打，否则难以到达光辉的顶点。并不是每个人都可以有一番惊天动地的伟业的，只有那些能够做到常人无法做到的事的人才能创造惊人之举。

“能屈能伸”是诞生于《史记》的一个词，因为它有着非常深刻的哲理，所以流传久远。书中记载：“屈是拉开的弓，伸是射出的箭，只有拉得紧，才能射得远。屈是伸的前奏，伸以屈作为铺垫，伸是屈的目的，屈是伸的手段。小事要屈，大事当伸！”

4. 小不忍则乱大谋

很多人都是因为忍不了一时而坏了一世，因此，为了达到自己的目的，就需要做出暂时的忍让吃亏，因为唯有如此才能使你获得长远的利益。一个人要有广阔的胸怀，如果在求人帮忙时，别人很无理地拒绝了你，而这时你占理又能够作出让步，那么，对方不但会被你的宽容打动，而且会对你的气量佩服，从而尊重你，更加愿意帮助你。

“忍小谋大”、“一忍可以制百勇，一静可以制百动”。人在做事时，不要只看眼前，不要为了一时的得失而斤斤计较，急功近利只会阻碍你实现更远大的目标，所以，求人办事不要死板，要做到能屈能伸，这样对方才看得起你，最终才能够获得对方的帮助。

注意语调语气

注意对方说话时的语气语调。在跟对方交谈的时候，我们除了要注意听对方说的话，还要留意对方说话时的语气语调，所谓“锣鼓听音，说话听声”，从对方说话的语气语调中，我们往往能听出对方的想法。

在求人办事的时候，与人交流是很必要的，那么这个时候要注意的一点就是能够观察对方说话时的语气语调，因为这往往是一个人内心想法的流露，如果能够通过相关途径正确把握，那么就能听出对方的想法，从而有针对性地进行交流，进而获得对方的帮助。

1. 语调和速度反映的信息

有些人在平时说话的时候，经常像连珠炮，在很短的时间内他们能够表达相当多的内容。这样的人性格比较急，他们的自我意识很强，很少去在乎别人怎么看待自己，只是喜欢表现自己，喜欢支配你们的谈话，这样的人往往攻击性较强。这样讲话的人思维敏捷，尤其是女性，语调很平，没有太大

的起伏和变动，但是联想能力很强，思维跳跃性很大。

和这样的人讲话，你不能着急，因为你每次提问时，他总是会思考，不会立刻给你答复，等他思考好了之后会用很慢的语速和并不响亮的声音来告诉你他的想法，但是这种表达却非常简洁凝练。这样的人很少冲动，有很强的忍耐力，不管遇到什么事情，他们总是非常淡定，虽然反应比别人稍慢，但是关键时刻作出的决定是很稳妥很靠谱的。

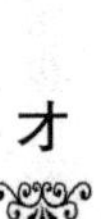

2. 说话音量反映的信息

每个人都有自己的说话习惯，这种习惯还体现在音量的大小上，有的人嗓门大，有的人嗓门小，这里面也蕴含着不同的信息。

嗓门大的人平时讲话总是声音洪亮，能够体现一种霸气，这是一种外向性格的流露，这样的人在讲话时往往附带一个信息，那就是："我希望你能充分理解我。"这样的人往往比较重视人际关系，他在交往时会看和你是不是投缘，如果脾气相投，他的声音会变大，而且充满自信。

还有些人喜欢用较低的声音说话，这种人往往比较缺乏自信心，而有的人可能是天生的嗓音，这种低沉的声音经常会有试探对方的意味，这样的人一般为人处世比较谨慎。所以当你在和这样的人打交道，请求其帮忙的时候，要注意让他们清楚你的来意，把你的需要说清，还有就是你不要过于张扬，要显得稳重一些，这样才不会招致他们的厌烦，才能够通过逐步的沟通，来获得他们的认可和帮助。

尹文刚教授说："声音的大小同样与地域环境和文化分不开，在国内，东北人声音普遍大，那里的人们都热情开朗，很少压低声音说话；在国外，意大利人是著名的大嗓门，到了英国，则会发现即便是公共场所也会鸦雀无声，因为在他们看来，大声说话是失礼的行为。"所以，在声音大小方面还要将地域文化因素考虑进去，从而使你与对方的谈话更有针对性。

3. 针对性出击

与人交谈的时候，不仅要看他说什么，还要看他怎么表达，对方说话声音的高低、快慢、强弱、语调等都会附带着他本人的一些情绪和想法。所以在求人帮忙时，不妨说三分，听七分，如果了解了对方的想法和心意，那么就尝试着去把握对方的想法和要求，从而使自己一直处在一个并不明显的主动位置。同时要注意说话的方法，要多对对方肯定，这样才能博得他的好感，从而更愿意接触你，帮助你。

4. 掌握几个原则

在与人交谈时，要揣摩对方的心思，这是必要的，那么在通过对方的话语掌握了对方的心思之后还要注意一些问题。

首先，要能够营造一种氛围，这种氛围要自然，让对方不觉得突然，一种循序渐进的感觉会让对方最终无法回绝，求人办事想让人家痛快些地答应，不能唐突，贸然行事总是给人一种不靠谱的感觉，自然会想办法拒绝你。所以要想让对方痛痛快快地答应，就要忙工出细活，基础要打牢。

其次，要注意自己的行为，要礼貌，要客气。有很多人揣摩到对方的心思之后就忘乎所以，觉得没什么大碍了，就原形毕露，开始大谈特谈，自以为是，结果使好不容易得来的成果瞬间灰飞烟灭。其实，平时即使不求别人也要有一种礼貌的态度，要客气，这样才能给人留下好的印象，那么此刻你再求人帮忙，更应该以礼相待。

最后，要根据自己发现的问题评估自己下一步方案的可行性。如果事情是对方能够通过努力办到的，那么就好好求一下对方，如果发现对方确实有难处，就适当体谅对方，不要逼迫，要积累人脉。因为你不知道今后会有什么事会有求于对方，如果你这次给对方留下了好的印象，那么下次对方可能就不需要你说很多，自然帮你把事情办成了。所以，要有自知之明。

说好关键的话

谁都爱听好话，尤其是求人这种事，本来就不好开口，是我们在麻烦别人，让别人为难，如果我们再不把话说得好听一点，把关键的话说好，对方很可能会当场拒绝我们。

在说话的时候要注意一点就是挑对方爱听的话说，如果一些话不好讲，

那么就想办法把话裹上一层糖衣再送出去,这种情况尤其适用于关键性的话语,这些话说好,往往能够达到一击制胜的目的。

1. 好话当面说

很多时候,人们不会说好话,尤其是不求人的时候,但是人们都喜欢听别人说自己的好话,这是一种通病。这种毛病是需要适当克服的,因为没有人不需要别人帮助,总有一天会有求于人,那么,在求人办事的时候,你一句好话都说不会说,恐怕吃闭门羹的概率就大多了。

春秋战国时代,有一个典故叫"烛之武退秦师",讲的是秦晋联军攻打郑国,使得郑国的文臣武将均一筹莫展,武将不敢出征,文将没有计谋,最后郑王不得不请烛之武老将亲自出马,去秦国一趟。烛之武受命于危难之际,到了秦军那里,找到了秦军的统帅。他对秦军统帅动之以情,晓之以理,情真意切,痛陈唇亡齿寒的利和弊,最后终于说服了秦国统帅,让其下令秦国立刻撤军不再攻打郑国,并且留下了两员大将,协助保卫郑国。晋国一看无可奈何,只好撤军。

从这个角度看,会说话就是一种本领了,因为会说话能说退百万雄师。一个老将能够不费一兵一卒,只凭一张嘴就让秦国撤军,这样的本领谁不佩服?我们平时求人办事和战争临头没有可比性,所以学习一下说好话的本领就无可厚非了。再加上我们只是去和另一个人交流,就更没有理由说自己不会说好话了,只能是你不想说而已。

2. 好话背后说

在背后不能说别人的坏话,那么好话就另当别论了,好话在背后说,这是一种技巧,往往有意想不到的效果。

从前有个县令很喜欢听别人恭维自己。每发布一个政令,属下交口赞誉,县令才高兴。有个差役想博得县令的欢喜,故意在一旁悄悄地对人说:"凡是身居高位的人,大多喜欢别人的奉承,只有我们老爷不是这样,一向对别人的称赞不放在心里。"县令从旁听到这话,非常高兴,马上唤来那个差役,手舞足蹈地对他称赞不已,说道:"好啊,知道我心里想的,只有你这个人了!"从此便对这个差役大加亲近重用。

谁都知道差役这些话是专门说给县令听的，但他不直接向县令说，却以和同伴背后议论的方式，有意识地让县令听到，而达到自己拍县令马屁、讨好县令的目的，这里面很有一些技巧。喜欢被赞扬是人们共有的一种心理，这个差役能够将关键的话语裹上糖衣送出，并且让县令听后好生喜欢，是很不简单的，这需要时机，更需要头脑，一种能够抓住机会的头脑。

一般情况下，一个人对另一个人讲话，总是带着一些情感，是好是坏人们心中自有衡量的标准，所以不要忽视了人们的自我辨别能力。那么很多时候人们向一个特定的人传达自己的好感的时候，就会顾虑到自己的赞美会不会被那个人觉察，其实这是没有必要的，因为只要你去做了，对方就能够感受到。例如，你可以当着这个人的面，随便拉一个人作为听众，然后把自己的赞美之词说出来，这样一来你要赞美的那个人不仅不会觉得奇怪，而且会非常相信那些话，所以效果会好很多。

3. 说话有底气

有人说别人好话的时候总是带有一些目的性，于是心中总是存有那么一点心虚，其实这大可不必。俗话说“身正不怕影子斜”，如果自己堂堂正正，说几句对别人没有坏处的好话无伤大雅，所以不要有顾虑，要做到大大方方不落俗套，说出的话让人一听就那么舒服，动作神情让人一看就那么真实。

无论是当面赞颂还是背后恭维，只要时机得当就能够达到理想的效果，所以在一些关键的话语上，可以适当斟酌，最好能裹上一层糖衣送出，这样对方接收到时也会有一种甜蜜，心里自然会舒服。这样一来，再求人办事时，对方的心态就不一样了，就会对你很有好感，求人就变得相对容易了。

求人帮助态度要端正

把自己的真正目的告诉对方。通过我们的诉说，对方很理解我们，也很同情我们，但是，对方不知道自己该怎样做才能帮到我们，这时候，我们一定

要把自己的要求和想要获得的利益,明确地告诉对方,这样对方才好作出决定。

求人帮忙需要把你的情况说清楚,因为你不说清楚,别人不知道你是什么意思,不知道怎么去帮你。另外,你要知道对方想知道的内容,例如他想知道你究竟想做什么,目的是什么,另外,他想知道帮你可以获得的利益,这样他才会更有针对性地帮你。

1. 端正态度

谁都避免不了有求于人,可是很多人认为自己求别人是非常难为情的一件事,于是会有一种无形的顾虑。其实这都是没有必要的,因为既然求人已经成为定局,倒不如消除顾虑,理直气壮地去求人。这样求人往往会显得很坦然,非常潇洒、舒坦,不会畏手畏脚,唯唯诺诺。

人与人之间就是要互相联系的,否则就不能称之为社会了。所以求人帮忙是互相扶持的一种现象,当你有求于人的时候,不要觉得难以启齿,因为总有一天别人也会求到你,所以平时注意维护好自己的人际关系,有什么好事常常想到身边的人,当这种习惯养成的时候,别人就会觉得你很热情,有什么好的事情也会先想到你。所以求人办事不要低三下四,畏畏缩缩,当然也不要虚张声势、空话连篇,到处张扬。在求人的时候要端正自己的态度,有一个良好的心态,你会收获惊喜。

2. 说清来意

求人帮忙说话一定要有内容,不要讲了半天让对方不知所云。要么开门见山,把自己想做的事和对方说清楚,把自己想怎么做,能够获得什么都和对方说清,以便对方帮你出谋划策。要么你通过一些话语的铺垫逐步将自己的来意讲明,这样也便于对方有个心理准备。总之,要把自己的来意说清楚,让对方明明白白地帮你。

一般情况下,求人的语言还是以简明扼要为好,因为人集中注意力的时间是有限的,所以不要用很多的心思去雕琢言语,咬文嚼字反而会让人费解。在求人的时候避免说一些文绉绉的词汇,不要做作,做到朴素自然,最好用平易近人的语气交流,这样使听者更容易接受。

世界著名演讲艺术家弗尔特说:“你应该时常说话,但不必说得太长,少叙述故事,除了真正贴切而简短之外。”根据语言学家的研究资料显示:人们的话语在45秒之内最易理解,最长一分半钟。因为一分钟讲的话约280字,45秒钟讲的话也有200个字。超过这个限度听者就会感到冗长,超过两分十秒就更难理解。所以,简明扼要的表达还是很必要的。

求人帮忙,要端正自己的态度,要做到把话说到要点上,要让对方知道他帮你能获得哪些利益,通过交流使对方了解你,从而愿意帮助你。

参考文献

[1]史玉娟.会说话的女人受欢迎[M].北京:中国纺织出版社,2008.
[2]穆子青.最受欢迎的说话方式[M].北京:海潮出版社,2008.
[3]项星.每天学点幽默口才[M].北京:中国纺织出版社,2010.
[4]咖啡猫女.女人口才全攻略[M].北京:中国纺织出版社,2010.
[5]易尚.中层领导说话处事方略[M].北京:中国纺织出版社,2010.
[6]李安.这样说话最受欢迎[M].北京:中国城市出版社,2010.